El poder del Espíritu Santo
y el
crecimiento de la iglesia

Siete principios de colaboración dinámica

BRAD LONG
PAUL STOKES
CINDY STRICKLER

Vida®

La misión de Editorial Vida es ser la compañía líder en satisfacer las necesidades de las personas con recursos cuyo contenido glorifique al Señor Jesucristo y promueva principios bíblicos.

EL PODER DEL ESPÍRITU SANTO Y EL CRECIMIENTO DE LA IGLESIA
Siete principios de colaboración dinámica
Editorial Vida – 2010
Miami, Florida

Copyright ©2009 por Zeb Bradford Long, Paul Stokes y Cindy Strickler

Originally published in the USA under the title:
   Growing the Church in the Power of the Holy Spirit
   By Zeb Bradford Long, Paul Stokes and Cindy Strickler
Published by permission of Zondervan, Grand Rapids, Michigan 49530

Traducción: *Silvia Palacio de Himitian*
Edición: *Orville Swindoll*
Diseño interior: *Words for the World, Inc.*
Diseño de cubierta: *Leo Pecina*

ISBN: 978-0-8297-5793-4

Categoría: Iglesia cristiana / Crecimiento

IMPRESO EN ESTADOS UNIDOS DE AMÉRICA
PRINTED IN THE UNITED SATES OF AMERICA

13 14 15 16 ❖ 7 6 5 4 3 2

A los miembros de PRMI Dunamis Fellowship International que han funcionado como el «laboratorio» en el que estos principios dinámicos sobre el desarrollo de la iglesia en el poder del Espíritu Santo se han articulado, pulido e implementado.

Te agradecemos Padre, Hijo y Espíritu Santo,
por reunirnos a todos en esta tu Danza.

Contenido

El poder del Espíritu Santo

y el

crecimiento de la iglesia

Capítulo 1

El Espíritu Santo es el que desarrolla a la iglesia

A principios de 2008 yo (Paul) regresé a casa luego de asistir a uno de los mayores festivales cristianos del año en Europa, con la conciencia de que nosotros tenemos presuposiciones con respecto a los líderes cristianos. Una de las corrientes de ese seminario había sido dedicada específicamente a los que estaban comprometidos con el liderazgo de la iglesia, y a medida que considerábamos algunas cuestiones cruciales con respecto al trabajo en equipo y a los cambios, se nos recordó acerca de la necesidad de orar y buscar la guía y la sabiduría del Señor al tomar decisiones, para mantenernos al mismo paso que el Espíritu. Se nos dieron ejemplos referidos a que esa guía había resultado vital en ciertas situaciones particulares aunque, sin embargo, faltó algo. Nadie enfocó los aspectos prácticos acerca de «cómo» hacerlo. Se nos instó y animó a hacerlo pero no se nos equipó ni capacitó. Escondida bajo aquellas palabras subyacía la presuposición de que todos sabíamos *cómo* discernir la guía del Espíritu para poder cooperar con él.

Este libro nace a partir de la convicción de que esa presuposición es equivocada. Por las experiencias personales que hemos tenido en una diversidad de ambientes de liderazgo, creemos que existe la necesidad real de que los líderes de la iglesia de Jesús descubran más con respecto a cómo obedecer la instrucción bíblica de «andar guiados por el Espíritu» (Gálatas 5:25). Nuestro propósito al escribir es ayudarlos a analizar los pasos que se pueden dar en esta gran «danza» de cooperación con el Padre, con el Hijo y con el Espíritu Santo. A través de esta dinámica de colaboración, el Espíritu Santo hace crecer a la iglesia y la lleva a expresar la realidad del reino de Dios sobre la tierra.

Cuando nos convertimos en discípulos de Jesucristo, lo cual acontece por la obra del Espíritu Santo, entramos en la nueva realidad del reino de Dios. Ya no somos plenamente de esta tierra; constituimos un inicio de la nueva tierra y del nuevo cielo. En esa nueva realidad, cada uno de nosotros recibe un llamado, se le asigna un rol y se le da una comisión. Hemos sido llamados y capacitados para convertirnos en amigos de

Jesús y en co-creadores junto con Dios. Nuestra eficacia en la realización de esa tarea depende de la comprensión que alcancemos de la danza de cooperación que debemos llevar a cabo con el Padre, con el Hijo y con el Espíritu Santo.

Ser conducidos por el Espíritu Santo

En la oscuridad de la noche se encendió una luz. Luego de tantear de un modo especulativo el camino a recorrer a través de territorio incierto, buscando a tientas la ruta correcta, tenían delante de ellos el camino, radiantemente iluminado. ¡Finalmente podían ver a dónde iban!

El pequeño grupo de viajeros había estado marchando hacia el oeste a través de Galacia y Frigia, procurando con ansias lograr nuevas oportunidades de contarle a la gente acerca de Jesús. Dirigían su mirada al Asia, un campo de misión virgen, pero la ruta les había sido bloqueada de un modo claro, lo que frustró todos sus esfuerzos. Persistentes en el intento, habían cambiado el rumbo hacia el norte en dirección a Bitinia, pero otra vez se habían topado con la misma experiencia de «puertas cerradas». Poco después se les abrió de par en par un portón de entrada; el camino que tenían por delante se les volvió claro, y eso los llevó a embarcarse en un viaje de dos días a través del Egeo para establecer la primera iglesia en suelo europeo, en la colonia romana de Filipos.

Tal como Lucas narra este episodio, deja completamente en claro que toda la empresa fue supervisada y dirigida por el Espíritu Santo. A aquellos discípulos «el Espíritu Santo les había impedido que predicaran la palabra en la provincia de Asia», en primer lugar. Luego «intentaron pasar a Bitinia, pero el Espíritu de Jesús no se los permitió». Y finalmente «durante la noche Pablo tuvo una visión». Lucas señala que a la mañana siguiente, en una respuesta plena de fe, «después de que Pablo tuvo la visión, en seguida nos preparamos para partir hacia Macedonia, convencidos de que Dios nos había llamado a anunciar el evangelio a los macedonios» (Hechos 16:6-10). ¡Los arreglos de su viaje de evangelización eran organizados por el Espíritu Santo!

Revelación y colaboración

En el libro de Hechos, luego de ambientar la escena con una descripción de los sucesos de Pentecostés, Lucas pinta un cuadro muy vívido de la iglesia de Jesús viviendo en una cooperación dinámica con la guía del Espíritu Santo. De modo similar, cuando Pablo enseña que Cristo «es la cabeza del cuerpo, que es la iglesia» (Colosenses 1:18), habla de una realidad que él experimenta en su propia vida, en la que los miembros del cuerpo reciben revelación e instrucciones de la cabeza y entonces actúan en una cooperación obediente. Esos constituyen los principios fundamentales que subyacen bajo la actividad de la iglesia, y son los mismos que Jesús ha empleado para sí. Dicho en sus propias palabras: «Ciertamente les aseguro que el hijo no puede hacer nada por su propia cuenta, sino solamente lo que ve que su padre hace, porque cualquier cosa que hace el padre, la hace también el hijo. Pues el padre ama al hijo y le muestra todo lo que hace» (Juan 5:19-20). Estos dos principios (revelación y cooperación) resultan componentes fundamentales de la acción de reinar de Dios (o de su reino). Y lo que los hace posibles es la obra del Espíritu Santo.

Henry Blackaby define el rol de los líderes a través de una declaración concisa: «El liderazgo espiritual lleva a la gente a entrar en la agenda de Dios». Agrega que «en última instancia solo el Espíritu Santo puede realizar esa tarea».[1] Según la descripción de Lucas de la iglesia primitiva, eso es precisamente lo que se ve que sucedía. Los discípulos discernían la agenda de Dios que les era revelada a través del Espíritu Santo y luego, en cooperación con el Espíritu, volcaban sus energías en la tarea encomendada.

Bill Hybels analiza estos principios centrales en el terreno de la evangelización personal cuando alienta a los cristianos a «simplemente atravesar el cuarto»[2] sin depender de una fórmula o de un libreto y, en lugar de ello, descansar tan solo en la guía del Espíritu Santo. Eso es revelación más cooperación expresadas en la vida de los individuos. También precisa tener su expresión dentro del contexto de la vida congregacional y en el liderazgo.

Todos los que estamos comprometidos en el liderazgo de la iglesia de Jesús deseamos verla crecer y cumplir su misión en el mundo. Para lograrlo, con frecuencia nos resulta tentador sencillamente remitirnos a algún nuevo plan o programa, a algún método que podamos aplicar con la esperanza de que le permita a la iglesia volverse vital y alcanzar su desarrollo. Esos planes, programas e iniciativas en verdad ocupan un lugar valioso y han sido muy usados por Dios para el logro de sus propósitos. Sin embargo, el éxito de ellos no descansa en los programas en sí sino en la dinámica de colaboración con el Espíritu Santo que debe tener lugar tanto en la selección inicial de un programa como en su implementación. El Espíritu Santo es aquel que desarrolla el fruto de los discípulos de Cristo Jesús.

Considerando la iglesia a un nivel mundial, a través de los siglos y abarcando una diversidad extraordinaria de ambientes culturales, vemos que las dinámicas de revelación y cooperación han adquirido una sorprendente variedad de formas y expresiones. Un grupo de cristianos perseguidos que se reúnen subterráneamente en una iglesia de hogar en la China es muy diferente de una congregación anglicana tradicional en Inglaterra, de una mega-iglesia abarrotada en Texas o de una congregación rural en África. Pero si cada una de ellas es verdaderamente la iglesia de Jesucristo, entonces podemos ver más allá de todas sus diferentes actividades y formas externas para notar algunos lineamientos comunes que convierten a cada una de estas expresiones diversas en parte de la misma realidad espiritual: el «cuerpo de Jesucristo» sobre la tierra.

En cada contexto descubrimos a Jesucristo obrando en medio de su pueblo como Profeta, Sacerdote y Rey.[3] Como profeta, Jesús habla la palabra de Dios con poder y autoridad. Como sacerdote, transmite perdón, sanidad, limpieza y reconciliación a su pueblo. Como rey produce el avance del reino de Dios, invitando a hombres, mujeres y niños a entrar en él; y también revirtiendo el reino de Satanás. Es a través de la operación dinámica del Espíritu Santo que estos tres aspectos del ministerio de Jesús se vuelven algo más que simples declaraciones de la verdadera doctrina. Se convierten en una realidad experimental en la vida colectiva de la iglesia.

La metáfora: Una danza de cooperación

Para describir la operación del Espíritu Santo que le otorga a nuestros programas vitalidad y eficacia, utilizaremos diversas imágenes. Al tratar de describir nuestra relación como humanos con esa realidad espiritual trascendente, nos vemos confrontados con la limitación del lenguaje y de los símbolos y metáforas. Al hablar de esta realidad y de nuestra relación con ella la llamaremos «la dinámica de colaboración». Esa expresión capta el carácter personal y dinámico de esta realidad.

Desde su comienzo en Génesis hasta su culminación en el Apocalipsis, las Escrituras señalan el deseo indeclinable (casi temerario) del Señor de incluir a los seres humanos como sus colaboradores, concediéndoles un papel de genuina responsabilidad en la gran obra de redención y transformación. A algunos esta puede resultarle una declaración escandalosa. En las culturas o tradiciones cristianas rígidamente jerárquicas, o en aquellas cuyo enfoque es tan fuerte en lo que hace a la soberanía de Dios que se ha perdido la iniciativa humana o se la ha relegado, la idea de una cooperación dinámica entre Dios y las personas humanas puede resultar un concepto extraño, ajeno. Puede ser considerado como ofensivo o imposible. Pero en realidad es profundamente bíblico y cristiano.

Jesús, nuestro rey, nos llama a trabajar junto con él como sus colegas. Hemos sido hechos sus hijos e hijas y somos coherederos juntamente con él (Romanos 8:17). Jesús, el Señor de todo el universo, el Logos eterno encarnado, nos describe como sus amigos (Juan 15:14-15) y es nuestro hermano mayor (Romanos 8:29). Todos nosotros somos hermanos y hermanas. Estas expresiones de cariño apuntan a una realidad espiritual muy profunda: hemos sido llamados a ser colaboradores en la tarea de compartir una amistad dinámica y el dominio con el rey del universo en la medida en que él implementa su voluntad entre nosotros.

Otra manera en la que hablaremos de esta dinámica de colaboración será utilizando la metáfora de una «danza de cooperación». En la Biblia encontramos imágenes de María (hermana de Moisés) conduciendo a los israelitas a una celebración gozosa, de David danzando delante del arca del pacto, y de los israelitas cuando son exhortados a adorar, no solo con música sino también con danza (Éxodo 15:20; 2 Samuel 6:14; Salmo 149:3). Aquí se aprecia un movimiento lleno de gozo del pueblo hacia Dios y de Dios hacia su pueblo. Al hablar de una danza de cooperación, lo que tenemos en mente es la imagen de un baile de salón con pasos que fluyen con belleza creando la sinergia de un movimiento en común.

Algunos años atrás yo (Paul) comencé a tomar lecciones de danza de salón y latinoamericanas junto con mi esposa Cynthia. Nos sonreímos ahora cuando vemos a otros novatos dar los primeros pasos tentativos de un vals torpemente, al recordar que nosotros nos veíamos también así. Pero la verdad es que hemos aprendido dos cosas con el correr de los años. En primer lugar, hemos aprendido toda una variedad de pasos de baile que se pueden unir unos con otros, no ya como una rutina fija sino como un recurso flexible. Y lo segundo, Cynthia ha aprendido a interpretar mis golpecitos de codo, de modo que la mayor parte del tiempo ella sabe qué pasos dar a continuación. El resultado agradable es que podemos bailar juntos un tema, moviéndonos ambos en el mismo paso, evitando choques con otros bailarines, y haciendo buen uso del espacio de suelo con el que contamos.

Las Escrituras nos instruyen a que «andemos guiados por el Espíritu» (Gálatas 5:25). Se trata de un proceso dinámico que requiere ante todo que estemos alerta con respecto a la manera en que el Espíritu Santo se mueve para luego dar los pasos propios que constituyan una respuesta de plena fe. En nuestra danza de cooperación con el Espíritu, él se constituye en el director de todo el proceso: nos invita a danzar, dirige los pasos, y conduce nuestro movimiento hacia sus propósitos. Al mismo tiempo, él nos proporciona el espacio para una participación plena, gozosa, sensible.

Si hacemos demasiado énfasis en la libertad e iniciativa humanas, minimizando por lo tanto el liderazgo soberano de Dios, seremos propensos a olvidar que es el Espíritu Santo el que conduce toda esa dinámica. Sería como si la mujer intentara conducir la danza en común. Si en cambio hacemos demasiado énfasis en la soberanía divina, minimizando la genuina necesidad que tenemos de dar pasos cooperativos nosotros también, nos mostraremos propensos a desestimar nuestra propia responsabilidad, o a volvernos fatalistas. Sería como una de aquellas rutinas de music hall en las que un bailarín tiene un maniquí adherido a sus zapatos y lleva a cabo el baile mientras la marioneta que es su «compañera» no asume ningún rol activo.

El propósito de este libro es introducir a todos los líderes a un conocimiento más amplio y a una comprensión experimental de los pasos de danza a dar en cooperación con el Padre, el Hijo y el Espíritu Santo. Vamos a echarle una mirada fresca a las cuestiones básicas relacionadas con trabajar junto con el Espíritu Santo que se describen gráficamente en el libro de Hechos. En la experiencia y en la enseñanza de la iglesia primitiva registradas allí, encontramos una demostración de cuáles son los pasos humanos a dar en esta danza de cooperación. Se trata de pasos que trascienden nuestras diferentes culturas y contextos. Esos pasos de baile proporcionan un fundamento para el desarrollo de la iglesia como cuerpo de Cristo en todo tiempo y lugar.

Los dos fundamentos para la danza de colaboración

En Hechos descubrimos que la habilidad para cooperar con el Espíritu requiere, antes que nada, que ciertos fundamentos espirituales estén en su lugar. La gente necesita convertirse y comprometerse con Jesucristo, crecer en el fruto del Espíritu y en el conocimiento de Dios, y darle la bienvenida a la presencia y a la acción del Espíritu, que imparte poder. Esto es así para los que están en el liderazgo, y también para las congregaciones en su totalidad. Sin estos fundamentos todos nuestros programas y estructuras administrativas seguirían señalando hacia Jesucristo, pero fracasarían al no ser capaces de proporcionar el contexto en el cual él pueda actuar. Sin embargo, cuando los fundamentos están en su lugar, puede comenzar la gran danza de cooperación con el Espíritu Santo para que se realice la obra de Jesús como profeta, sacerdote y rey. Nos referimos a esta necesidad espiritual básica de los líderes y de las congregaciones denominándola los *dos fundamentos*. Los dos juntos pueden crear una cultura eclesial en la que la danza de cooperación con el Padre, el Hijo y el Espíritu Santo se pueda llevar a cabo.

Le prestaremos atención especial al *primer fundamento*: Un liderazgo que encarna el reino de Dios. Esta forma de liderazgo espiritual tiene su modelo en Jesucristo, la Palabra encarnada, que es la cabeza de su cuerpo, la iglesia. A través de sus enseñanzas y ejemplo, descubrimos de qué manera preparar a la gente para cumplir con su responsabilidad de encarnar el reino. Este fundamento debe colocarse en su lugar si la iglesia va a convertirse en la fusión de lo humano y lo divino, tal como es la intención de Dios para realizar su obra sobre la tierra. El *segundo fundamento* lo constituye una congregación que de igual manera encarna la realidad del reino de Dios. Usaremos el concepto de crecer hasta alcanzar la plenitud en Cristo al reflexionar sobre la enseñanza de Pablo en Efesios 4:13. La responsabilidad de orientar a una congregación de este tipo descansa en manos de los que están en el liderazgo, que deben poder decirle a la gente: «Imítenme a mí, como yo imito a Cristo» (1 Corintios 11:1).

Las siete dinámicas de la colaboración con el Espíritu Santo

Luego de presentar los *dos fundamentos*, consideraremos en detalle lo que hemos identificado como las *siete dinámicas* de la cooperación con el Espíritu Santo. Ellas son como pasos de baile que se pueden aprender e implementar, en los que obramos con el Espíritu Santo y a través de los cuales el mando de Jesús en la iglesia se vuelve una realidad experimental.

Primera dinámica: El amor divino nos lleva a la participación.
   Esta fue la motivación en el propio ministerio de Jesús, y ella abre la puerta para que nosotros nos comprometamos con el ministerio también.

Segunda dinámica: La oración intercesora: invitar a Dios a participar.
   El Espíritu Santo nos urge a orar, lo que abre la puerta para que Dios obre en nuestras situaciones, pero luego él nos guía y dirige para lograr una cooperación con él.

Tercera dinámica: La fe envuelta en obediencia: abrir la puerta a la actividad de Dios.
   El don de la fe que mueve montañas abre la puerta para que Dios opere en nuestro medio.

Cuarta dinámica: recibir la guía divina para una cooperación con el Espíritu Santo.
   Tanto los individuos como la comunidad deben entrar en la disciplina de saber escuchar la guía del Espíritu Santo para aprender la manera de participar en la danza de cooperación.

Quinta dinámica: discernimiento espiritual: lograr que tanto el escuchar como el obedecer sean algo seguro.
   El discernimiento constituye una red de seguridad teológica que nos permite evitar tanto la ingenuidad como el escepticismo, y en lugar de esas conductas poder identificar y afirmarnos en lo que verdaderamente viene de Dios para poder avanzar en obediencia.

Sexta dinámica: darle la bienvenida a los dones y a las manifestaciones del Espíritu Santo.
   Debido a que los dones del Espíritu son las poderosas herramientas a utilizar para construir el reino de Dios, necesitamos reafirmar y dejar en claro su normalidad, propósito y práctica en la congregación.

Séptima dinámica: ver y responder a los momentos *kairós*.
   Esta dinámica incluye el aprender a identificar la actividad del Espíritu y cooperar con ella en momentos espiritualmente significativos y así entrar en un compromiso más profundo con el obrar de Dios.

Estas dinámicas son simplemente descriptivas de nuestras formas de trabajar con el Espíritu Santo. Analizaremos cada una de ellas por orden y haremos sugerencias prácticas sobre cómo cultivarlas dentro de la congregación local. También consideraremos brevemente las maneras en las que la danza puede bloquearse cuando existen obstáculos a la danza de cooperación dentro de nuestras iglesias, y debemos tomarlas con seriedad si es que deseamos ver crecer a nuestras iglesias en el poder del Espíritu Santo.

La sinergia de la danza

Por supuesto, estas dinámicas normalmente no se dan aisladamente ni en una secuencia. En lugar de eso, se produce una interacción fluida con una tremenda sinergia a medida que se van combinando, facilitada por el liderazgo de la congregación, pero convertida en realidad por la actividad del Espíritu Santo. Las dimensiones humana y divina se entremezclan, se entretejen bajo la dirección del Espíritu Santo y la cooperación del pueblo de Dios. Se trata de una realidad compleja que evidencia la presencia de Jesús y su gobierno como cabeza del cuerpo, la iglesia, y se expresa a través de actividades y ministerios concretos.

A través de estas dinámicas se forma la iglesia como cuerpo de Cristo, no como algo espiritual idealizado, sino como algo concreto. En ese punto, Jesucristo se experimenta como alguien en verdad presente, que obra en la tierra y en la vida de los seres humanos comunes, tanto como profeta, sacerdote o rey.

Implementación en las congregaciones

A través de todo el libro consideraremos aspectos prácticos sobre cómo introducir estas dinámicas en la vida de las congregaciones locales, ilustrándolas con casos de estudio. Se presentan ventajas únicas al establecer nuevas iglesias, pero nos concentraremos en especial en la tarea de transformar las actitudes, la comprensión, las características distintivas y las prácticas de las congregaciones ya existentes, porque ese es el contexto más probable en el que se moverá la mayoría de los lectores. Cuando uno busca andar al paso del Espíritu, suelen emerger obstáculos significativos, y procuraremos identificar algunos de ellos para poder evitarlos con mayor facilidad.

El enfoque novedoso por el que abogamos en este libro no es sobre estilos de adoración o de actividades. En lugar de eso, se remite a las cuestiones prácticas del tema fundamental de permitir al Señor dirigir la vida de su pueblo y de su iglesia. A medida que los líderes capaciten a sus congregaciones para que cooperen activamente con el Espíritu Santo, la iglesia servirá correctamente como vanguardia y agente del reino de Dios.

Nuestra meta, por lo tanto, es ayudar a equipar a los líderes e iglesias en las cuestiones prácticas referidas a buscar y discernir la guía del Espíritu Santo y luego actuar bajo ella. La intención es que sea como un manual o un mapa de ruta para los que intentan trabajar en cooperación con el Espíritu Santo, cuyo propósito es desarrollar congregaciones que sean eficaces en hacer avanzar el reino de Dios en el mundo hoy.

---

1. Henry T. Blackaby y Richard Blackaby, *Spiritual Leadership: Moving People on to God's Agenda*, Broadman & Holman, Nashville, 2001, pp 20-21.

2. Bill Hybels, *Just Walk across the Room*, Zondervan, Grand Rapids, 2006.

3. Juan Calvino llama nuestra atención a esta triple naturaleza de la obra de Jesús en su libro *Institutes*. Juan Calvino, *Institutes of the Christian Religion* [Institución de la religión cristiana], editor John T. McNeill, Westminster, Filadelfia, 1960, 2.15.1.

Capítulo 2

La danza de cooperación entre lo humano y lo divino

El reino de Dios crece numéricamente y en el impacto transformador que causa cuando las iglesias aprenden a unirse en una danza humano-divina de cooperación con la actividad del Espíritu Santo. En contraste con ello, lo que constituye un error fatal es concentrarse tan solo en la «maquinaria» de la iglesia, entre tanto que se descuida la obra absolutamente esencial del Espíritu Santo. Este descuido puede ocurrir por diversas razones, desde tener prioridades equivocadas a estar desinformados, y los líderes precisan redescubrir la necesidad básica de vivir y liderar al paso del Espíritu, con el gozo genuino que eso implica.

Congregaciones que producen el avance del reino de Dios

¿Cómo son las cosas cuando las congregaciones cooperan con el Espíritu Santo y le permiten al Señor mismo dirigir la vida de su pueblo y de su iglesia? La historia de dos congregaciones muy diferentes, una en Uganda y la otra en Inglaterra, nos ayudará a visualizar cómo es esa danza de cooperación. Y cuando reflexionemos en algunos de los factores que le dan forma a nuestro enfoque y a nuestro liderazgo, comenzaremos a ver con cuánta facilidad podemos, de pronto, encontrarnos confiando en nuestra sabiduría y perspectivas humanas en lugar de apoyarnos en la guía y sabiduría del Espíritu Santo.

La iglesia sin techo (Uganda)

Cuando yo (Brad) fui invitado como orador a una iglesia anglicana ubicada en medio del monte de Uganda, pude apreciar el modo en el que la dinámica de cooperación con el Espíritu Santo puede llevar a la iglesia a crecer. Quizá la falta de estructuras construidas por el hombre hace que nos resulte más fácil ver con claridad la obra de Dios.

Los ladrillos de barro no se habían terminado de colocar aún, cuando el dinero se acabó. Algunas hojas de bananeros atadas a unos postes nos protegían para que el sol tropical no nos quemara la cabeza, pero resultaban inútiles cuando llegaban las lluvias. La gente se apiñaba dentro del edificio y se desparramaba por sus alrededores; era un grupo harapiento de hombres y (mayormente) mujeres vestidos con «sus mejores ropas domingueras». Una buena cantidad de niños sucios y andrajosos (la mayoría de ellos huérfanos a causa del SIDA) andaban rondando por la periferia. El sacerdote, Kezlon Semanda, un hombre de Dios que había asumido la carga pastoral de esta y varias otras congregaciones, ardía en amor por Jesús y por esa gente tan pobre. Al mirar a esa multitud, encontré que un amor semejante comenzaba a fluir desde muy adentro de mí, procedente del mismo corazón de Jesús. Me sentía cargado tanto por sus almas como por su desesperada condición física. Es el amor por la gente y por el Señor lo que prepara el contexto para la danza.

La reunión, aunque tradicional en su formato, estallaba de gozo y poder. Abundaban el gozo y el entusiasmo cuando la gente declaraba (en lengua bugandan): «Junto con los ángeles y arcángeles y toda la compañía que está en los cielos, alabamos y glorificamos tu santo nombre...» Eran confesiones de fe profunda y vital, muy sentidas en el corazón. A través de la ministración de Kezlon pude percibir la poderosa presencia de Jesús hablando y ministrando a esa gente. El Espíritu Santo era bienvenido allí, y el sacerdote había sido ungido por el Espíritu Santo para la danza de cooperación aun dentro de una liturgia anglicana tradicional.

Con Kezlon traduciéndome, prediqué acerca del amor de Jesús y de lo verdadero que es el camino de salvación. Inesperadamente, una imagen destelló en mi mente, mostrándome algunos lugares sobre el piso de las chozas de ladrillos de barro que estaban vacíos por la falta de niños o padres que habían muerto. Sabía que estaba siendo invitado a la danza de cooperación, que ese era un «momento de *kairós*»[1] en el que el Espíritu se preparaba para obrar, pero yo titubeaba en el borde de la pista de baile, luchando con mi propia inhabilidad e indignidad. Allí estaba yo, llegado de los Estados Unidos, bien vestido, con una buena situación económica y en un buen estado de salud. ¿Qué podría decirles que tuviera algún significa en medio de ese contexto de pobreza desesperada? En verdad, no había nada que yo pudiera decir, pero Jesús sí tenía mucho que decirles, ¡y deseaba hacerlo a través de mí! La imagen persistía, y yo pregunté: «Señor, ¿viene esto de ti!»

—¡Sí! —me dijo— Dilo y permíteme obrar.

Como primer paso de una fe obediente, dije que creía que Jesús quería decirnos algo. La respuesta inmediata de Kezlon fue:

—¡Por supuesto que Jesús quiere hablarnos! ¡Él está aquí! ¿Qué es lo que él quiere decirnos?

Así que yo describí la imagen que había visto, y Kezlon casi no había acabado de traducirme cuando brotó un gemido de parte de aquel grupo, y el Espíritu Santo cayó sobre la gente con poder y amor. Durante varias horas Jesucristo obró en nuestro medio como profeta, hablando palabras de vida a las personas; como rey, llamándolos a seguirlo; y como sacerdote, ofreciéndoles la sanidad de sus heridas. Pusimos nuestras manos sobre la gente, transmitiéndoles palabras tomadas de las Escrituras acerca de que Jesús era la resurrección y la vida. Recibimos «palabras de conocimiento» y «palabras de profecía» referidas directamente a sus circunstancias individuales. Y a medida que estas cosas acontecían, las lágrimas de dolor y desesperación se convertían en lágrimas de gozo. A través del ministerio del Espíritu Santo, mediado por dos hombres comunes y corrientes, Jesús obraba, reconfortando a su pueblo con esperanza y vida.

Pasamos todo el día con esa congregación. El colaborador anglicano laico adjunto de esa localidad nos llevó a visitar a la gente en sus hogares de ladrillos de barro, techados con hojas de bananeros. Algunos nos mostraron los lugares en los que un niño o un padre había dormido alguna vez; pero ellos ahora estaban durmiendo con Jesús. Resultaba evidente que Jesús aún estaba obrando entre aquellas personas, y yo me sentí profundamente animado en mi espíritu por la vitalidad de su fe, por la profundidad de su amor y por la preocupación que mostraban los unos por los otros en medio de aquella desdichada existencia.

En la iglesia anglicana sin techo, en medio del monte de Uganda, la danza de cooperación con el Espíritu Santo se estaba llevando a cabo y el cuerpo de Cristo crecía. El gobierno de Dios resultaba notablemente real; el reino de Dios estaba en medio de ellos. No solo se evidenciaba por la adoración poderosa y la plena de exaltación a Cristo, sino también por una escuela que proveía de educación básica a cientos de niños, por el orfanato que les proporcionaba hogar a los huérfanos debidos al SIDA, por los programas de alfabetización con los que se les enseñaban a leer a los adultos, por la moralidad sexual que se iba desarrollando en medio de la gente y que reducía la difusión del SIDA, y por los mejores servicios sanitarios y cuidados de la salud que se ofrecían en la clínica. La prosperidad de ese pueblo estaba en crecimiento debido a que la gente trabajaba esforzadamente y a que se preocupaban los unos por los otros en una demostración de amor cristiano.

Este es el reino de Dios, que configura y transforma cada dimensión de la realidad. Y en el mismo centro de todo ello está la danza con el Espíritu Santo que hace que Jesús se vuelva real en el corazón de la gente y que pueda guiarlos a participar de la obra que él los está llamando a realizar.

La iglesia que se resiste a dejarse llevar por la corriente (Inglaterra)

Desde principios de los años noventa, yo (Paul) he sido ministro de una pequeña congregación de la Iglesia Reformada Unida, en Plymouth. Al igual que muchas otras denominaciones tradicionales de Inglaterra, la IRU está en una lucha contra la declinación general. Sin embargo, esta congregación, constituida por personas de todas las generaciones y establecida en un barrio residencial de las afueras de la ciudad, procura resistirse a esa tendencia, y el Espíritu Santo ha ido llevando a la iglesia a crecer de forma sostenida durante la última década.

Mi propio llamado al ministerio del evangelio llegó en medio de una visión de gente que vagaba sin dirección y caía en el ardiente pozo de perdición por sobre el borde de un precipicio. Cuando Jesús me permitió echarle un vistazo al peligro en el que estaban, mi corazón se partió de amor por los perdidos, y sentí como una carga el profundo deseo de alcanzarlos con las noticias salvadoras acerca de Jesús. Esa es una pasión que ha motivado mi propio ministerio y le ha dado forma a la iglesia en la que sirvo. Se le ha dado un lugar destacado a la tarea de evangelizar dentro de la vida de la iglesia a través del curso Alfa,[2] que se ha convertido en parte integral del programa. Por medio de él un importante sector de la congregación se ha relacionado con el Espíritu Santo de un modo personal, y la historia de Deborah nos muestra con claridad que el programa no es suficiente por sí solo.

Deborah había asistido a la iglesia durante muchos años antes de participar del curso Alfa, y a medida que este avanzaba, se iba acercando cada vez más a Jesús. El Espíritu Santo obraba en ella, alimentando su deseo de alcanzar la nueva vida que Jesús le ofrecía. Sin embargo, temía resultar decepcionada, y no podía juntar el coraje para dar el paso de fe, invitándolo a entrar en su vida como Señor y Salvador. ¿Y qué si «no sucedía nada»? No podía enfrentar la posibilidad de verse rechazada o de descubrir que tal vez la fe cristiana no era algo real. Yo podría haberla presionado para que tomara una decisión, enfatizando la urgencia de actuar antes de que fuera demasiado tarde. Pero la presión podría haberle ocasionado mayor resistencia, así que elegí esperar pacientemente, teniéndola en oración y dándole tiempo y espacio al Señor para que él continuara obrando. Simplemente, no era aún el tiempo de Dios.

Pocos meses después, uno de los hijos de Deborah declaró que deseaba hacerse cristiano. Al hablar con los dos, explicando cómo íbamos a orar para pedirle a Jesús que viniera a sentarse en el trono de su vida, vi que las lágrimas comenzaban a correr por el rostro de Deborah. Me di cuenta de que el Espíritu Santo estaba removiendo algo en su corazón. ¡Era un momento *kairós* de Dios en el que él se preparaba a producir un nuevo nacimiento espiritual! Así fue la invitación que le hice para que se uniera a la danza de cooperación con el Espíritu y diera un paso de obediencia: «Es tiempo de que tú lo hagas también, ¿no crees?», le dije. Ella asintió, de modo que simple y suavemente los guié a los dos en la misma oración de entrega a Cristo, para que ellos lo invitaran a entrar en sus vidas como el Señor soberano y como el Salvador de sus almas. Madre e hijo compartieron la misma fecha de nacimiento espiritual, y durante los días que siguieron, ambos testificaron acerca de la sensación de nueva vida que experimentaban. Para mí ese fue un momento maravilloso y privilegiado, no solo por causa de su salvación, sino porque sabía que yo había sido sensible a los tiempos y al impulso del Espíritu.

En una ocasión se había reunido uno de los pequeños grupos que forman parte de nuestras reuniones regulares de oración. No contábamos con una agenda preparada humanamente sino que simplemente deseábamos que el Señor guiara nuestra oración y nos mostrara cuáles eran los temas sobre los que él deseaba que oráramos. Comencé el encuentro dando unas pocas pautas con respecto a cómo escuchar al Espíritu y los unos a los otros, y después presentamos nuestras alabanzas, oraciones y peticiones delante del trono de Dios. Luego de un tiempo, las oraciones se encendieron de una manera muy poderosa, ¡como si alguien hubiera acercado un fósforo a un papel de encender![3] Percibimos una intensa unidad en el enfoque de nuestras oraciones, que se centraba en el trabajo entre los niños y las familias jóvenes, y en nuestro contacto con las escuelas de los primeros años de secundaria. Una detrás de otra brotaban las oraciones, cada una construyéndose sobre lo que se acababa de decir, o avanzando hacia otra faceta del mismo tema general. Oramos por los maestros de las escuelas de la localidad por nombre y con una inesperada claridad y autoridad. Se entretejía con todo eso el ansioso deseo de que la gente se acercara a la fe en Cristo. El Espíritu Santo se percibía activo en nuestro medio, conformando la coreografía de nuestras oraciones en una danza dinámica, ¡y nosotros nos uníamos a ella!

En distintos momentos, el Espíritu nos ha proporcionado algunas guías que ha llevado a la gente a establecer nuevas áreas de ministerio en la vida de la iglesia. A las personas ancianas y solas se les ofrece hospitalidad el día de Navidad; un club de vacaciones para los ancianos les proporcionan tanto un renuevo social como espiritual. Una joven madre se sintió impulsada a comenzar con un grupo de padres de bebés. En cada uno de los casos el Señor colocó una carga de amor en el corazón de alguien, orientada hacia algún grupo de personas en particular, le dio una visión, e invitó a la iglesia a unirse en el trabajo que él quería realizar. Como la iglesia respondía con una fe obediente, el resultado fue que esa pequeña congregación suburbana de Inglaterra creció en la profundidad de su fe, en la comunión, en la cantidad de gente que la integraba y en su eficacia para alcanzar a los que la rodeaban.

¿Cuál es el denominador común?

Esas iglesias pueden parecer diferentes en una consideración superficial. Una tiene una larga historia, recursos materiales, buenos edificios en una zona suburbana residencial, y un ministro con capacitación ministerial académica. La otra adora en la riqueza de una antigua liturgia anglicana, en medio de ladrillos de barro y hojas de bananeros, con personas muy pobres cuyas vidas han sido asoladas por el SIDA. Pero en ambos casos, aunque separadas por diferentes culturas, tradiciones y recursos materiales, se lleva a cabo la misma danza de cooperación con el Espíritu Santo. Cada una está creciendo numéricamente, en la profundidad de su comunión cristiana, y en el impacto que ejerce sobre el mundo para beneficio del reino de Dios. Jesucristo actúa en medio de ellas como profeta, sacerdote y rey.

Esta dinámica de cooperación con el Espíritu Santo constituye el denominador común de todas las iglesias que crecen en su expresión de la realidad del reino de Dios. Pero no siempre es esta la situación que se da en nuestras congregaciones ni en el rol que desempeña el liderazgo, y resulta importante que nos preguntemos por qué es así.

Error fatal: No tener en cuenta «la rueda encajada en otra rueda»

Considerar a la iglesia tan solo como una organización humana

A finales de los años setenta, Richard Hutcheson, un almirante naval retirado, fue comisionado para llevar a cabo una evaluación de la vida y estructura de la Iglesia Presbiteriana en los Estados Unidos. Él hizo la siguiente observación:

> Las técnicas de administración son herramientas provistas por Dios, y están disponibles para el uso de la iglesia. Pero mucho más básicas resultan las características propias que Dios le ha concedido a la iglesia: su naturaleza única como pueblo de Dios y su don único y especial, el Espíritu Santo. Es un error fatal que la iglesia emplee las técnicas de administración como si se tratara de una simple organización humana que persigue metas humanas. El error fatal consiste en concentrarse en aceitar la rueda de la organización sin prestar atención a la rueda que está encajada en la otra rueda (el Espíritu Santo) que constituye la fuente básica de la fuerza y el poder.[4]

Cuando se comete este error fatal (como a menudo suele suceder), a la organización y al programa de la iglesia les falta una genuina vitalidad espiritual. La iglesia deja de ser el medio a través del que la gente experimenta la presencia y la autoridad de Jesucristo como Señor viviente y resucitado. Como organización social puede brindar servicios muy útiles a la humanidad. Puede incluir en sus documentos fundacionales, credos, doctrinas y liturgias: declaraciones acerca de las verdades bíblicas y del evangelio salvador de Jesucristo. Sus distintos ministerios y obras pueden apuntar todos hacia grandes metas coherentes con el propósito señalado por Dios para la iglesia. Pero ya no se tratará de una expresión del reino de Dios sobre la tierra. Habrá dejado de ser una entidad espiritual viviente, dinámica y en crecimiento, esa fusión orgánica entre lo divino y lo humano que conforma el cuerpo de Cristo. En lugar de eso, se habrá convertido en una organización meramente humana, imposible de distinguir en su modo de funcionar de cualquier otra organización humana. Aunque esté llena de seres humanos muy ocupados y activos, ya no experimentará a Dios trabajando activamente a través de ellos. Para que esto no les suene a una crítica condenatoria, debemos confesar que cada uno de nosotros, los tres autores, hemos sucumbido ante este error fatal en lo que hace a nuestro liderazgo dentro de la vida de la iglesia, y que hemos participado en organizaciones que han sido culpables de cometer este error.

A principios del nuevo milenio, la Iglesia Reformada Unida del Reino Unido enfrentaba la dura realidad de una declinación. En treinta años su membresía se había reducido en un 55 por ciento. Resultaba claro que había que hacer *algo*, pero lo que resultaba mucho menos claro era *qué* hacer. A un grupo de tareas de la denominación se le asignó esta comisión: «Repensar urgente y radicalmente las prioridades, programas y procesos de la iglesia»,[5] pero la atención se concentró inicialmente en una reorganización estructural. La red de comités y consejos, que había prestado sus servicios a una denominación mucho mayor anteriormente, fue considerada como inútil e insostenible para una iglesia que ahora tenía una dimensión de menos de la mitad de su tamaño original. Las propuestas de cambio fueron recibidas con ciertas reacciones muy fuertes, ya que la gente cuestionaba la utilidad de cualquier cambio específico. Las ruedas de lo organizacional estaban siendo bien lubricadas en el proceso de reorganización estructural. A algunos les parecía que el proceso titulado «Captar la visión»[5], de hecho, contenía muy poca visión que merecía ser captada.

Sin embargo, había verdadera esperanza debajo de la superficie. El grupo de trabajo reconoció que «El pueblo de Dios está formado por discípulos llamados a participar de la misión de Dios en su propio y particular tiempo y espacio. Detectamos un anhelo de renovación de la espiritualidad y del discipulado en el mismo corazón de la iglesia».[6] A su vez, este reconocimiento dio nacimiento a una nueva iniciativa, «Visión para la Vida», que tiene que ver con «avanzar más allá de las estructuras hasta llegar a lo esencial de una renovación de la vida espiritual de la Iglesia Reformada Unida »[7] a través de un nuevo enfoque de la Biblia, la oración, y la evangelización. Aunque no se vea un enfoque explícito de la persona y la obra del Espíritu Santo en esta iniciativa, sin embargo, la oración y las Escrituras proveen una oportunidad para que el Espíritu pueda hablar tanto a la vida de los individuos como a las iglesias, de modo que el «error fatal» que señala Hutcheson pueda evitarse eficazmente.

La Iglesia Reformada Unida está ante una encrucijada, en peligro de caer en una mera reorganización humana, pero también ante la apasionante perspectiva de permitirle al Espíritu Santo transformar la fe y el discipulado. Dentro del contexto del liderazgo cristiano, enfrentamos estas mismas cuestiones en prácticamente todas las áreas de nuestro ministerio: ¿Nos concentraremos en las estructuras y las fortalezas humanas, o cooperaremos con el Espíritu?

«Error fatal»: La autosuficiencia humana

La pecaminosidad humana constituye un factor significativo. Al igual que Adán y Eva, sucumbimos por orgullo a la tentación de pensar que nosotros sabemos más. Ponemos nuestra confianza en «nosotros mismos», en nuestra sabiduría, comprensión, experiencia, y fortaleza, en lugar de confiar en la sabiduría, guía y poder del Señor. Los discípulos despertaron a Jesús llenos de pánico, demandándole: «Maestro... ¿no te importa que nos ahoguemos?» y fueron recriminados por su falta de fe (Marcos 4:38-40). Nosotros también batallamos con situaciones difíciles, y también a causa del temor y de la falta de fe, dejamos de confiar en Jesucristo y comenzamos a confiar en lo que sabemos y en lo que podemos controlar. Colocamos nuestra confianza en nuestros propios métodos humanos de administración y en nuestros procesos de toma de decisión.

Esa tendencia arrasadora a confiar en «uno mismo» fue algo que yo (Brad) experimenté durante un tiempo de extrema necesidad económica. El ministerio Presbyterian Reformed Ministries International (PRMI) estaba próximo a concluir una campaña para reunir capital, y necesitaba recaudar $ 600.000 para comprar veinticuatro acres de una hermosa tierra montañosa y convertirla en el hogar de la Comunidad de la Cruz.[8] A pocas semanas de la fecha de cierre, todavía nos faltaban $ 450.000, y me aterrorizaba la idea de no llegar a encontrarnos con el dinero. Pero también tenía por delante un compromiso tomado tiempo atrás, un viaje misionero a Uganda que iba a costarnos $ 25.000 y que, además, me iba a dejar afuera del empuje final para recaudar los fondos. Estaba en una lucha interior en medio de una crisis de fe y obediencia, sin tener certeza en cuanto a si debería irme en ese viaje misionero o quedarme en casa y convocar a algunos de los donantes más importantes.

El día antes de mi vuelo, me senté en un banco sobre un punto alto de la colina, lleno de desesperación y temor, desprovisto de toda fe. Mientras oraba en medio de la desesperación, sonó mi teléfono celular (y aquel era el único lugar de esa tierra en el que se lograba recibir la señal). El que llamaba era Reid Henson, un amigo de muchos años del ministerio PRMI, y cuando le transmití mi sensación de desesperanza, Reid abruptamente me preguntó:

—¿Jesús quiere esa tierra?

—Sí, estoy convencido de que él la quiere —le respondí.

Entonces Reid, lleno de una fe de las que mueven montañas, me dijo:

—Bien, ¡yo también sé que él la quiere! Así que estoy orando ahora mismo que Jesús te provea la fe que necesitas para recibir todo lo que él te va a dar, de modo que la obtengas para la obra del reino.

Mientras él decía esas palabras, yo sentí que el Espíritu Santo hacía nacer en mí el don de la fe para confiar en que Jesús proveería todo ese dinero.

En seguida se presentó el desafío de actuar en una cooperación obediente.

—¿Debes viajar a Uganda mañana por la mañana? —me preguntó Reid.

Inmediatamente, a causa del temor, sentí la tentación de abandonar la dinámica de cooperación y le confesé:

—Reid, estoy considerando seriamente no ir, sino quedarme en casa para llamar a todos los donantes durante las próximas dos semanas para solicitarles el dinero que necesitamos para comprar la tierra.

Estaba usando un estilo humano, basado en la propia sabiduría, comprensión, experiencia y fuerzas, y había varias personas que me urgían a hacer precisamente eso, convencidas de que mi visita a Uganda haría peligrar la campaña y condenaría el proyecto al fracaso. Pero entonces Reid volvió a hablar, movido por el Espíritu Santo, y en sus palabras el Señor me habló claramente y con autoridad:

—¡No! No has sido llamado a quedarte en casa y recaudar dinero para comprar la tierra. Te estoy llamando a serme fiel e ir a Uganda como mi testigo. Yo reuniré el dinero a mi manera. Tu trabajo es obedecer y llevar mi nombre a las naciones.

Esa palabra me llegó con tanto poder y autoridad que supe que tenía que aceptarla y cooperar. Obedientemente emprendí mi viaje a Uganda.

El viaje misionero constituyó una experiencia estimulante, durante el que muchos cientos de jóvenes llegaron a la fe en Jesucristo y recibieron un poderoso derramamiento del Espíritu Santo que produjo señales, maravillas y sanidades en nuestro medio. Pero cuando regresé a los Estados Unidos, apenas una semana antes de la fecha de cierre de la campaña, aún no teníamos los $ 450.000. Mientras considerábamos escribir una última carta, experimentamos el milagro de la provisión. Una mujer que tenía un cáncer terminal estaba poniendo en orden sus bienes y deseaba hacer una donación de $ 250.000. Había oído a través de alguien de su iglesia acerca de las conversiones en Uganda y deseaba ayudar a comprar aquella tierra como un lugar en el que la gente pudiera seguir conociendo a Jesucristo. Nunca habíamos tenido contacto con esa mujer antes; no había recibido ningún tipo de material de la campaña. ¡Yo estaba sorprendido! Durante el resto de la semana final, una avalancha de donaciones, tanto grandes como pequeñas, inundó nuestra oficina. No solo pudimos pagar los $ 600.000 al contado, sino que nos quedó una cifra significativa para los trabajos iniciales de mejora. Dios había actuado a su modo y en sus propios términos cuando nosotros actuamos en obediencia. Somos compañeros en la danza dinámica de cooperar con el Espíritu Santo.

Siempre que camino por los senderos de oración de esa tierra, sé que estoy andando sobre una provisión milagrosa. Si hubiera desobedecido y me hubiera quedado en casa para recaudar dinero, que hubiera sido lo más razonable, humanamente hablando, el milagro no habría ocurrido. Quizá el Señor me hubiera mostrado misericordia y gentilmente hubiera provisto el dinero a través de mi esfuerzo, porque él realmente deseaba que se construyera ese lugar de oración. Pero luego yo me habría visto enfrentado a la poderosa tentación del orgullo a causa de mi esforzada sabiduría, y le habría robado la gloria a Dios.

En tiempos de extrema necesidad, con frecuencia nos sentimos más tentados a apoyarnos en nuestra propia fortaleza en lugar de someternos a Dios en obediencia. Pero esta tentación está siempre presente en nuestra naturaleza caída. Cuando oramos por sanidad, la tentación es apoyarnos en algún método o técnica en lugar de cooperar con Dios y confiar en que él obre. Cuando predicamos, la tentación puede ser confiar en nuestras propias habilidades de oratoria y fallar en cuanto a buscar la inspiración, la unción y la guía del Espíritu Santo. Los consejos de las iglesias pueden verse tentados a depender simplemente de algún programa en particular sin buscar primero la guía del Señor. Todo eso es muy sutil. Aun sin ser conscientes de ello, nuestro temor o nuestra falta de confianza en que Jesús vaya a obrar es lo que domina nuestro acercamiento al tema. En lugar de obrar en sociedad con Dios, actuamos por cuenta propia en lo espiritual, obrando por nosotros mismos y dependiendo para todo de nuestros dones, talentos y recursos humanos. Nos dirigimos a un agotamiento y a un colapso, y con el paso del tiempo nuestros esfuerzos no producirán un fruto que le traiga gloria a Dios.

«Error fatal»: Amar más a la esposa que al Esposo

Jesús les dirigió palabras duras a los fariseos en muchas ocasiones, incluyendo el reprenderlos por su tendencia a anular «por causa de la tradición... la palabra de Dios» (Mateo 15:6), y de poner las costumbres y preocupaciones humanas por encima de los mandamientos de las Escrituras. Resulta peligrosamente fácil para los líderes del pueblo de Dios apegarse más a la iglesia de Jesucristo que a Jesús mismo, enamorándose de la novia en lugar de enamorarse del Novio.

La tentación no resulta difícil de comprender. Esa comunidad humana ha constituido un medio muy significativo a través del que hemos descubierto una relación viva con Jesucristo. La vida de la iglesia, la gente, y las actividades se nos han vuelto preciosas. Nos sentimos transportados por las majestuosas palabras de la liturgia, el dinamismo de las canciones de alabanza, y el sentido de celebración, intimidad y adoración que experimentamos al rendir culto. Esa es la atmósfera y el sitio en el que ha nacido, se ha alimentado y ha crecido nuestra fe. Amamos a esos santos que nos han enseñado las Escrituras, que nos han ministrado en nuestra necesidad, que nos han conducido a la adoración y que han celebrado la trama de la vida con nosotros. En la tumba descansan nuestros padres y antepasados, y esos nombres de familia grabados en la piedra nos crean lazos con ese lugar sagrado. Los comités, los consejos directivos y los procesos para llevar adelante la iglesia producen expresiones concretas que muestran nuestra entrega a Cristo y a la realización de su obra en el mundo.

Al mirar hacia atrás, a las páginas de la historia, nuestro amor por la iglesia se ve fortalecido por aquellos santos antiguos cuyo liderazgo e inspiración encarnaron y encendieron el fuego en medio de la corriente o denominación a la que pertenecemos. Honramos a Juan Calvino por instituir la tradición reformada, a John Knox por su liderazgo entre los presbiterianos, a John Wesley por fundar el metodismo. Atesoramos la herencia de fidelidad histórica de nuestras iglesias a Jesucristo, y contamos una y otra vez las historias de los misioneros que fueron pioneros del evangelio y sacrificaron sus vidas por alcanzar a los perdidos.

Todas estas constituyen expresiones visibles y tangibles de la presencia de Jesús y de su soberanía. A través de ellas el reino de Dios se hace manifiesto. Dejando de lado el dolor y los sufrimientos que a veces nos causa la iglesia, ¿acaso resulta asombroso que a pesar de ello amemos a la esposa de Cristo?

Pero podemos hacer una transición peligrosa que sutilmente cambie nuestra comprensión y nuestra actitud. Gradualmente esos recuerdos, tradiciones y actividades se pueden ir convirtiendo en el foco de nuestra atención. Adoramos por la adoración en sí, organizamos actividades por amor al activismo, nos reunimos solo por amor a la comunión humana, para conservar la memoria del pasado y mantener el status quo. Nos concentramos en las actividades de la iglesia más que en la autoridad de Cristo. La vida de la iglesia llega a ser nada más que nuestro esfuerzo humano y nuestra obra. Imperceptiblemente cometemos ese «error fatal», y nos quedamos con una organización humana maravillosa que necesita ser aceitada y reparada constantemente y que ha perdido su vitalidad y la naturaleza trascendente del reino.

El amor de Jesucristo ya no es el amor preeminente. En lugar de eso, nos enamoramos de la novia de Cristo en la forma institucional en que la hemos experimentado y, al hacerlo, la denominación, la congregación o la organización misionera que tanto amamos deja de ser el cuerpo de Cristo.[9]

«Error fatal»: Ignorar al Espíritu Santo

Una importante razón final por la que los pastores y líderes caen en el error fatal de descuidar la «rueda dentro de la rueda» es lisa y llanamente la ignorancia. Quizá hasta sea la razón principal. Con frecuencia nos encontramos con hombres y mujeres de Dios comprometidos en el liderazgo como pastores y ancianos, que en verdad aman a la iglesia y están entregados a Jesucristo, pero a los que sencillamente no se les ha transmitido ningún tipo de comprensión práctica acerca de cómo cooperar con el Espíritu Santo al realizar la obra de Jesucristo. En nuestros programas de entrenamiento y capacitación dirigidos a diferentes tipos de liderazgo dentro de la iglesia, este parece ser un tópico que recibe escasa atención. Tenemos la intuición de que se trata de algo que tiene que ver con ser fieles a la palabra de Dios y dedicar tiempo a la oración, pero con frecuencia tenemos que arreglarnos solos en cuanto a descubrir los aspectos prácticos de buscar, discernir y responder a la guía del Espíritu Santo.

Por supuesto, eso tiene su propio efecto. Es muy difícil, y quizá hasta imposible, llevar a la gente a un lugar en el que nosotros no hemos estado nunca. Y encontramos que no solo los líderes de la iglesia sino también las congregaciones enteras aún no han descubierto la vida cristiana como una danza dinámica en participación con el Espíritu.

En los años setenta yo (Brad) recibí mi capacitación en el Union Seminary de Virginia. En ese tiempo, este seminario evangélico, excelente desde lo académico, me proveyó una enseñanza rigurosa con respecto a la teología reformada y a las obras de Juan Calvino. Mis profesores de Biblia me capacitaron en exégesis y homilética; los cursos sobre organización política de la institución y cuidado pastoral fueron excelentes; y el curso sobre evangelización me dio mucha claridad con respecto al evangelio. Pero en ningún momento nadie nos enseñó acerca de cooperar con el Espíritu Santo. Se hacían menciones breves sobre él en las clases de teología, como la tercera persona de la Trinidad, pero no se nos daban instrucciones prácticas al respecto de su persona. No se mencionaba para nada la promesa de Jesús acerca de que los dones del Espíritu Santo y su poder nos podían equipar para el ministerio y ayudarnos de una manera práctica en la tarea de llevar a la iglesia a su desarrollo. No es de sorprender entonces que cuando yo llegué a una parroquia, y luego al campo misionero, pasara todo mi tiempo aceitando la maquinaria de la organización y buscando desarrollar los mejores programas. No sabía nada acerca del Espíritu Santo. Y no pasó mucho tiempo hasta que colapsé y, desesperado en cuanto a mis propias fuerzas, clamé a Dios por ayuda.

Yo (Paul) tuve una experiencia similar cuando estuve en Cambridge capacitándome para el ministerio. Las clases tenían que ver con visitas pastorales, exégesis bíblica, predicación, conducción de la adoración litúrgica, capacidad administrativa y liderazgo, pero pasaban completamente por alto el rol del Espíritu en cuanto a conducir los asuntos de la iglesia. Mientras se desarrollaba un módulo de estudio sobre la adoración, escribí un ensayo en el que analizaba el rol del Espíritu Santo, y en él hacía notar que este tema «parecía ser una preocupación menor» y que en la facultad «el curso sobre historia y teología de la adoración cristiana no realizaba consideraciones acerca de esta cuestión».[10] Se trataba de una crítica muy completa y provocó una respuesta reveladora de parte del examinador, que me preguntó: «¿Estuvo presente en las clases sobre *epiclesis*?»[11] Iba en ello el reconocimiento implícito de que la única enseñanza que habíamos recibido con respecto al rol del Espíritu en la adoración se enfocaba en los misterios que rodeaban a la celebración de la Santa Comunión. Si el Espíritu jugaba algún otro papel, tendríamos que descubrirlo por nosotros mismos.

Otras personas que estén en el liderazgo habrán pasado por experiencias similares. Muchas áreas de nuestra capacitación han recibido una atención excelente para prepararnos para la tarea crucial de conducir la iglesia de Jesucristo. Pero al no recibir enseñanzas prácticas acerca de cómo cooperar con el Espíritu Santo, no nos hallamos lo suficientemente equipados como para ejercer nuestro rol. Existe una esfera significativa de ignorancia, un «punto espiritual ciego» porque nadie nos ha mostrado cómo es la vida cuando vamos al mismo paso que el Espíritu. Por lo tanto, evitamos o resistimos la actividad del Espíritu.

Yo (Cindy) comencé a ver cómo podría ser la vida andando al paso del Espíritu luego de un tiempo de colapso físico y espiritual. Después de graduarme del Princeton Theological Seminary, fui llamada para ejercer la capellanía hospitalaria y trabajé esforzadamente para obtener un certificado como supervisora de Educación Pastoral Clínica (EPC). Estaba muy ocupada todos los días cuidando gente enferma, a veces moribunda, y a sus familias. En varios momentos del año también dictaba clases EPC a grupos de estudiantes de seminarios y a algunos clérigos de la comunidad que trabajaban en el hospital bajo mi conducción. Además, Steve, mi marido, estaba agobiado por el pastoreo de una congregación húngara reformada, en la que predicaba y enseñaba tanto en inglés como en húngaro, mientras yo asumía toda la responsabilidad silenciosa de ser «la esposa del pastor». Encima de todo eso, yo acababa de ser madre de un varoncito, David, que se rehusaba a dormir durante toda la noche. Yo era alguien que constantemente estaba brindando cuidados, que trabajaba incesantemente para mantener las cosas andando en el hospital, con los estudiantes, y en mi casa, con mi familia. Sabía que todo era para Dios, pero de alguna manera él no me parecía muy presente, y en verdad no sentía que me ayudara mucho. No conocía nada del Espíritu Santo más allá de lo que decía una parte del credo, lo cual creía con todo mi corazón. No sabía nada de la danza de cooperación ni del poder y los dones del Espíritu; tan solo entendía que se esperaba que sirviera a Dios activamente. Todas aquellas otras cosas no formaban parte de mi educación ni de mi tradición. Quedé exhausta emocional, física y espiritualmente. Estaba agotada, resentida, había colapsado y sabía que ya no podía hacer nada más. Había llegado al final de la cuerda.

En ese momento, en febrero de 1991, mis padres nos ofrecieron enviarnos a Steve y a mí a un retiro de cinco días denominado «Puertas de entrada a un ministerio potenciado», que organizaba el ministerio Presbyterian Reformed Ministries International como parte del Proyecto Dunamis.[12] El argumento principal con el que nos convencieron fue que ellos se quedarían con David. Recién cuando estábamos en la carretera conduciendo hacia ese evento leímos el folleto que nos habían enviado, y con horror notamos que tenía que ver con el Espíritu Santo. Casi pegamos la vuelta de inmediato, pero la perspectiva de contar con ese tiempo, alejados de las presiones del trabajo y también de aquel niñito que se resistía a dormir, nos pareció demasiado atractiva. También imaginamos que podríamos saltearnos las reuniones y simplemente disfrutar de estar juntos en aquel hermoso centro de conferencias sobre la playa del Lago George, en Nueva York.

Dios tenía otros planes. Durante las sesiones de enseñanza nosotros nos encontramos andando en terreno que no habíamos descubierto con anterioridad; aprendimos sobre la tercera persona de la Trinidad. Según las palabras de Jesús, yo fui «bautizada en el Espíritu Santo», y se abrió ante mí un panorama de la realidad totalmente nuevo. Descubrí que me era posible cooperar con el Espíritu Santo, que no tenía que realizar todo el trabajo por mi cuenta. Él estaba presente para proporcionarme poder, autoridad, guía y apoyo. Aunque yo era por naturaleza una persona que amaba a los demás y se preocupaba por ellos, descubrí que, por sobre todo, Jesús deseaba mostrar su propio amor y cuidado a la gente a través de mí, lo que resultaba posible por el Espíritu. Él era el que hacía la obra, y mi tarea consistía en bailar al paso del Espíritu, y hacerlo junto con aquellos que habían sido llamados a compartir la comunión del Espíritu Santo. Ya no estaba sola en este ministerio.

Durante el retiro del Proyecto Dunamis no tuve ninguna experiencia en especial, tal como hablar en lenguas (aunque después recibí ese particular don del Espíritu), pero cuando regresé al hospital noté una frescura en mi trabajo. Junto con mis labores humanas había ahora una obra sobrenatural en el espíritu realizada por Dios que antes no se había manifestado. En cierta ocasión estaba ministrando a una mujer que tenía un bulto en la pierna, y que se sentía aterrorizada temiendo que se descubriera que era un cáncer. Mientras oraba por ella, me sorprendió sentir que el Espíritu Santo me susurraba esto: «Dile que no es un cáncer». Tuve una tremenda lucha dentro de mí por esta cuestión. Iba en contra de mi entrenamiento EPC, y sentí temor de alentar en ella falsas esperanzas, nacidas de un entusiasmo espiritual. Pero la sensación de ser guiada a ello persistía, así que asumí lo que consideraba un tremendo riesgo y expresé en voz alta lo que creía que el Señor estaba diciendo. El cambio fue inmediato y se hizo visible, ya que la paz descendió sobre esa mujer asustada. Parecía como si estuviera siendo abrazada por el amor de Jesús, y enfrentó la cirugía con una profunda paz. En realidad, para mi propia sorpresa (¡y la de sus doctores!) el bulto resultó no ser un cáncer.

Al reflexionar sobre esta experiencia, entendí con mayor claridad lo que significa la fusión de las dimensiones divina y humana en el ministerio, y comencé a aprender más sobre la dinámica de cooperar con el Espíritu Santo. Después aprendería que la Biblia se refiere a esta sensación de ser guiado como a «recibir una palabra de conocimiento» y que se trata de uno de los dones con los que se manifiesta el Espíritu Santo. El darle la bienvenida a los dones y manifestaciones del Espíritu es una de las siete dinámicas de cooperación con el Espíritu Santo que analizaremos en detalle más adelante, pero yo no sabía nada de todo eso en 1991. Todo lo que entendía era que el Dios soberano, el Señor del universo, me había introducido a una nueva dimensión de colaboración con él. Lo había leído en el libro de Hechos, pero nunca lo había experimentado en mi propio ministerio. Francamente, eso me desbordaba un poco, ¡pero también resultaba inmensamente apasionante!

Cada uno de nosotros, los tres autores, ha realizado una travesía de aprendizaje y ha batallado por mantener en funcionamiento esta fusión entre lo humano y lo divino. Cada uno de nosotros ha caído en la mayoría de estos errores, o en una falta de comprensión, en diversas ocasiones mientras íbamos creciendo en el ministerio dentro de la iglesia. Para cada uno de nosotros el verdadero lugar en el que comenzó el fracaso fue nuestro propio corazón, ya sea por causa del pecado y por tratar de ser independientes, por amar más a la institución que a Cristo, o debido a la ignorancia y a la falta de experiencia. Del mismo modo, la restauración de la fusión entre lo divino y lo humano también comenzó dentro de nuestros corazones. En verdad, la recuperación de la dinámica de cooperación con el Espíritu Santo no comienza «allí afuera», en medio del contexto general de la iglesia, sino dentro de cada uno. Porque se trata de esa dinámica interior de nuestra propia sumisión a Jesucristo y del descubrimiento práctico de que el Espíritu Santo es nuestro ayudador y en verdad está presente, listo para investirnos de poder, guiarnos y transformarnos.

La promesa es para ti

Cuando Pedro concluyó su sermón en Pentecostés, dejó bien en claro que la obra dinámica del Espíritu Santo no se restringía a él mismo y a sus colegas. La promesa también era para su audiencia. De la misma manera, nosotros estamos convencidos de que la promesa tiene vigencia para el pueblo de Dios hoy. Cindy descubrió eso en las playas del Lago George, en Nueva York, y luego en las salas del hospital en el que trabajaba. Brad lo descubrió en un centro de oración de unas remotas montañas de Corea del Sur y luego en el contexto de algunos retiros de capacitación alrededor del mundo. Paul lo descubrió a través de una visión mientras andaba en bicicleta y luego en el trabajo diario del ministerio pastoral. El poder, la autoridad, la guía, el apoyo y la compasión del Espíritu pueden convertirse en una realidad que experimentamos en nuestra propia vida. Creemos que se trata de un descubrimiento vital para aquellos a los que se les ha confiado el liderazgo, porque ellos tienen un papel fundamental que jugar en la vida de la iglesia de Jesucristo. Así que el primer fundamento que analizaremos será el referido al liderazgo que encarna la realidad del reino de Dios.

---

1. Los momentos *kairós* serán descritos más adelante en el libro como la séptima dinámica.

2. El curso Alfa es una introducción a la fe cristiana que consta de quince sesiones, desarrollado por el Reverendo Nicky Gumbel, que fue coadjutor de la iglesia anglicana Holy Trinity, de Brompton, en el centro de Londres. El curso está disponible en DVD, junto con otras fuentes de apoyo completas. El sitio web de este ministerio es www.alpha.org.

3. El papel de encender es un papel empapado en nitrato sódico que se utiliza para encender la pólvora, y es especialmente utilizado para la porción de encendido de los fuegos artificiales (*Encarta Dictionary*, http://encarta.msn.com/).

4. Richard G. Hutcheson, *Wheel within the Wheel: Confronting the Management Crisis of the Pluralistic Church* [Rueda dentro de la rueda: Confrontar la crisis administrativa de la iglesia pluralista], John Knox, Atlanta, 1979, p. 155.

5. Informe Captar la Visión, para la Asamblea General de la Iglesia Reformada Unida, 2004, http://web.archive.org/web/2007081720548/http://www.urc.org.uk/catch_vision/catch_the_vision_reporthtml.

6. Ibid.

7. http://vision4life.terapad.com

8. Comunidad de la Cruz: Un lugar de encuentro con Jesucristo para orar, capacitarse y ser enviado. Este centro de capacitación está ubicado en las montañas, al oeste de Carolina del Norte, y constituye la sede de los ministerios nacionales e internacionales de la entidad Presbyterian Reformed Ministries International. Fue fundada en 2003, y estamos ahora en proceso de armar el programa y construir las instalaciones que permitan desarrollar ese programa.

9. La historia acerca de cómo le ha acontecido esto a la Iglesia Presbiteriana en los Estados Unidos está bien documentada por Parker Williamson en *Broken Covenant: Signs of a Shuttered Communion*, Reformation Press, Lenoir, NC, 2007.

10. P. K. Stokes, «Discuss the Role of the Holy Spirit in the Church's Acts of Worship», ensayo no publicado, 1992.

11. *Epiclesis* es la parte de la oración de consagración de los elementos de la Eucaristía (el pan y el vino) a través de la cual el sacerdote invoca al Espíritu Santo (http//en.wikipedia.org/wiki/Epiklesis).

12. Presbyterian Reformed Ministries International es un ministerio fundado en 1966, durante la renovación carismática, con el que todos nosotros hemos estado relacionados, ocupando distintas posiciones de liderazgo. El Proyecto Dunamis es el curso de capacitación de PRMI sobre la persona y la obra del Espíritu Santo. Este curso consta de seis unidades, y cada una de ellas se lleva a cabo a través de un taller intensivo de capacitación de cinco días de duración. Fue iniciado por Brad Long (que también redactó los materiales) en 1991, y ahora se ofrece en múltiples localidades alrededor de todo el mundo. Para recibir más información, ver www.prmi.org.

Primera parte

Los dos fundamentos

Capítulo 3

Los líderes deben encarnar el reino de Dios

Los líderes moldean a las congregaciones. La tarea del líder es darle forma a la cultura y al carácter distintivo de la iglesia para que se convierta en un contexto en el que la dinámica de cooperación con el Espíritu Santo pueda desarrollarse. Los líderes, por lo tanto, deben ser ejemplos vivientes de lo que significa seguir a Jesucristo, porque solo entonces podrán configurar a la congregación como una expresión dinámica del reino de Dios.

Cuando Jesucristo emprendió la tarea de formar su iglesia, comenzó con un pequeño equipo central de gente a los que él preparó como líderes. Ese núcleo de 12 luego fue ampliado a 72, y en Pentecostés creció hasta llegar a ser un grupo de 120. Él adopta el mismo criterio hoy, preparando gente para el liderazgo que le dé continuidad a la obra de crecimiento y desarrollo de su iglesia en un compañerismo activo con él.

Para comprender por qué lo hace, tenemos que darnos cuenta de que, desde el mismo comienzo Dios eligió incluirnos como amigos y colaboradores. Él creó a nuestros primeros padres, Adán y Eva, a su misma imagen, y los dotó; les dio todos los dones que necesitaban para ejercer un dominio sobre la tierra en su nombre. El privilegio y la responsabilidad que implica este dominio fueron arruinados, deteriorados, por su desobediencia, y acabaron en la corrupción de la naturaleza humana. También eso abrió la puerta a los entes demoníacos que capitalizan esa naturaleza humana pecaminosa para frustrar la visión maestra de Dios: que los hombres y mujeres participaran de su reino como colaboradores, en una relación de amistad y compañerismo. Realmente confrontamos luchas contra el mundo, la carne y el diablo mientras trabajamos y oramos para que su reino sea restaurado.

Jesús, cual campeón en medio de este conflicto, vence la corrupción del pecado y deshace los planes y confabulaciones de Satanás. Restaura la visión original.

Cuando nacemos de nuevo, nos convertimos en una nueva creación y entramos en esa renovada realidad del reino de Dios. Allí los privilegios y responsabilidades para gobernar que habíamos recibido nos son restaurados, y se nos llama a entrar otra vez en una cooperación dinámica con el Padre, el Hijo y el Espíritu Santo. Eso sucede inicialmente con un grupo de líderes en los que Jesús ha implantado el ADN de su reino, personas cuya vida está siendo formada según ese proyecto espiritual, y que han sido llamados y equipados para darle forma a la realidad, llevándola a entrar en línea con los propósitos de Dios tal como nos han sido revelados en las Escrituras. A través de la influencia de su visión, ejemplo, y enseñanzas, esos líderes dan forma a una comunidad catalítica. A su alrededor se reúne un grupo cada vez mayor de personas que reciben la capacidad de convertirse en participantes activos de este reino de Dios restaurado. No podemos ignorar la importancia del liderazgo. Se trata de un factor fundamental.

Encarnar la realidad del reino como la propia naturaleza del liderazgo

El Espíritu Santo hará surgir muchas formas y expresiones diferentes de liderazgo para desarrollar a la iglesia. Todos los líderes, sean apóstoles, evangelistas, maestros, profetas o pastores (y también todos los otros dones que dé el Espíritu Santo) juegan un papel important en el crecimiento de la iglesia. Pero algo común a todos los líderes llamados a trabajar con Jesucristo para construir el reino es el principio fundacional de la *encarnación*. Esas son personas en las que otros pueden ver que encarnan la realidad de lo que significa vivir y trabajar en amistad y compañerismo con el Dios vivo.

Jesucristo mismo constituye el mejor ejemplo del principio de la encarnación como la esencia del liderazgo espiritual. La Biblia lo describe como un *pionero*, palabra griega que se refiere a un «príncipe» o líder, la cabeza representativa de una familia. La palabra también significa «iniciador», alguien que abre un nuevo sendero para los que lo siguen. Ha sido utilizada en unas treinta y cinco ocasiones en la versión griega del Antiguo Testamento, y aparece cuatro veces en el Nuevo Testamento, siempre referida a Jesucristo (Hechos 3:15; 5:31; Hebreos 2:10; 12:2). Él es nuestro Pionero, el que encarna la realidad del reino. Él es el «Verbo [que] se hizo hombre y habitó entre nosotros» (Juan 1:14), y en él vemos y conocemos a Dios el Padre (14:9). Jesús ejerció el liderazgo sobre sus discípulos llevándolos a la nueva realidad que ya se expresaba en su propia vida. Cuando Jesús les preguntó a los doce si ellos querían dejarlo también como aquellos que se habían ido a causa de que el costo del discipulado les parecía una demanda demasiado alta, los discípulos eligieron permanecer con él, y le dijeron: «¿A quién iremos? Tú tienes palabras de vida eterna»

(Juan 6:68). Jesús señaló quién era él, más allá de que *hablara* palabras de vida: «Yo soy la resurrección y la vida» (11:25) y «Yo soy el camino, la verdad y la vida... Nadie llega al Padre sino por mí» (14:6). Él encarnó en sí mismo la nueva realidad del reino de Dios, y como nuestro líder, es capaz de guiarnos en esa nueva realidad.

Jesús compara el reino de Dios con la levadura que leuda todo el bollo de masa, y con una pequeña semilla que crece hasta convertirse en un gran árbol. El reino está vivo y creciendo, y esa vida y crecimiento se producen en primer lugar cuando este se vuelve real en los que él ha llamado a ser semillas de la nueva realidad. Jesús mismo, como el nuevo Adán, es la primera semilla del reino de Dios. Luego, a través de la obra pionera de Jesús y la acción constante del Espíritu Santo, la semilla del reino es plantada en los líderes, los que a su vez se convierten en las semillas que crecen y hacen crecer la iglesia. ¿Cuál es la naturaleza del liderazgo cristiano que hace crecer a la iglesia? Es el liderazgo que *encarna* esa nueva realidad.

Los primeros discípulos encarnaron en ellos mismos el reino de Dios

Los primeros discípulos de Jesús pudieron conducir a otros porque la realidad del reino de Dios había sido encarnada en sus propias vidas. Al dar testimonio de Jesús entre las naciones, declarando y demostrando su señorío, la realidad práctica de su reino se hacía visible en ellos.

Vemos eso, por ejemplo, en el liderazgo de Pedro en el día de Pentecostés. Aprovechando la oportunidad que se creó a causa de una multitud cuestionadora, Pedro supo hacer suyo el momento, se paró delante de ellos y les explicó acerca de Jesús y de que él había cumplido las antiguas promesas de las Escrituras. Su mensaje atravesó el corazón de la gente, y llevó a unos tres mil de ellos a arrepentirse y volverse seguidores de Jesús. El poderoso impacto del mensaje de Pedro se debió no solo a su fidelidad en cuanto a proclamar la Palabra de Dios, sino también a la capacitación del Espíritu que Jesús les había prometido: «Cuando venga el Espíritu Santo sobre ustedes, recibirán poder y serán mis testigos» (Hechos 1:8).

A medida que esa comunidad cristiana embrionaria crecía en fe y en comunión, «todos estaban asombrados por los muchos prodigios y señales que realizaban los apóstoles» (Hechos 2:43). Encarnaban la nueva realidad del reino de Dios. La iglesia se caracterizaba no solo por su devoción a la enseñanza apostólica y sus relaciones de auténtico amor, sino por sus acciones admirables, que venían a convertirse en los carteles indicadores que señalaban a la presencia, poder y gobierno de Jesucristo en su medio. Y entonces, «cada día el Señor añadía al grupo los que iban siendo salvos» (2:47).

Podemos apreciar la realidad práctica del reino de Dios en la vida de Pablo también. En su rol de líder de la iglesia de Cristo, él se presentaba como un modelo vivo de lo que significaba seguir a Jesucristo. «Imítenme a mí», les decía a los corintios, «como yo imito a Cristo» (1 Corintios 11:1). Del mismo modo, cuando fue desafiado por el rey Agripa, Pablo manifestó un deseo muy simple: «Le pido a Dios que no solo usted, sino también todos los que me están escuchando hoy lleguen a ser como yo, aunque sin estas cadenas» (Hechos 26:29). No se trataba de un orgullo arrogante. Debería ser la invitación que emitiera cada líder: «¡Miren, aprendan y vivan de esta manera!» Pablo entendía bien la naturaleza del liderazgo dentro del reino de Dios. La forma en que el Espíritu Santo conduce a otros a la nueva realidad de Jesucristo es la de permitirles ver y experimentar esa realidad encarnada en el líder que se para delante de ellos.

A través de toda la historia de la iglesia, descubrimos vez tras vez que los que han resultado instrumentos para el crecimiento de la iglesia, o para el establecimiento de nuevos ministerios, han encarnado ellos mismos ese aspecto de la realidad del gobierno de Dios que habían sido llamados a crear sobre la tierra. Las «reglas» de San Benedicto se hicieron visibles primero en su propia vida, antes de llevar una santidad humilde y fresca a la vida monástica. Martín Lutero se constituyó en el campeón del principio de la justificación por la fe porque esa realidad primero lo había llevado a encontrar su propia salvación. El principio de la Reforma de *sola scriptura* fue encarnado por Juan Calvino cuando procuraba que cada faceta de su vida personal y social estuviera gobernada por la palabra de Dios. Hudson Taylor encarnó la gran comisión de Cristo al ir él mismo a la China (lo último de la tierra) llevando el mensaje del evangelio. Martin Luther King Jr. encarnó y luego abogó por una visión del reino en la que «ya no hay judío ni griego, esclavo ni libre, hombre ni mujer» (Gálatas 3:28). La Madre Teresa, cuidando de los moribundos, encarnó el amor de Cristo por los perdidos y los que sufren, e inspiró a otros a hacer lo mismo.

Percibimos este principio del liderazgo en operación por el modo en que nosotros nacimos al reino de Dios a través de la fe en Jesús. La mayoría de nosotros somos cristianos hoy porque alguien en particular encarnó la realidad de la fe cristiana en su propia vida y fue utilizado por el Espíritu Santo para conducirnos a la fe. Quizá haya sido el maestro de la Escuela Dominical de nuestra infancia, que no solo nos enseñó historias bíblicas sino también encarnó el amor de Jesús por nosotros. Puede haber sido el pastor de jóvenes que nos brindó su tiempo y atención cuando batallábamos con nuestra adolescencia, y en quién alcanzamos a captar lo que es una vida vivida en esperanza y con un propósito. Tal vez fuera un amigo que estuvo con nosotros en momentos de gran necesidad, encarnando el amor y la presencia de Jesucristo y la realidad de la fe cristiana, y transmitiéndonos oportunamente palabras que Dios le había dado. O puede haber sido el pastor que predicaba los domingos; no solo escuchábamos sus palabras y nos dábamos cuenta de que Dios nos hablaba a través de sus sermones, sino que también veíamos en ese pastor el corazón transparente de un hombre o mujer que amaba a Jesús y estaba dispuesto a seguirlo a dónde fuera.

Esa es una necesidad fundamental. Los que han sido llamados a conducir a la gente a la nueva realidad del gobierno de Dios, deben encarnar ese gobierno en sus propias vidas. Sencillamente no podemos llevar a otros a experimentar la plenitud y realidad del reino de Dios si nosotros mismos no participamos así de él, experimentando esa plenitud en nuestra propia vida. Solo podemos ser embajadores de aquello a lo que ya pertenecemos. Desde afuera, lo mejor a lo que podemos aspirar es a señalarle a la gente en esa dirección, pero no podremos decir junto con Pablo: «Imítenme a mí, como yo imito a Cristo».

En nuestra propia experiencia de liderazgo hemos visto que resulta sumamente importante que encarnemos el gobierno de Cristo, porque la función de los líderes es darle forma a la cultura y al carácter distintivo de la iglesia para que se convierta en un contexto dentro del que la dinámica de cooperación con el Espíritu Santo de Dios se pueda dar. Como resulta inevitable que los líderes le den forma a la cultura de la iglesia, la cuestión fundamental es si están configurando esa cultura como una expresión viviente del gobierno de Dios o como la expresión de una agenda diferente. Muchos tal vez hayan pasado por la experiencia dolorosa de ver que algunas pocas personalidades fuertes han impuesto en la iglesia ciertas prioridades meramente humanas, o quizá se hayan encontrado en situaciones en las que la política del liderazgo denominacional haya determinado la agenda de la vida de la iglesia, prestando muy poca atención a las prioridades señaladas por Jesús. ¡Cuánto mejor sería que ese poder e influencia se usara por parte del liderazgo para permitir que la iglesia buscara con humildad conocer la agenda del Señor y cooperar en la obra de llevarla a cabo!

Preparación de un equipo de liderazgo en la Iglesia Presbiteriana Montreat

El principio de que los líderes encarnen la nueva realidad del reino de Dios y luego determinen la cultura de la iglesia para que ella haga lo mismo se puede ver en el liderazgo del pastor Richard White de la Iglesia Presbiteriana Montreat, de Montreat, Carolina del Norte.[1]

Durante treinta y tres años esa congregación fue pastoreada por el reverendo Calvin Theilman, uno de esos notables pastores al estilo de antes que lo hacían todo, desde el cuidado pastoral hasta la administración, predicando y realizando la obra de extensión. Cuando el reverendo Richard White lo sucedió como pastor, la gente esperaba que él simplemente siguiera los pasos de Calvin, haciendo todo lo que él hacía. Pero había un problema: ¡la iglesia había crecido! Ahora ya contaba con trescientos miembros activos en la congregación, y resultaba obvio que Richard no podía satisfacer todas las necesidades. Así que la congregación contrató un director de jóvenes, un administrador y un pastor de alabanza. Pero Richard siguió siendo el pastor y el líder de todo. Era lo que la congregación esperaba, y los otros líderes, los ancianos y el resto del equipo compartían esa expectativa.

A medida que la carga de trabajo aumentaba, ese modelo de liderazgo de iglesia demostraba ser cada vez menos eficaz, y Richard se convertía en el blanco de las críticas. Se notaba una insatisfacción creciente en medio del liderazgo y del pueblo. Se lo criticaba por ser un administrador terrible, y los ancianos comenzaron a pedir a gritos un pastor que funcionara como presidente y lo arreglara todo. Lo que en realidad precisaba arreglo, sin embargo, no era el pastor sino el modelo de liderazgo que se estaba usando. Los líderes necesitaban conformar un equipo en el que Jesucristo fuera la cabeza y en el que el Espíritu Santo tuviera libertad para conducir. En ese tipo de modelo la realidad del reino de Dios resultaría encarnada en un equipo de líderes, cada uno de ellos con diferentes dones, pero trabajando juntos en cooperación con el Espíritu Santo. Eso era algo radicalmente distinto del modelo presidencial de ministerio, el que, en verdad, resulta poco más que una expresión moderna del pastor que lo dirige todo. Richard sabía que tenía que llevar a la iglesia a adoptar un enfoque nuevo y dinámico, pero hacerlo resultaba extremadamente difícil. Él describe la situación así:

> ¡El primer problema tenía que ver conmigo mismo! Tenía el temor de que si yo hacía entrega de mi autoridad y me convertía en parte del equipo, eso me llevaría a perder mi posición. Así que el primer paso fue quebrantar mi propio orgullo, la idea de que yo podía y debía hacerlo todo. El segundo problema era que necesitaba cambiar no solo mi propio concepto del liderazgo, sino también el concepto de liderazgo que tenían en sus mentes los otros líderes y la congregación. Resultó algo en verdad difícil, pero lo que hice fue remitirme a la Biblia y buscar allí la manera en que los líderes de aquellos equipos encarnaban el reino de Dios para poder moldear el carácter de esa iglesia primitiva. Le apunté a Pedro, que en realidad era el vocero de la iglesia primitiva, pero que operaba en equipo con Santiago, Juan y otros, compartiendo entre ellos el ministerio. Me concentré en Pablo, que hablaba de una diversidad de dones operando juntos para edificar el cuerpo de Jesucristo. Pablo tampoco era un solitario en el ministerio, y en tanto que había escrito las cartas él solo, en la práctica real del ministerio normalmente trabajaba en equipo con otros. Se lo vio liderar junto con Bernabé y Silas como sus colaboradores (Hechos 13:42; 15:40), o con algún tipo de equipo en el ministerio o durante sus viajes (Hechos 16:6). Y por sobre todo, dio una enseñanza enfática acerca de la diversidad de dones, todos dados por el Espíritu, que necesitan trabajar juntos dentro de un contexto corporativo para edificar la iglesia (Romanos 12:4—10; 1 Corintios 12:1—14:33;

Efesios 4:11). Probablemente esta conciencia se haya ido desarrollando a partir de la experiencia práctica, y a veces difícil, de Pablo al trabajar en un equipo ministerial junto con otros.

Todo esto quedó simplemente como una teoría abstracta hasta que se convocó a un pastor mayor y más experimentado, Bill Solomon, como pastor ejecutivo, para que se uniera a mí a nivel de un par en el ministerio. El pastor Bill tenía esa misma concepción sobre el ministerio en equipo, no solo en su mente sino también en su corazón. En primer lugar, teníamos que convertirnos en un equipo en el que nos sometiéramos mutuamente el uno al otro, y en el que compartiéramos la unción del Espíritu Santo. El lugar en el que primero encarnamos este enfoque de ser un equipo fue en la reunión de adoración de los domingos. En tanto que generalmente yo era el predicador, Bill estaba allí, coliderando conmigo, dando expresión a su don ungido de oración, y haciendo anuncios que nutrían la vida de la congregación. Con frecuencia, luego de que yo acababa de predicar, Bill se adelantaba para aprovechar algún momento *kairós* y conducir a la congregación a dar una respuesta apropiada al tema. O tal vez durante la predicación yo retomaba algo sobre lo que él había orado en el tiempo de oración pastoral. Esencialmente, en la adoración era yo el que llevaba el liderazgo, con Bill como un fuerte apoyo. Eran cosas pequeñas, pero a través de ellas se percibía que encarnábamos la realidad del reino en la que ambos compartíamos juntos un liderazgo ungido. Eso requería de parte de Bill, pastor mayor, mucho más experimentado y poderoso predicador por derecho propio, que compartiera conmigo el poder y la autoridad.

En las reuniones del equipo más amplio y con los ancianos, nuestros roles se invertían. Bill era entonces el líder principal y yo su apoyo. Eso me demandaba hacer entrega del poder y la autoridad; tal vez parezca fácil, pero tuve una verdadera lucha para poder cederlos. Iba en contra de todo lo que se me había enseñado con respecto al rol del pastor «principal». También sacó a la superficie una inseguridad largamente instalada en mí, un temor a no tener ya ningún lugar en el liderazgo en la iglesia y, por lo tanto, resultar desplazado. De por sí me resultaba bastante difícil tener a Bill, mucho mayor y más experimentado que yo, dirigiendo la adoración. Así que el correrme a un costado durante las reuniones y sesiones con el equipo me hacía sentir que además había bajado de categoría y perdido mi posición. Pero tenía en claro que Jesús me estaba mandando soltar esas cosas para permitirle a él ser el conductor de la iglesia.

Ese enfoque comenzó a afectar al resto del personal. Comenzamos a funcionar cada vez más como equipo, y ese cambió empezó a causar un impacto en el resto de la congregación. Al estar encarnada en nosotros la visión del liderazgo como un equipo de líderes ungidos, se produjo una revitalización general dentro de la iglesia. Cada vez con mayor frecuencia los miembros comenzaban a poner sus dones a disposición de la obra de la iglesia, y como resultado se vio una iglesia en la que el principio reformado del sacerdocio de todos los creyentes ya no era meramente una doctrina teológica que sustentábamos y apreciábamos, sino una realidad viva. Un buen grupo de personas enseñan ahora en la Escuela Dominical; otros han formado equipos de oración intercesora; y cuando alguien enferma, no solo los ancianos sino una buena cantidad de los miembros de la iglesia se presentan para ungirlo con aceite, orar por su sanidad, y ofrecerle consuelo. Al encarnar un modelo de liderazgo ungido y compartido, los líderes han transformado la cultura de la congregación y han facilitado que se soltaran una gran cantidad de dones espirituales dentro de la iglesia. Al haber sido captados nosotros por la danza de cooperación con el Espíritu Santo, el resto de la congregación también se ha liberado y tomado coraje para unirse a esa danza. Esto ha resultado en un cambio de enfoque. Ya no es que nosotros trabajemos para Dios, sino más bien que Dios está obrando cada vez más a través de nosotros y en nuestro medio. Experimentamos una presencia sentida de Jesús en nuestras reuniones de adoración, y lo vemos moverse en el ministerio de llevar a la gente a la salvación y también en lo que hace a dar un testimonio más profundo y fiel de él.

¡Todos mis temores de perder mi posición no se han vuelto realidad! En lugar de perder mi lugar como líder, descubro que hasta he avanzado en cuanto a lograr mayor autoridad y liderazgo que antes, cuando intentaba hacer todo por mí mismo. Sin embargo, tanto el equipo de liderazgo como yo nos enfrentamos a la tentación constante de ponerle un freno a la obra ungida del Espíritu Santo. Nos sentimos tentados a tratar de controlarlo todo en lugar de preparar a otros y luego darles la libertad y autoridad de ministrar según la unción del Espíritu los guíe. La cuestión tiene que ver con confiar en la gente. Y también se relaciona con confiar en el Espíritu Santo. Cuando aprendemos a desarrollar esa confianza, descubrimos que podemos dejar libre a la gente para que opere en cooperación con el Espíritu Santo en lugar de aferrarnos nosotros al control. Este modelo funciona a través de soltar el poder, y no de intentar retenerlo. Para que esa confianza resulte significativa, las personas también precisan ser llenas del Espíritu Santo y crecer en la danza de cooperación.

Un ejemplo maravilloso es el que vemos en la vida de Diana, una mujer amorosa, laica, que ha crecido mucho en el ministerio de la oración. Diana ha sido llena del Espíritu Santo y nutrida y equipada para este ministerio a través de la capacitación que provee PRMI. Cuando surge una necesidad, me llama para avisarme que alguna persona en particular necesita del ministerio de oración y que ella está armando un equipo para ocuparse del asunto. Mi tentación entonces es desear sentirme personalmente incluido, pero si participara estaría intentando permanecer en el control de la situación y demostraría mi falta de confianza en ella. He tenido que aprender a soltarla y confiar en ella.

En instancias como la del ministerio pastoral de Bill y el ministerio de oración de Diana unidos a mi rol de liderazgo, hemos notado la importancia que tienen la unción, la confianza, y el abrirnos el uno al otro. Todos nosotros tenemos roles particulares que constituyen expresiones de la unción del Espíritu Santo en nuestras vidas: somos estacas cuadradas hincadas en agujeros cuadrados. Tenemos que confiar el uno en el otro lo suficiente como para permitir que el otro ejercite su don particular, y también debemos estar dispuestos a ser abiertos y rendir cuentas entre nosotros y delante de toda la iglesia sobre la manera en que damos expresión a nuestros ministerios.

Para que nadie se sienta tentado a considerar a la Iglesia Presbiteriana Montreat como un ejemplo *perfecto* de lo que es un equipo de liderazgo o a albergar la ilusión de que construir un equipo como este constituye un logro estático, tenemos que decirles que este equipo dinámico alcanzó a durar un año, y luego debido a situaciones familiares, Bill tuvo que dejar su rol. Richard debió enfrentar la difícil tarea de encontrar otro líder que compartiera la visión de un equipo ministerial y también los dones y la experiencia como para complementar el equipo. Esto constituye un recordatorio de que lograr establecer el primer y el segundo fundamentos, así como también las siete dinámicas, implica un proceso constante y se convierte en todo un desafío para el liderazgo. Siempre serán así las cosas, porque la iglesia es un sistema vivo y no una masa inerte que mantiene la forma que le es dada.

La falta de líderes que encarnen el reino dificulta el crecimiento de la iglesia

El liderazgo que encarna la realidad del reino de Dios, a su vez le imprimirá a la congregación la expresión dinámica del reino. Tal congregación resultará de la fusión de lo humano con lo divino, porque esa fusión se ha producido primero en la vida de los líderes. Junto con ellos, el pueblo tendrá la capacidad de discernir y cooperar con las intenciones y actividad del Espíritu Santo. Debido a ello, los aspectos humanos de la vida de la iglesia (los programas, la alabanza, los comités, las relaciones y todo lo que haga falta para crear una entidad social humana) funcionarán bien juntos y resultarán fructíferos en lo que hace a cumplir con su propósito. El programa de evangelización de la iglesia funcionará, porque la gente se acercará a Cristo. El programa de atención pastoral resultará, porque la gente en verdad experimentará el amor y la presencia sanadora de Jesucristo. Los programas de predicación y adoración de la iglesia darán resultado porque la palabra de Dios será proclamada con un efecto poderoso, transformador de vidas, y la adoración se llevará a cabo «en espíritu y en verdad». La congregación experimentará el obrar de Jesús como profeta, sacerdote y rey en medio de ella, transformando sus vidas y transformando el mundo.

La verdad clave es que para que estas cosas sucedan, el liderazgo resulta fundamental. Cuando aquellos a los que se les ha confiado la dirección no encarnan el reino de Dios en sus propias vidas, la cooperación con el Espíritu no se realiza. La iglesia deja de crecer, y la congregación se convierte en una mera organización humana bien aceitada, en lugar de ser el cuerpo de Jesucristo que actúa como la vanguardia del reino de Dios en el mundo. Las estructuras humanas permanecen, pero son como caparazones vacías que ya no contienen la presencia de Jesucristo.

No nos equivoquemos. Puede ocurrir un crecimiento numérico que no tenga nada que ver con el crecimiento de la verdadera iglesia de Jesús. No debemos llegar a la conclusión simplista de que el crecimiento numérico constituye una prueba de facto de que una congregación está funcionando como el cuerpo de Cristo y expresando la realidad del reino de Dios. Jesús advirtió que existe un camino espacioso, muy concurrido, que conduce a una puerta ancha, puerta que da acceso solo a la destrucción (Mateo 7:13).

Nuestro desafío es desarrollar líderes que sean capaces de encarnar la realidad del reino de Dios, y por lo tanto hacer crecer la iglesia. Descubrimos que con ese fin Jesucristo ha establecido algunas pautas muy claras sobre cómo formar a los líderes, pautas que resultan esenciales para desarrollar una iglesia que sea una verdadera fusión entre lo humano y lo divino. Es a esas pautas que nos abocaremos en el próximo capítulo.

---

1. Esta congregación tiene una ubicación en un entorno muy particular, en medio del Montreat College y la Asociación de Retiros de Montaña, un centro nacional de conferencias de la Iglesia Presbiteriana en los Estados Unidos de Norteamérica. Esa es la iglesia en la que yo (Brad) fui criado en la fe. Desde 1989, en que volví del campo misionero, ha sido mi iglesia base; y aunque no he pertenecido al cuerpo pastoral, he sido amigo y compañero de oración del pastor Richard White. Esa congregación se convirtió en el laboratorio viviente en el que muchos de los principios mencionados en este libro se han probado en la práctica.

El primer fundamento: Los líderes

Capítulo 4

Los cuatro requisitos de Jesús
para los líderes en crecimiento
que producirán el desarrollo de la iglesia

Los líderes cumplen un rol influyente, de formación, dentro de la iglesia de Jesucristo. Por lo tanto, resulta vital que se los prepare para realizar esta tarea en las cuatro esferas esenciales en las que Jesús se enfocó con sus primeros discípulos. Estas cuatro áreas son la *incorporación* (nacer de nuevo dentro del reino de Dios –Juan 3), *información* (adquirir conocimiento de la Biblia y la doctrina –Juan 16; Lucas 24), *transformación* (desarrollar el fruto de un carácter santificado semejante al de Cristo –Juan 15), e *investidura de poder* (ser equipados con las «herramientas» espirituales para el ministerio –Hechos 1 y 2). Resulta esencial que se produzca un equilibrio entre todos estos rubros, y dado que las diferentes tradiciones eclesiásticas son proclives a descuidar algunos de ellos, es necesario reconocer y corregir las omisiones que se den en nuestra propia situación.

A las iglesias les dan formas sus líderes. Como lo vimos en el capítulo 3, su personalidad, espiritualidad y teología ejercen una poderosa influencia que moldea el carácter de la congregación y le da forma a la comprensión y expectativas de la gente.

Incorporación

Con el término «incorporación» nos referimos a la enseñanza de Jesús acerca de que las personas deben involucrarse en su reino y convertirse en hijos dentro de su familia. Este constituye un requisito fundamental para cualquiera que vaya a ejercer el liderazgo.

49

Conversión de los clérigos

William Haslam, un predicador del siglo diecinueve del área rural de Inglaterra, entró al reino de Dios durante un sermón dado un domingo de 1851. Mientras el predicador planteaba la pregunta bíblica: «¿Qué piensan ustedes acerca del Cristo?» (Mateo 22:42), los ojos de Haslam se abrieron para verse a sí mismo como un fariseo que había fallado en reconocer a Jesús como el Cristo, el Hijo de Dios; y el Espíritu Santo aprovechó ese momento para producir allí el nuevo nacimiento. Lo que resulta notable con respecto a esta conversión es que tuvo lugar nueve años después de que Haslam fuera ordenado, ¡y que era él mismo el que estaba predicando ese sermón! El efecto de su conversión resultó tan evidente de inmediato que un hombre se puso de pie en medio de la congregación y gritó «¡El clérigo se ha convertido!», y resonaron exclamaciones de «¡aleluya!» a través de toda la iglesia. El reverendo Haslam no fue la única persona en nacer de nuevo en el reino de Dios ese día, y durante los siguientes tres años su iglesia, situada en la tranquila campiña de Cornish, no lejos de Truro, en la región oeste de Inglaterra, fue testigo de un avivamiento de la fe cristiana, de conversiones todas las semanas, de milagros de sanidad y de un gozo tan llamativo que atraía a otros a Jesús.

La experiencia de Haslam no es única. Martín Lutero fue sacerdote durante doce años antes de declarar: «En ese momento sentí que había nacido completamente de nuevo y que había entrado al mismo paraíso a través de portones que se habían abierto».[1] Trece años después de su ordenación Juan Wesley finalmente testificó: «Al caer la noche fui, sin querer hacerlo, a una sociedad en Aldersgate Street, en la que alguien estaba leyendo a Lutero y un prefacio a la Epístola a los Romanos. Alrededor de quince minutos antes de las nueve, mientras él describía el cambio que Dios obra en el corazón por la fe en Cristo, sentí una extraña calidez en mi corazón. Sentí que podía confiar en Cristo, y solo en Cristo para alcanzar la salvación, y recibí la seguridad de que él se había llevado mis pecados, aun los míos, y que me había salvado de la ley del pecado y de la muerte».[2]

Hay relatos espectaculares que conmueven el corazón. Pero no pasemos por alto el factor indispensable: para poder conducir a la gente al reino de Dios, necesitamos formar parte de ese reino nosotros mismos. Cuando Jesús dijo: «Tienen que nacer de nuevo» (Juan 3:7), le estaba hablando a un hombre que ya era uno de los líderes religiosos de la nación.

Yo (Paul) recibí un día un llamado telefónico de una predicadora de la localidad que quería pasarle una lista de canciones a mi esposa para que ella preparara el servicio del domingo. Mientras hablábamos, ella cayó en la cuenta de que yo era un ministro, y entonces me preguntó directamente: «Bien, ¿pero eres cristiano? ¿Has nacido de nuevo?» En realidad yo ya lo había hecho y pude decirle que sí, pero agradezco que haya gente como ella que esté dispuesta a hacerle a los líderes de la iglesia una pregunta tan básica. Es muy fácil dar por sentado, erróneamente, que todo aquel que ocupa una posición de liderazgo ya se ha incorporado al reino de Dios. En realidad no fue así con Haslam, Lutero y Wesley, y tampoco en el caso de un fariseo llamado Nicodemo.

Nacer de nuevo dentro del reino de Dios

La conversación de Nicodemo con Jesús tuvo lugar luego de la caída del sol, y fue iniciada por aquel devoto líder judío, que caminaba en la oscuridad pero estaba en búsqueda de la luz y tenía curiosidad por saber más. Había percibido una diferencia de dinámica en la vida de Jesús, en su enseñanza y en sus milagros, y estaba convencido de que, de algún modo, Dios obraba a través de ese predicador de Nazaret. Nicodemo había captado una visión del reino de Dios que tenía un efecto magnético sobre él. Mientras escuchaba al Maestro, un rayo de luz le iluminó el camino que tenía por delante: «De veras te aseguro que quien no nazca de nuevo no puede ver el reino de Dios», le dijo Jesús (Juan 3:3). Él hablaba de un reino tan radicalmente diferente de los reinos del mundo que la única forma en que uno se podía incorporar a él era a través de la actividad del Espíritu Santo. «Lo que nace del cuerpo es cuerpo; lo que nace del Espíritu es espíritu. No te sorprendas de que te haya dicho: "Tienen que nacer de nuevo"» (vv. 6-7).

Lamentablemente, muchas personas escuchan la expresión «nacer de nuevo» como algo partidista y divisorio, como la jerga de un grupo minoritario, en lugar de considerarla como terminología del Hijo de Dios. Dejemos bien en claro que Jesús no está haciendo una declaración acerca de ningún tipo de experiencia religiosa en particular. En el caso del nacimiento físico, la cuestión clave no es si el bebé nace por parto natural o por una operación cesárea, ni si el trabajo de parto es corto o largo. Lo que interesa es simplemente que el niño nazca. Del mismo modo sucede con el nacimiento espiritual: lo que importa es que la persona haya nacido de nuevo y que por lo tanto se haya incorporado a la casa de Dios y a su reino.

Jesús enfatiza que este nuevo nacimiento a una esperanza viva (1 Pedro 1:3) se hace posible solo por el Espíritu Santo y está centrado exclusivamente en él mismo. Él es la única fuente de salvación y declara de forma inequívoca: «Yo soy el camino, la verdad y la vida... Nadie llega al Padre sino por mí» (Juan 14:6). La vida eterna comienza con él aquí y ahora, porque él dijo: «Yo soy la resurrección y la vida. El que cree en mí vivirá, aunque muera» (11:25). La ruta a la seguridad eterna pasa únicamente a través de él, porque dijo: «Yo soy la puerta, el que entre por esta puerta, que soy yo, será salvo. Se moverá con entera libertad, y hallará pastos» (10:9). Todos los carteles señalan hacia Jesús, y nos conducen a la nueva realidad que él encarna.

Se trata de una realidad de la que nosotros, como Nicodemo, podemos participar a través de la obra del Espíritu Santo.

Este es el fundamento absoluto para el liderazgo en el reino de Dios, porque a menos que nazcamos de nuevo, no podemos encarnar la nueva realidad del gobierno soberano de Dios. La iglesia no es una mera organización social humana. La intención de Jesús es que la iglesia conforme un pueblo peculiar, constituido por esa fusión única que se da entre lo humano y lo divino, que incluye las facetas de la organización humana fusionadas con la realidad espiritual producida por el Espíritu Santo. Esa naturaleza dual que muestra la iglesia, en la que se interrelacionan las dos cosas, es la que expresa Pablo en su recordatorio de que nosotros, los seres humanos, «tenemos este tesoro en vasijas de barro» (2 Corintios 4:7). Si hemos de participar de ambas realidades y guiar a la iglesia a hacer lo mismo, entonces nosotros mismos tenemos que habernos incorporado a ellas. La necesidad de un nacimiento físico es obvia. El nacimiento espiritual resulta igualmente vital.

Se percibe con claridad que tanto en el caso de los líderes como en el de cualquier otra persona el nacer de nuevo es necesario para alcanzar la salvación eterna. Pero no podemos detenernos tan solo en esa consideración, porque existen significativos peligros espirituales al incorporar a un rol de liderazgo a hombres y mujeres que no se han convertido.

Los peligros que se enfrentan cuando los líderes no han nacido de nuevo

En primer lugar, hay un liderazgo espiritual que esos líderes *no pueden* brindar. Como Pablo lo señala: «El que no tiene el Espíritu no acepta lo que procede del Espíritu de Dios, pues para él es locura. No puede entenderlo, porque hay que discernirlo espiritualmente» (1 Corintios 2:14). El Espíritu nos equipa con capacidades y perspectivas espirituales que nos permiten funcionar como agentes del reino de Dios. Pero si nuestros ojos están cerrados a las cosas del Espíritu, quizá debido a ignorancia o a que las menospreciamos y las consideramos locura, ¿de qué manera podemos cumplir con esa función?

Durante el Gran Avivamiento que tuvo lugar en las colonias norteamericanas del siglo dieciocho, Gilbert Tennent predicó un sermón titulado «El peligro de desarrollar un ministerio sin una conversión».[3] Se trataba de un tópico audaz como para ser encarado en un sermón; él preguntó: «¿No sería un ministro inconverso como un hombre que enseña a otros a nadar antes de haber aprendido él mismo, de modo que se hunde en el acto y muere como un tonto?» La pregunta de Tennent provocó indignación, y él se encontró luego atacado y rechazado por una iglesia oficial que se sintió herida por sus comentarios. Se dice que años después lamentó el tenor de aquel sermón, pero es indiscutible que su desafío de fondo resulta pertinente. Se trata de una observación simple y práctica acerca de que aquellos que no se han incorporado al reino de Dios no tienen la capacidad de conducir a otros para entrar en ese reino; tampoco pueden enseñarles a otros a vivir como ciudadanos de ese reino.

El segundo peligro en cuanto a la naturaleza del liderazgo, *en realidad*, es que se trata de algo que se recibe. Y entonces resulta inevitable que a ciertas congregaciones se les imprima una forma que refleja la realidad de esos líderes que «aún no han nacido de nuevo», para conformar una cultura alternativa en la que la danza de cooperación con el Espíritu Santo se ve muy entorpecida o definitivamente bloqueada. Bajo la influencia de tales ministerios, las cosas referidas al Espíritu Santo, la expresión sobrenatural del gobierno de Dios, y la naturaleza espiritual del mismo reino de Dios quedan marginadas y luego se pierden detrás del decorado de un escenario que presenta una actuación basada en un libreto alternativo.

Lo trágico es que el problema de la existencia de tal liderazgo ha afligido a la iglesia desde los mismos comienzos. El apóstol Pablo tuvo que lidiar con un entorno de ese tipo, y se refirió en sus cartas a esos líderes como falsos apóstoles y maestros de falsas doctrinas (2 Corintios 11:13-16; Gálatas 2:4; 1 Timoteo 1:3-7; 6:3-5). Juan Calvino creía que el problema de corrupción de la Iglesia Católica se debía a tener en el liderazgo a hombres que no pertenecían ellos mismos a Jesucristo.[4] Esta no es una crítica sobre la sinceridad personal de los individuos. Líderes de este tipo pueden ser hombres y mujeres bien intencionados, compasivos y dedicados, pero que no han nacido de nuevo, y no tienen idea de las realidades espirituales que se entretejen con la trama humana de la iglesia a la que sirven. Al igual de Juan Wesley, pueden ser excelentes en cuanto a administrar la maquinaria de la organización de la iglesia, haber manejado muy bien los procesos sociales o de política, y tener la capacidad de dirigir programas. Sin embargo, son sordos a la guía del Espíritu Santo y ciegos a la obra de Jesucristo en el mundo y en el corazón de la gente. Para ellos la iglesia tiene que ver con los edificios, las estructuras denominacionales y eclesiásticas, las liturgias, los comités, y todo el complejo entramado de los recipientes humanos; y a través de su liderazgo llevan a los miembros de la iglesia a adoptar la misma comprensión.

Esos líderes alteran la naturaleza de la iglesia en su aspecto fundamental, de modo que con el tiempo deja de ser el cuerpo de Cristo y se convierte en una mera organización humana, que ya no es consistente con la realidad de la iglesia del Nuevo Testamento. La fusión de lo humano y lo divino se ha perdido, la congregación ya no se centra en la palabra de Dios ni en el Hijo de Dios, y la dinámica de cooperación con el Espíritu Santo se les ha extraviado aun antes de encontrarla.

Información

Por «información» nos referimos al deseo de Jesús de que la gente conozca la verdad, y eso incluye tanto un conocimiento intelectual de la doctrina y el comportamiento práctico como el conocimiento personal de Jesús mismo. Se trata de un requisito fundamental para cualquiera que ejerza el liderazgo.

Aprender del Maestro

Vemos a Jesús desplazarse a través de las páginas de las Escrituras proclamando un mensaje de buenas nuevas en un lenguaje convincente. Desde los desafíos incómodos del Sermón del Monte, a través de los cuadros vívidos dibujados en las parábolas memorables, y aun en su corrección intransigente del pecado y sus palabras de gracia llenas de misericordia, Jesús le hablaba directamente a la vida de las personas. Por eso no sorprende para nada que el prólogo poético de Juan describa a Jesús como el *logos*, la Palabra que se había hecho carne (Juan 1:14).

Entre todos aquellos que escucharon a Jesús predicar, unos pocos privilegiados recibieron una tutoría personal. Durante tres años, un pequeño grupo de doce discípulos contó con el beneficio de una atención personalizada mientras Jesús los preparaba para la tarea de liderar la nueva comunidad de sus seguidores. La fe que ellos iban a proclamar debía ser edificada sobre una comprensión correcta de las enseñanzas y caminos del Señor. Así que, luego de enseñar a las multitudes, de predicar con poder y de ministrar con señales y milagros, Jesús se encontraba con el pequeño grupo de los que había llamado a su círculo íntimo, para llevar a cabo un seminario con el Hijo de Dios, el más grande maestro del mundo. El conocimiento que Jesús les impartía a sus estudiantes era de dos tipos: un conocimiento intelectual, académico, y un conocimiento personal, de relaciones. Los que iban a guiar a su pueblo necesitaban aprender de él y a través de él.

Conocimiento intelectual: utilizar el cerebro

Al concluir el Evangelio de Mateo, Jesús señaló que el cuidado de los nuevos cristianos incluía transmitirles sus enseñanzas de modo que estas se convirtieran en el fundamento de su manera de vivir. La gente sabia escucharía y luego actuaría conforme a sus palabras (Mateo 7:24); no solo leería las Escrituras sino que haría lo que ella dice (Santiago 1:25). Los cristianos de la incipiente iglesia «se mantenían firmes en la enseñanza de los apóstoles» (Hechos 2:42). Por lo tanto no resulta sorprendente que se esperara que aquellos a los que les fue encomendado edificar la iglesia de Jesucristo supieran acerca de lo que creían, y fueran capaces de pasar ese conocimiento a otros. Para ayudarlos en sus funciones, el Espíritu Santo les recordaría las cosas que necesitaban saber (Juan 16:13-15).[5]

Jesús mismo estaba completamente familiarizado tanto con el contenido como con la intención de las Escrituras, y tomó de su enseñanza en el momento de la tentación y durante sus disputas con los fariseos. Del mismo modo, Pablo exhortó a Timoteo: «Esfuérzate por presentarte a Dios aprobado, como obrero que no tiene de qué avergonzarse y que interpreta rectamente la palabra de verdad» (2 Timoteo 2:15). Los líderes de la iglesia de Jesús precisan estar bien informados con respecto a su fe. Esto es un conocimiento de la mente, una captación intelectual de la verdad que viene a través de dedicar tiempo al estudio.

La información doctrinal sola resulta insuficiente, pero deberíamos notar que Jesús invirtió los tres años más importantes de su vida asegurándose de que los líderes a los que había designado comprendieran la verdad. Una de las consecuencias prácticas es que ahora disponemos del Nuevo Testamento para poder estudiarlo, y que este fue escrito por personas que evidentemente aplicaron sus mentes a comprender lo que Jesús les había enseñado. Lamentablemente, se ha puesto de moda en la cultura de ciertas iglesias minimizar o descartar el estudio de la teología, adoptando un enfoque anti-intelectual que proclama: «No he ido a la universidad, pero he estado en el Calvario». Para la iglesia en Asia y África, que conoce bien las dificultades de un liderazgo no informado, y que clama por líderes bien versados en las Escrituras y en teología, ese enfoque soberbio resulta incomprensible. Los líderes no pueden darse ese «lujo anti-intelectual». No alcanza con simplemente pararse a los pies de la cruz y vivir; necesitamos también sentarnos a los pies de Cristo y aprender. Los primeros discípulos de Jesús hicieron ambas cosas.

Conocimiento personal: relacionarnos con Jesús

La invitación al discipulado es una invitación a caminar por la vida en compañía de Jesús. «Vengan, síganme —les dijo Jesús—, y los haré pescadores de hombres» (Marcos 1:17). El contexto para el aprendizaje es el de un conocimiento experimental de Jesús, personal y diario. Mientras eran educados para el servicio, ellos comían con Jesús, caminaban, navegaban, dormían e iban de excursión con él. Notaron la pasión de su corazón cuando sacó la corrupción fuera del templo. Percibieron su compasión y entrega al ver su sudor como gotas de sangre en el jardín de Getsemaní. Tuvieron una experiencia de primera mano con respecto a su autoridad, porque vieron con sus propios ojos a los demonios salir, a los paralíticos caminar, los panes multiplicarse y las aguas siendo aquietadas. Vieron la tumba vacía y presenciaron la escena del Jesús resucitado comiendo pescado mientras disfrutaba de ese asadito junto al lago. Cuando proclamaban que Jesús era el camino de salvación, el Maestro de la verdad, la fuente de vida abundante y el único camino a Dios el Padre, esos testimonios nacían de su experiencia personal.

Pedro y Juan fueron a dar a la prisión y se los interrogó debido al papel que habían jugado en la sanidad del paralítico junto a la puerta La Hermosa. Luego de que Pedro explicó que ese milagro había acontecido en el nombre del mismo Jesús al que aquellos que los interrogaban habían crucificado, la corte quedó estupefacta. «Al ver la osadía con que hablaban Pedro y Juan, y al darse cuenta de que eran gente sin estudios ni preparación, quedaron asombrados y reconocieron *que habían estado con Jesús*» (Hechos 4:13, itálicas agregadas). Durante los tres años previos, aquellos discípulos habían aprendido de Jesús no solo a través de las palabras que él hablaba, sino a través de sus prioridades, y de la pasión y pureza de su manera de vivir. Habían llegado a conocerlo personalmente y habían aprendido a andar en sus pisadas. Eso es precisamente información doctrinal junto con un conocimiento personal del Maestro.

La médula de este conocimiento no se adquiere en un aula sino en el laboratorio de la oración y la obediencia. Se trata de un conocimiento que nos lleva más allá de la mera acumulación de datos académicos y que los enriquece al abrir nuestros oídos para escuchar a Dios cuando habla. A través del ministerio del Espíritu Santo, nuestro estudio de las Escrituras avanza hacia un encuentro dinámico con Dios. Él nos habla por las palabras de las Escrituras, las clava profundamente en nuestro corazón y las dirige a nuestra propia vida. Nos informamos sobre la Palabra Viviente a través del texto de la Palabra escrita, vivificada en el contexto de la oración, y nos encontramos conociendo el mismo Autor en lugar de conocer solo sus escritos.

La fusión entre el conocimiento mental y el del corazón

Es precisamente la fusión entre el conocimiento mental y el del corazón (la conjunción entre conocer los hechos y conocer a una persona) la que logró captar el profeta Jeremías y sobre la que escribió:

«Este es el pacto que después de aquel tiempo haré con el pueblo de Israel —afirma el Señor—: Pondré mi ley en su mente y la escribiré en su corazón. Yo seré su Dios, y ellos serán mi pueblo. Ya no tendrá nadie que enseñar a su prójimo, ni dirá nadie a su hermano: "¡Conoce al Señor!", porque todos, desde el más pequeño hasta el más grande, me conocerán —afirma el Señor—. Yo les perdonaré su iniquidad, y nunca más me acordaré de sus pecados» (Jeremías 31:33-34).

Aquí vemos una conciencia que se atiene tanto a las enseñanzas de las leyes de Dios como a un conocimiento personal del Señor mismo.

Lo que fue anticipado bajo el antiguo pacto se hizo realidad bajo el nuevo cuando Jesucristo derramó el Espíritu Santo sobre sus discípulos. Ese conocimiento no solo resulta posible sino que constituye un requisito esencial para el liderazgo. Los que conducen la iglesia deben contar con un conocimiento completo de las Escrituras y de la doctrina cristiana. También deben tener un buen conocimiento personal y de relación con el mismo Dios trino. Como lo señalaba C. S. Lewis, nuestra teología es «una ciencia experimental» en la que «la hermandad cristiana, por así llamarla, constituye el equipamiento técnico para desarrollar esa ciencia, los elementos de laboratorio».[6] El Padre se revela a sí mismo a nosotros a través de la operación del Espíritu Santo dentro del contexto de una comunidad cristiana viva compuesta por hermanos y hermanas nacidos de nuevo, que crecen juntos en Jesucristo.

En la práctica, estas dos formas de conocimiento con frecuencia se separan y hasta se contraponen la una a la otra y, como resultado, los líderes se desequilibran. En un extremo podemos encontrar a los profesores que se destacan por sus estudios académicos, que tienen un gran manejo de las Escrituras y la doctrina, pero sin una experiencia directa con el Dios vivo. En el mejor de los casos, el resultado es una ortodoxia muerta. En el peor, puede convertirse en un escepticismo arrogante que descalifica a la fe con la conocida pregunta: «*¿Es verdad* que Dios les dijo?» (Génesis 3:1, itálicas añadidas). En el otro extremo están los que tienen un conocimiento adquirido por la experiencia pero no fundamentado en la Palabra. Como resultado, a menudo nos encontramos con gente que muestra un gran entusiasmo, pero estropeado por una teología endeble. Para que los líderes encarnen la realidad del reino de Dios y modelen la cultura de la iglesia de manera que logren un lugar en el que la cooperación con el Espíritu Santo se pueda llevar a cabo, necesitan que ambas formas de conocimiento se fusionen en sus vidas.

Apreciamos esta fusión en la vida de Juan Calvino. Su obra *Institución de la religión cristiana* y sus diversos comentarios constituyen toda una hazaña teológica, que despliega una amplitud y profundidad de conocimiento impresionantes, sintetizadas en una expresión clara y sistemática de la fe reformada. Pero cuando leemos, por ejemplo, sus escritos sobre la oración, percibimos que algo muy rico y profundo se extiende más allá del manuscrito. Es la postura pietista de Calvino la que bulle a través de ellos cuando piensa y escribe acerca de una experiencia de primera mano con Dios y con su amor. Subyacente en sus escritos académicos descansa una relación íntima con el poder majestuoso del todopoderoso Dios y su amor, y ese doble conocimiento (a través de la mente y a través del corazón) constituye la raíz de su teología reformada.

Una fusión semejante de conocimiento de la mente y el corazón es característica de las enseñanzas de San Ignacio, fundador de la Orden de los Jesuitas. Junto con su profunda erudición en ciertas esferas de la filosofía, las Escrituras, y los clásicos, también se percibe una pasión y una piedad que él alcanzó por conocer la presencia del Dios viviente. Los ejercicios espirituales de Ignacio, practicados en el contexto de la fe en Jesucristo y bajo la guía del Espíritu Santo llevan a la gente a un encuentro personal profundo con el Señor. El conocimiento de la mente y el corazón fundidos en uno constituyen el meollo de la orden jesuita y han hecho de esa orden un movimiento notable para difundir el evangelio alrededor del mundo.

Mis estudios (los de Brad) en el Union Theological Seminary. una comunidad académica muy reconocida, me condujeron solo a un conocimiento intelectual. La combinación equilibrada entre el conocimiento personal de Dios y el académico no se dio hasta que visité la Abadía de Jesús y encontré un medioambiente más completo en cuanto al conocimiento de Dios. Allí encontré una comunidad cristiana viva, amorosa y luchadora en la que la enseñanza sistemática y rigurosa de la Biblia y de la teología se producía conjuntamente con una obra de continua oración llena de fe. Todo eso entretejido con las tareas cotidianas de preparar las comidas y trabajar en diversos proyectos necesarios para mantener la comunidad en marcha. Y por sobre todo, se trataba de una fraternidad en la que se le daba la bienvenida al Espíritu Santo y la libertad para actuar. Señales y maravillas sobrenaturales ocupaban un espacio normativo en la vida diaria de la comunidad en el que Jesús sanaba gente, echaba fuera demonios, y daba el don de sabiduría para resolver los problemas de la vida. Allí vi a Jesús en acción, experimenté su presencia, aprendí teología práctica sobre la forma en que Dios habla y trabaja, y descubrí cuál era mi rol en todo eso. Se parecía al seminario subterráneo de Bonhoeffer sobre el que él escribió en *Life Together* [Vida en comunidad].[7] Los líderes que experimentan la unión del conocimiento de la mente con el del corazón resultan tan esenciales para la existencia de la iglesia que el Espíritu Santo suele recorrer largas distancias para crear esos laboratorios vivientes.

Transformación

Con el término «transformación» nos referimos a la enseñanza de Jesús con respecto a la necesidad de que tenemos un carácter personal y una integridad que refleje nuestra situación como ciudadanos del reino de Dios y que somos moldeados por el Espíritu Santo. Eso es fundamental para cualquiera que quiera ejercer el liderazgo.

Grabadas en la madera de muchos púlpitos están las palabras «Señor, queremos ver a Jesús». Esas palabras constituyen un recordatorio permanente de una verdad vital: La gente necesita tener la posibilidad de observar a Cristo en nosotros. Y no solo en nuestras palabras sino también en nuestra manera de vivir; Jesús nos da algunas pistas en el Sermón del Monte. En repetidas ocasiones levanta la barra, estableciendo niveles más elevados para la vida en el reino de Dios, que toman apenas como punto de partida, desde el cual comenzar, las cumbres más altas de la moralidad señalada por el Antiguo Testamento. Coloca la lujuria a la par del adulterio; el odio es equiparado con el asesinato. El materialismo, la reconciliación y la honradez, todo ello recibe una atención que resulta provocativa; y las buenas obras deben ser visibles para el mundo que las observa, como si fueran faros que conducen hacia Jesús. El carácter personal y el estilo de vida resultan significativos porque «por sus frutos los conocerán» (Mateo 7:20).

Este énfasis se mantiene en las cartas del Nuevo Testamento. Un carácter como el de Jesús, en el que el amor, el gozo, la paz, la paciencia y la amabilidad florecen, la bondad se aprecia, y la fidelidad, la mansedumbre y el dominio propio constituyen el sello distintivo, se describe como un fruto de la actividad del Espíritu Santo (Gálatas 5:22-23). Ese fruto es la evidencia visible de que una persona ha salido del dominio de la oscuridad y ha entrado a la esfera de la gloriosa luz de Dios (1 Pedro 2:9). La transformación se produce por la operación del Espíritu, y no por esfuerzos humanos; y la responsabilidad que nos cabe es que «andemos guiados por el Espíritu» (Gálatas 5:25). Cuando Pablo escribió acerca de nuestras actitudes y prácticas en lo que hace a la adoración cristiana, instaló en el mismo corazón de ese tópico un recordatorio de que el amor debe ser lo primordial (1 Corintios 13). Y el amor es el tema de la sinfonía que interpreta la epístola de Juan: «Ya que Dios nos ha amado así, también nosotros debemos amarnos los unos a los otros» (1 Juan 4:11).

Cuando Pablo aconsejaba a Timoteo y a Tito con respecto a cómo designar personas para roles de liderazgo dentro de las iglesias, él no les daba la descripción de una tarea, sino especificaciones del tipo de carácter que se requería.[8] Esas personas debían ser dignas de respeto, amables, capaces de resistir la tentación de las borracheras, el dinero y las peleas, y mostrar autocontrol. La gracia de Dios que opera en nuestras vidas «nos enseña a rechazar la impiedad y las pasiones mundanas. Así podremos vivir en este mundo con justicia, piedad y dominio propio» (Tito 2:12). ¡Qué contraste les presentaba eso a los cristianos de Creta que conocían bien la reputación que tenían sus conciudadanos de «mentirosos, malas bestias, glotones perezosos» (Tito 1:12). Si a alguien se le iban a confiar responsabilidades de liderazgo, sus vidas debían ser marcadamente distintas de la sociedad que les rodeaba.

¿De dónde procede esa diferencia? Es fácil que cometamos el error de concentrarnos en una conducta ética, como si nuestros diligentes esfuerzos por mantener las apariencias fueran lo que importara. Pero la fe necesita tener una profundidad mayor que la piel. Los fariseos de los días de Jesús elaboraban catálogos de las obras que les estaban permitidas, y tenían bastante éxito en mantenerse dentro de ellas. Los cristianos evangélicos fácilmente podrían seguir sus pisadas. Pero Jesús señaló hacia más adentro, porque él sabía que es de la abundancia del corazón que habla la boca (Lucas 6:45), y que las palabras y los caminos de Dios necesitan arraigarse en el mismo centro de nuestro ser (Jeremías 31:33). Tenemos que ser un pueblo con el carácter transformado, no meramente personas con un estilo de vida aceptable. Necesitamos una cirugía de corazón.

Esa cirugía sucede cuando el Espíritu Santo hace su obra dentro de nosotros, y se crea en nosotros el carácter de Cristo. Dios prometió: «Les daré un nuevo corazón, y les infundiré un espíritu nuevo; les quitaré ese corazón de piedra que ahora tienen, y les pondré un corazón de carne. Infundiré mi Espíritu en ustedes, y haré que sigan mis preceptos y obedezcan mis leyes» (Ezequiel 36:26-27). La obra del Espíritu en el corazón humano produce una actitud y un deseo renovados de vivir la totalidad de nuestra vida (pensamientos, palabras, elecciones, relaciones, acciones) de una manera que agrade a nuestro Padre celestial, porque eso forma parte de nuestro nuevo ADN espiritual.

Este es el proceso de santificación por el cual nos volvemos santos así como el que nos llamó es santo (1 Pedro 1:15-16). En su manera de escribir poética y apasionada, Juan declara que «el que permanece en amor, permanece en Dios, y Dios en él. Ese amor se manifiesta plenamente entre nosotros para que en el día del juicio comparezcamos con toda confianza, porque *en este mundo hemos vivido como vivió Jesús*» (1 Juan 4:16-17, itálicas añadidas). Pablo deseaba fervientemente ver esa clase de renovación espiritual en la vida de la gente cuando les escribió a los cristianos gálatas: «Queridos hijos, por quienes vuelvo a sufrir dolores de parto hasta que Cristo sea formado en ustedes» (Gálatas 4:19). Como líder del pueblo de Dios, Pablo podía también alentar a otros a seguir el ejemplo de su propia vida transformada, enfatizando esto: «He sido crucificado con Cristo, y ya no vivo yo sino que Cristo vive en mí» (Gálatas 2:20). Estas palabras deberían estar en los labios de todo aquel que lidera.

Lamentablemente, ese no siempre es el caso, y en años recientes la iglesia del mundo occidental ha sido sacudida por el escándalo de un liderazgo no santificado. Pero dejando de lado los titulares de los diarios y el destello de las cámaras, la conducta de los líderes de las iglesias locales sigue siendo de una importancia vital. Las palabras hirientes, el espíritu crítico, las inconsistencias morales, y la falta de gracia generalizada pueden estropear nuestras credenciales. Porque a todos aquellos que están fuera de la iglesia, la hipocresía y la falta de integridad de los líderes de la iglesia pueden proveerles una buena excusa para ignorar hasta a Jesús mismo. Y a los que forman parte de la iglesia, semejantes cuestiones pueden destruirles la confianza en el liderazgo y erosionar las relaciones. Cuando Pablo escribió con respecto al líder que «se requiere además que hablen bien de él los que no pertenecen a la iglesia, para que no caiga en descrédito y en la trampa del diablo» (1 Timoteo 3:7), demostró ser pragmático espiritualmente. La transformación del carácter es un requisito fundamental para los líderes de la iglesia de Jesús.

Investidura de poder

Al hablar de una «investidura de poder» nos referimos a la intención de Jesús de que sus seguidores recibieran el poder del Espíritu Santo para ser sus testigos (Hechos 1:1-8). Esto resulta especialmente importante para los que ejercen un liderazgo.

Los primeros líderes de la iglesia eran personas nacidas de nuevo, tenían un conocimiento tanto intelectual como personal de Dios, y estaban siendo transformados por la obra interna del Espíritu Santo de modo que Jesucristo pudiera liderar a través de ellos (incorporación, información y transformación). ¿No son esas cualidades suficientes? De hecho, muchas personas que están en la iglesia han llegado a la conclusión de que estas tres cosas son los únicos requisitos para un liderazgo eficaz. Pero para ser fieles a las Escrituras, debemos reconocer que Jesús añade un cuarto aspecto, aunque este haya resultado controversial para muchos cristianos, tanto tradicionales como reformados.

La comisión final de Jesús a su iglesia es llevar el evangelio hasta los confines de la tierra; y conociendo que esa era una tarea imposible en las propias fuerzas, Jesús agrega la promesa de la obra del Espíritu en cuanto a investirlos de poder. Les dijo a los creyentes en el momento de su ascensión: «Dentro de pocos días ustedes serán bautizados con el Espíritu Santo... cuando venga el Espíritu Santo sobre ustedes, recibirán poder y serán mis testigos tanto en Jerusalén como en toda Judea y Samaria, y hasta los confines de la tierra» (Hechos 1:5, 8). Este es un cuarto aspecto de la obra del Espíritu, distinto de los otros, y comienza con lo que Jesús menciona como ser bautizados con el Espíritu Santo. Esta frase ha sido tema de mucha controversia, pero al igual que la expresión «nacer de nuevo», es el mismo Jesús el que la usa y, por lo tanto, resulta vital que le prestemos la debida consideración, de modo que tengamos un claro entendimiento de lo que significa.

Jesús y el Espíritu Santo

El relato que hace Lucas del nacimiento de Jesús está repleto de referencias al Espíritu Santo.[9] Zacarías, Elizabet, Juan y Simeón han sido todos hechos partícipes por el Espíritu de la historia de Navidad, tal como nos ha sido contada. Pero el incidente de mayor profundidad es el embarazo de María. Siendo informada de que va a llevar en su seno un niño que será llamado Hijo del Altísimo y heredero del trono del rey David, su respuesta al mensaje del ángel es aturdimiento. «¿Cómo será esto? pues no conozco varón» (Lucas 1:34 RVR1960), pregunta ella en palabras que constituyen un eco de la referencia que se hace a Adán, quien «conoció» a Eva y luego ella quedó embarazada (Génesis 4:1 RVR1960). Como el ángel lo explicó, el embarazo de María sería debido a la obra del Espíritu Santo cuando el poder de Dios viniera sobre ella, y es esa ausencia de un padre biológico y la obra del Espíritu Santo lo que lleva a esta conclusión: «*Por lo cual* el Santo Ser que nacerá será llamado Hijo de Dios» (Lucas 1:35, RVR1960, itálicas añadidas).[10]

Jeremías y Ezequiel habían profetizado una nueva época en la que el Espíritu de Dios moraría dentro de nosotros, dándonos un nuevo corazón, un conocimiento personal de Dios, y un conocimiento innato de su Ley (Jeremías 31:31; Ezequiel 36:25-27). El breve relato de Lucas sobre la infancia de Jesús revela que esas promesas se hicieron realidad en su vida. Mientras María y José buscaban ansiosamente al Mesías desaparecido, Jesús se sentía en el templo como en su propia casa, consciente de que Dios era su Abba y revelando su conocimiento de la Ley, mientras dejaba sorprendidos a los maestros con sus preguntas y respuestas (Lucas 2:47). El escritor de Hebreos nos cuenta que Jesús «aprendió la obediencia», fue «perfeccionado», y era «santo, inocente, sin mancha» (Hebreos 5:8, 9; 7:26), todo un proceso de maduración llevado a cabo por el Espíritu.

Por la forma en que Jesús fue concebido, las evidencias de su niñez, y el desarrollo de su vida, resulta claro que el Espíritu Santo se mantenía activo en Jesús. Resulta igualmente claro que al hacerse hombre Jesús renunció a los privilegios de su divinidad. Mas que aferrarse a ellos, se vació a sí mismo, tomando la naturaleza, semejanza y apariencia de un ser humano (Filipenses 2:6-11). No se trataba de un Clark Kent que usaba una fina capa de humanidad como su vestido, listo para salir precipitadamente y aparecer con su traje azul de Súperman. La humanidad de Jesús era muy real. Cualesquiera fueran las obras maravillosas que realizara, las llevaba a cabo como un auténtico hombre. Era humano como nosotros. ¡No había ningún tipo de «engaño» involucrado en ello! Pero llegó el momento decisivo en el bautismo de Jesús. Juan el Bautista vio «al Espíritu descender del cielo como una paloma y permanecer sobre él» (Juan 1:32). Los otros escritores nos proporcionan más detalles sobre el bautismo, y todos describen el hecho de que el Espíritu Santo descendió sobre Jesús.

La cuestión de fundamental importancia es que solo luego de que el Espíritu vino sobre Jesús para otorgarle poder se vieron las sanidades, liberaciones y una predicación poderosa. Es aquello que vino sobre él (la investidura del Espíritu) lo que marcó una diferencia vital en su ministerio.

A través de todo el período del Antiguo Testamento se percibe un patrón sistemático en cuanto a la obra del Espíritu. En repetidas ocasiones encontramos que el Espíritu vino sobre una persona, la que luego se dedicó a alguna actividad en forma dinámica. Es conocida la forma en que el Espíritu cayó sobre Sansón, que luego venció al león que lo atacaba. Luego el Espíritu volvió a caer sobre Sansón y entonces él se vengó de aquellos que lo habían defraudado (Jueces 14:5-8; 15:14-15). De manera similar, el Espíritu cayó sobre otras personas como Otoniel, Gedeón, Saúl y Jahaziel (Jueces 3:10; 6:34; 1 Samuel 10:10-13; 2 Crónicas 20:14-15). Considerando los escritos de los profetas del Antiguo Testamento, Pedro afirma que «la profecía no ha tenido su origen en la voluntad humana, sino que los profetas hablaron de parte de Dios, impulsados por el Espíritu Santo» (2 Pedro 1:21).

Vemos el mismo patrón en Jesús. El Espíritu vino sobre él, y solo entonces fue investido de poder para actuar y hablar. La diferencia notable en Jesús consiste en que su investidura de poder fue permanente, porque el Espíritu descendió y *permaneció* sobre él (Juan 1:33). Las maravillosas obras que él realizó fueron posibles precisamente porque el Espíritu Santo estaba sobre él, revistiéndolo de poder. Aquel que había sido concebido por el poder del Espíritu Santo y que se había despojado a sí mismo para ser auténticamente humano, ahora era revestido de poder por el mismo Espíritu Santo para hacer las obras del reino de Dios. Jesús mismo lo comprendía bien; por eso señaló: «Si expulso a los demonios por medio del Espíritu de Dios, eso significa que el reino de Dios ha llegado a ustedes» (Mateo 12:28). Pedro habló acerca de «cómo lo ungió Dios con el Espíritu Santo y con poder, y cómo anduvo haciendo el bien y sanando a todos los que estaban oprimidos por el diablo, porque Dios estaba con él» (Hechos 10:38).

No sorprende, por lo tanto, que la última instrucción de Jesús que tenemos registrada antes de subir a la diestra de su Padre fuera: «No se alejen de Jerusalén, sino esperen la promesa del Padre, de la cual les he hablado: Juan bautizó con agua, pero dentro de pocos días ustedes serán bautizados con el Espíritu Santo» (Hechos 1:4-5). Jesús sabía que para cumplir con su propia misión ese había sido un requisito esencial. Resulta igualmente esencial para que nosotros podamos cumplir con la tarea que él nos ha confiado.

Bautizados con el Espíritu Santo

Resulta trágico que la iglesia haya tomado aquello que Jesús señaló como esencial y lo haya convertido en algo controversial, una fuente de conflictos, confusión y heridas. Algunos han enseñado que la única evidencia (de hecho, la evidencia *requerida*) de que una persona es bautizada con el Espíritu es que hable en lenguas, y que esa experiencia viene solo sobre aquellos que han sido enteramente santificados.[11] Se trata de un enfoque que tuvo su origen dentro del movimiento Pentecostal de la Santidad luego del gran derramamiento de 1906. Su doctrina requería una entera santificación instantánea como condición previa a recibir este bautismo. Esa condición previa va más allá de los requerimientos de las Escrituras y convierte el bautismo en el Espíritu Santo en una *recompensa* para los cristianos de moralidad superior. La santificación es un proceso que dura toda la vida y que se completará solo con la resurrección; mientras tanto, la confesión del pecado y el caminar en luz son en realidad las condiciones previas importantes para ser revestidos de poder por el Espíritu Santo. Pero la «entera santificación» no constituye un requisito previo que aparezca en la Biblia.

Otra doctrina que complica la cuestión aun más es la enseñanza de que el hablar en lenguas constituye la «evidencia inicial» absoluta de haber sido bautizado con el Espíritu Santo. Eso es contrario a la evidencia bíblica, porque en tanto que algunos hablaron, y en la actualidad manifiestan, el don de lenguas cuando experimentan por primera vez que el Espíritu Santo desciende sobre ellos, existen en realidad muchas manifestaciones diversas, que van desde señales no visibles en forma inmediata, hasta cosas tales como comunicar profecías, alabar a Dios, o dedicarse a la evangelización.[12] La única evidencia bíblica universal de que uno ha sido lleno del Espíritu Santo es que se convierta en un testigo más eficaz de Jesucristo, que es el propósito esencial por el que se nos ha hecho esta promesa: «Cuando venga el Espíritu Santo sobre ustedes, recibirán poder y serán mis testigos» (Hechos 1:8).

Las iglesias pentecostales a través de todo el mundo han transmitido una nueva vitalidad en la adoración y una capacidad fenomenal de fructificar en lo referido a la evangelización y a extender el reino de Dios. Agradecemos al Señor por ellas y no tenemos la intención de denigrar a parte de la esposa de Cristo. Pero este aspecto específico de su enseñanza referida al bautismo con el Espíritu Santo ha demostrado no ser de ayuda en lo pastoral, porque la experiencia de muchos cristianos no encaja en el patrón prescrito y consideramos que esa enseñanza resulta incompleta bíblicamente.

Poco después del surgimiento del movimiento Pentecostal de la Santidad, R. A. Torrey fue llamado por el famoso evangelista D. L. Moody para convertirse en el superintendente del Instituto Bíblico de Chicago. Torrey, ministro congregacionalista y excelente maestro de la Biblia, era un eficaz evangelista en los Estados Unidos e Inglaterra, y cada día leía el Nuevo Testamento en griego y el Antiguo Testamento en hebreo. Sin embargo, ese gigante intelectual, gran hombre de Dios, reconocía su necesidad de algo más que lo meramente intelectual.

> Yo había sido ministro durante algunos años antes de llegar al punto de darme cuenta que no tenía derecho a predicar hasta ser realmente bautizado con el Espíritu Santo. Fui a ver a un amigo mío, hombre de negocios, y le dije en privado: «No volveré a subir al púlpito hasta que haya sido bautizado con el Espíritu Santo y lo sepa, o hasta que Dios, de alguna manera, me mande hacerlo». Luego me encerré a solas en mi estudio (tanto como pude hacerlo) y pasé tiempo sobre mis rodillas pidiéndole a Dios que me bautizara con el Espíritu Santo.

Más tarde esa semana escribió:

> Fue un momento de mucha calma, uno de los momentos de mayor calma que jamás haya experimentado; en realidad creo que una razón por la que tuve que esperar tanto fue porque me llevó todo ese tiempo lograr que mi alma se aquietara delante de Dios. Luego Dios simplemente me dijo, no en voz audible sino

en mi corazón: «Es tuyo. Ahora ve y predica». Fui y prediqué, y he sido un nuevo ministro desde ese día en adelante».[13]

La experiencia de Torrey ayuda a ilustrar el hecho de que el bautismo con el Espíritu Santo no tiene que ver con ninguna experiencia emocional en particular ni con algún don espiritual específico, sino que se relaciona con un cambio genuino de la realidad espiritual, que en su caso dio comienzo a una nueva etapa en el ministerio. Más aun, él tuvo que hacer lo mismo que Jesús les había mandado a sus discípulos: debió esperar, reconociendo con humildad el hecho de que sin recibir el poder del Espíritu simplemente no estaba capacitado para realizar la tarea a la que Dios lo había llamado.

La cuestión central al ser bautizados con el Espíritu Santo es permitirnos a nosotros mismos ser sumergidos en esa actividad capacitadora del Espíritu, que nos dota de poder. Y este bautismo constituye un aspecto integral de la vida dentro de la nueva realidad espiritual, a la que Jesús llamó el reino de Dios. Lejos de tratarse de una doctrina que divide, se ofrece a cada cristiano como un derecho innato y se trata de una capacitación o equipamiento esencial para los que ejercen el liderazgo, porque es la única manera en que podemos cumplir con la misión que nos ha sido encomendada. El bautismo del Espíritu es abandonar nuestros propios esfuerzos para liderar o trabajar para Dios, o en pro de alguna otra gran causa, y en lugar de eso, permitir que el Espíritu Santo nos conduzca como compañeros activos en la danza dinámica de cooperación con las tres personas de la Trinidad.

Bautizados en el Espíritu Santo

Mi iniciación (soy Paul) en esta actividad del Espíritu Santo llegó dos años después de haberme convertido. Cursaba el primer año de la universidad, estudiaba ingeniería civil; ya había estado viviendo lejos de mi casa por seis meses, y procuraba adquirir experiencia trabajando en una obra en construcción. Yo era forastero en un pueblo extraño y, cuando acababa mi trabajo del día, tenía tiempo y espacio para hacer una pausa, leer, reflexionar y orar. Era un retiro espiritual propio (algo un poco inusual). Me llevó la mayor parte de esos seis meses leer muy lentamente, reflexionando, el libro de David Watson, *Discipleship* [Discipulado], y al ser un cristiano relativamente nuevo, me sentí confrontado con los desafíos que implicaba vivir como un seguidor incondicional de Jesucristo.

Dios me salió al encuentro una noche, mientras regresaba en bicicleta de la obra en construcción a mi departamento. El Espíritu Santo abrió mis ojos espirituales y me sentí abrumado por la visión que tuve sobre el estado desesperado en el que se encuentran aquellos que aún no son cristianos. Vi enormes multitudes de personas pasar junto a Jesús caminando irreflexivamente en la cima de una montaña y luego junto el borde de un precipicio, para caer luego en el abismo ardiente que había abajo. Al ver eso, el Espíritu me llevó a conocer algo del dolor del Padre por los que ignoran a su Hijo. Mi corazón se quebrantó por esa gente, y lloré libremente mientras intentaba pedalear sin caerme.

Más tarde ese día volqué una oración por escrito: «No saben a quién están rechazando... Deseo comunicarles acerca de ti. ¿No podemos detenerlos? ¿No podemos correr un poco más rápido, esforzarnos más en el intento de alcanzarlos antes de que sea demasiado tarde? Me siento inútil e incapaz de moverme antes de que ellos caigan. Quiero ayudar. Quiero salvarlos a todos. ¿Tienen ellos que morir? ¿Tienen que quemarse? ¿No hay nada que yo pueda hacer?» Al ir finalizando mi escrito, tuve la sensación de que el Señor me estaba hablando, y puse por escrito esas palabras también. En cierto lugar decía: «Sé valiente, ama la verdad, y yo te ayudaré a ganarlos».

Pedro citó la profecía de Joel: «Sucederá que en los últimos días —dice Dios—, derramaré mi Espíritu sobre todo el género humano. Los hijos y las hijas de ustedes profetizarán, tendrán visiones los jóvenes y sueños los ancianos» (Hechos 2:17). Esa fue mi propia experiencia cuando Jesucristo me bautizó con el Espíritu Santo. La visión que vi y las palabras proféticas que Dios me habló constituyeron una invitación a unirme a la danza de cooperación con el Espíritu y a desempeñar mi rol en la obra que él se había propuesto. Poco después comencé con el proceso de las entrevistas para recibir capacitación como ministro, y a dar pasos prácticos de fe y obediencia en respuesta a la invitación del Señor. Aunque la experiencia de ser bautizado en el Espíritu Santo incluyó una visión y profecía, la evidencia clave de ese bautismo es que ahora estoy desarrollando mi propio papel dentro de la misión de la iglesia de ser testigo de Cristo en el mundo.

Por favor, no tomen mi experiencia, tan vívida, como la normativa. La experiencia de cada persona es diferente, como lo prueba el ejemplo de R. A. Torrey. Muchos simplemente piden el bautismo en el Espíritu en el nombre de Jesús y lo reciben en quietud y en fe. Pero ellos saben que decididamente han sido bautizados, porque al obedecer la guía del Espíritu Santo, pueden mirar hacia atrás y ver que Dios ha estado obrando a través de ellos.

Una necesidad urgente

Hemos identificado cuatro esferas clave del discipulado cristiano que constituyen requisitos básicos para los líderes que desean unirse a la danza de cooperación con el Espíritu Santo. Todos los que lideramos dentro de la iglesia de Jesús deberíamos hacernos estas preguntas beneficiosas acerca de los requisitos clave:

¿He nacido de nuevo?

¿Estoy creciendo tanto en un conocimiento intelectual como personal de Dios el Padre, el Hijo y el Espíritu Santo?

¿Está siendo formado Cristo en mí?

¿He sido bautizado con el Espíritu Santo?

Si alguna de ellas no recibe un indiscutible «sí» como respuesta, necesitamos con urgencia tomar medidas, porque todos estos son factores fundamentales para lograr el desarrollo de la iglesia en el poder del Espíritu Santo.

---

1. *Luther's Works* [Las obras de Lutero], volúmen 34, *Career of the Reformer IV*, Concordia, St. Louis, MO, 1960, pp. 336-337. En estas páginas Lutero señala como fecha de su conversión «durante ese año», lo que, dentro del contexto de su comentario, fue el año en el que murió el comisionado papal para las indulgencias, Johann Tetzel, o sea, 1519.

2. *The Journal of John Wesley*, STL Productions, Bromley, Kent, Reino Unido, p. 64. La Iglesia Metodista de Gran Bretaña también incluye la cita en esta página (aparecida el 15 de octubre de 2008) http://www.methodist.org.uk/index.cfm?fuseaction=opentogod.content&cmid=1611.

3. Gilbert Tennent, «The Danger of an Unconverted Ministry», Soli Deo Gloria, Sermons of the Log College (fuera de circulación). El sermón, con notas, puede leerse en http://www.sounddoctrine.net/Classic_Sermons/Gilbert%20Tennent/danger_of_unconverted.htm. Este sitio recomienda otras lecturas referidas al marco en que fue dado este sermón. Archibald Alexander, *The Log College*, Banner of Truth Trust, Carlisle, PA, 1968, pp. 35-37.

4. Juan Calvino, *Institutes of the Christian Religion* [Institución de la religión cristiana], editado por John T. McNeill, Westminster, Filadelfia, 1960, 2.15.1.

5. Entendemos que la frase: «tomará de lo mío y se los dará a conocer a ustedes» (v. 14) se refiere tanto a recordarles enseñanzas pasadas como a darles más revelación, tal como lo indica el contexto inmediato de la cita.

6. C. S. Lewis, *Mere Christianity* [Cristianismo y nada más], Fontana, Londres, 1972, pp. 139-140.

7. Dietrich Bonhoeffer, *Life Together* [Vida en comunidad], Harper & Row, Nueva York, 1954. Durante la era nazi, Bonhoeffer y otros pastores evangélicos que se rehusaron a acomodarse a las herejías nazis y al control de la iglesia conformaron un seminario subterráneo para continuar con la preparación de pastores fieles a Jesucristo y a una fe bíblica ortodoxa.

8. Estas características personales se enumeran en 1 Timoteo 3:1-13 y Tito 1:5-9.

9. Algunas porciones de esta sección y de la siguiente han sido adaptadas del pequeño libro de Paul Stokes, *Mission Enabled*, ©2005 GEAR Publications (Grupo de Evangelización y Renovación de la Iglesia Reformada Unida del Reino Unido) y han sido usadas con permiso.

10. La NVI dice «Así que...» pero nosotros hemos usado la expresión «por lo cual» (en griego: *dio*) para ayudar a clarificar que esa es la *razón* por la que Jesús iba a ser conocido como el Hijo de Dios.

11. David Petts, *The Holy Spirit: An Introduction*, Mattersey Hall Bible College, Mattrersey, Reino Unido, 1998, pp 70-77. Petts fue presidente de la junta directiva de las Asambleas de Dios durante más de veinte años.

12. Encontramos ejemplos en Hechos 2:1-4; 8:14-24; 9:10-22; 10:44-48; 19:6.

13. R. A. Toprrey, *The Holy Spirit: Who He Is and What He Does*, Revell, Old Tappan, NJ, 1927, pp 198-199.

El primer fundamento: Los líderes

Capítulo 5

Recibir la investidura de poder del Espíritu Santo

La necesidad que tenemos los líderes de una investidura de poder a través de la que seamos equipados con las «herramientas» espirituales para llevar a cabo el ministerio, constituye una esfera de preparación con frecuencia descuidada, lo que nos deja mal equipados para realizar nuestra tarea. Por lo tanto resulta vital que busquemos el bautismo con el Espíritu Santo y sigamos pidiendo su unción y dándole la bienvenida a través de todo el transcurso de nuestra labor.

De hecho, la necesidad de ser bautizados con el Espíritu Santo resulta tan vital que Jesús confinó a sus discípulos a Jerusalén hasta que ellos hubieran recibido ese don. Su campo de misión era el mundo, y confrontaban una oposición decidida de las mismas fuerzas que habían asesinado a Jesús. Llevar el evangelio al mundo representaba una tarea de enormes proporciones, aparentemente imposible de realizar, y la agenda de Dios para los creyentes era de una espera en oración y no de un trabajo entusiasta. Ya llegaría el tiempo de trabajar, pero primero precisaban recibir el equipamiento espiritual que garantizara que tanto ellos como las futuras generaciones realizarían lo mismo que Jesús había hecho: llamar a la gente a entrar al reino de Dios, arrojar afuera las fuerzas del mal, llevar esperanza y sanidad y dar testimonio de la presencia manifiesta de Dios en medio de la vida diaria. Prepararse de ese modo constituía una necesidad prioritaria. Constituye una necedad, que generalmente acaba en desastre, el enviar a la batalla soldados no entrenados ni equipados. Es igualmente necio que la iglesia comisione misioneros u ordene pastores y ancianos sin primero asegurarse de que ellos reciban todo el equipamiento que Jesús señaló que necesitarían.

Cuando mi esposa Laura y yo (Brad) fuimos a Corea como misioneros de la Iglesia Presbiteriana, se esperaba de nosotros que hubiésemos recibido todo tipo de entrenamiento. Junto con nuestros estudios en el seminario, también habíamos cursado estudios sobre misiones transculturales, nos anotamos en un programa de ocho semanas que brindaba «orientación misionera», y tuvimos oportunidad de aprender el idioma local. Pero en ningún momento de nuestra preparación hubo algún tipo de enseñanza (o siquiera la expectativa) acerca de que deberíamos orar para recibir la investidura de poder del Espíritu Santo. Fuimos enviados a Corea sin tener ese equipamiento esencial para realizar la obra misionera.

Lo mismo sucede con la mayoría de las personas que funcionan como líderes en iglesias tradicionales, y el resultado es que muchos fracasan en el ministerio. Algunos líderes han resultado heridos y hasta destruidos en la batalla espiritual debido a que la enfrentaron sin el equipamiento espiritual adecuado. La ineficacia y una ausencia casi total de fruto son consecuencias del profundo fracaso de la educación teológica recibida; aquel aspecto básico que Jesucristo nos ha provisto resulta inexcusablemente omitido. Debido a esa omisión, la iglesia ha tenido que pagar un altísimo costo. A causa de haber enviado líderes que no son capaces de tomar parte en la danza de cooperación con el Espíritu, tenemos hoy una falta de congregaciones en crecimiento y toda una legión de líderes heridos y agotados.

La solución más obvia a este problema es que los líderes aprovechen la invitación de Jesús y reclamen su promesa. Como lo hemos visto en los ejemplos del capítulo 4, no debemos acercarnos al bautismo del Espíritu Santo de una manera predeterminada. Mientras que R. A. Torrey fue bautizado en el Espíritu luego de buscar deliberadamente ese don, a Pablo simplemente lo alcanzó una iniciativa soberana e inesperada de Dios. Y lo que es más, sus experiencias personales fueron muy diferentes. Al proponerles una serie de pasos prácticos para pedir (y recibir) el bautismo del Espíritu Santo, no queremos sugerir de ninguna manera que se trate de un proceso mecánico con un resultado predeterminado. Sin embargo, estamos persuadidos de que resulta perfectamente apropiado que los cristianos se presenten delante del Señor y busquen recibir la plenitud de aquello que él les ha prometido, esperando con paciencia y persistencia que él les conceda el pedido que le hacen. A diferencia de los primeros discípulos, nosotros no necesitamos esperar hasta el día de Pentecostés, pero con certeza podemos adoptar el enfoque que ellos tuvieron al mantenerse en oración durante la espera. Señalamos los pasos que siguen como una guía para poder colocarnos bajo la cascada de la gracia de Dios y el que nos bautice con el Espíritu Santo:

1. Tener sed de «más»
2. Esperar que Dios nos dé
3. Arrepentirnos del pecado
4. Pedirle al Padre

5. Recibir en fe

6. Obedecer al Espíritu Santo

1. Tener sed de «más»

Mientras la fiesta judía de los Tabernáculos alcanzaba su clímax, poniendo el énfasis en la escena de la visión de Ezequiel de un río que fluía desde el altar del templo, Jesús demandó la atención de la multitud y ofreció las aguas vivas del Espíritu Santo. Extendió la invitación a todos los que tuvieran sed y les prometió que hallarían refrigerio en él. La sed es lo que nos conduce a Jesucristo para poder recibir el Espíritu Santo. «¡Si alguno tiene sed, que venga a mí y beba! De aquel que cree en mí, como dice la Escritura, brotarán ríos de agua viva. Con esto se refería al Espíritu que habrían de recibir más tarde los que creyeran en él» (Juan 7:37-39).

Esa sed es, antes que nada, sed de Dios mismo. Se trata de un anhelo intenso por aquel que satisface nuestra necesidad más profunda . David lo describe así en un salmo: «Oh Dios, tú eres mi Dios; yo te busco intensamente. Mi alma tiene sed de ti; todo mi ser te anhela, cual tierra seca, extenuada y sedienta» (Salmo 63:1). Pero también hay una sed que surge de una profunda conciencia de la propia insuficiencia, cuando descubrimos nuestra completa incapacidad para realizar las obras de Dios en nuestras fuerzas y nos damos cuenta de que Jesús describe acabadamente nuestra condición cuando dice: «Separados de mí no pueden ustedes hacer nada» (Juan 15:5). Para ser bautizados con el Espíritu Santo debemos comenzar por reconocer nuestra necesidad y desear con ansias todo lo que a nuestro Padre celestial le complazca darnos.

Mi propia experiencia (soy Brad) en cuanto a ser bautizado con el Espíritu Santo comenzó de una manera nada prometedora. Durante el tiempo que pasé en el Davidson College y en el Union Theological Seminary, tuve una serie de pésimas experiencias con gente relacionada con la renovación carismática, y eso me llevó a rechazar al movimiento por completo. En 1975, después del seminario, Laura y yo fuimos a Corea como misioneros de la Iglesia Presbiteriana (USA). Para mí fue como «volver al hogar», porque yo había pasado mis años de escuela secundaria allí. Enseñamos en el seminario presbiteriano de Seúl y pudimos apreciar la poderosa oración y el avance dinámico del evangelio dentro de la iglesia coreana y en la vida de los misioneros. Pero nos sentíamos abrumados por nuestra propia incapacidad para realizar ese trabajo misionero al que habíamos sido llamados. A pesar de nuestra excelente educación teológica, nos encontrábamos embarazosamente faltos de poder para dar testimonio de Jesucristo.

Desarrollamos verdadera hambre y sed de un mayor poder, de más amor y de tener más de Jesús. Esa sed me llevó de regreso a mis raíces, a la Abadía de Jesús, en la que con frecuencia había pasado bastante tiempo con la familia de Archer Torrey a partir de 1966. Finalmente, luego de un período considerable de extensos estudios buscando respuesta a mis preguntas teológicas, y con un hambre que me conducía a orar en preparación, le pedí a Archer y algunos otros de la Abadía de Jesús que me impusieran las manos. Cuando lo hicieron, el Espíritu Santo vino sobre mí en un tremendo torrente de amor y poder. Fui tomado por un éxtasis en la presencia de Jesucristo. Con los ojos espirituales bien abiertos, lo vi parado delante de mí en la gloria de la resurrección, llamándome a seguirlo y a ser su testigo. Después de llamarme, me sumergió en la presencia del Espíritu Santo. Fui tan envuelto en la adoración y la alabanza que me encontré de pronto hablando proféticamente, hablando en lenguas y dándole la gloria a Dios.

Ese encuentro marcó un comienzo en cuanto a poder tomar parte en aquella danza de cooperación con Jesús. Comencé a experimentar los dones del Espíritu Santo y descubrí que el Espíritu Santo volvería a caer sobre mí una y otra vez, siempre que yo buscara seguir a Jesucristo. Ahora, treinta y tres años después, miro hacia atrás y me sorprendo al descubrir que a través del poder del Espíritu Santo, mucho de lo que Jesús me llamó a realizar durante esa noche de 1975 en Corea se ha cumplido como una realidad.

2. Esperar que Dios nos dé

La tecnología asiática se ha hecho famosa por la realización de miniaturas, por hacer encajar componentes cada vez más complejos dentro de envases o paquetes cada vez más pequeños. Hoy en día las computadoras notebook resultan inmensamente más poderosas que el cuarto lleno de máquinas que controló el programa de aterrizaje en la luna de la Apolo. Los adjetivos *mini, micro* y *nano* se han integrado a nuestro vocabulario, y parecería que a medida que nuestros aparatos se vuelven más pequeños, comienza a suceder lo mismo con nuestra comprensión de Dios. Lo hemos compactado para que quepa dentro de nuestra falta de conocimiento y dentro de nuestra limitada cosmovisión, lo hemos domesticado a causa de nuestros temores y nos hemos condicionado a esperar muy poco de él.

Pero el Dios de la Biblia es grande. A Job se lo invitó: «Espera un poco, Job, y escucha; ponte a pensar en las maravillas de Dios» (Job 37:14), para que pudiera reconocer la maravillosa majestad del Todopoderoso, que «no está a nuestro alcance; (ya que) excelso es su poder» (v. 23). Su mano ha puesto las estrellas en el espacio, y él llama a las constelaciones por nombre (9:9; Amós 5:8) y, sin embargo, se preocupa por nosotros, meros mortales (Salmo 8:4) y tiene contados los cabellos de nuestra cabeza (Lucas 12:7). Es un Dios asombroso, al que celebra el Dr. Shadrach Lockridge en su gloriosa declaración: «Mi Rey es un Rey soberano, y no hay medios como para medir y definir su amor ilimitado. No hay telescopio de largo alcance que pueda hacer visible las costas de su provisión sin medida ni límites. Ninguna barrera es capaz de evitar que el derrame sus bendiciones».[1]

Sobre este Dios Pablo nos invita a focalizar la atención: «*Al que puede hacer muchísimo más que todo lo que podamos imaginarnos o pedir,* por el poder que obra eficazmente en nosotros, ¡a él sea la gloria en la iglesia y en Cristo Jesús por todas las generaciones, por los siglos de los siglos! Amén» (Efesios 3:20, itálicas añadidas).

Cuando buscamos ser bautizados con el Espíritu Santo, podemos llegar ante el Señor con un corazón expectante, seguros de que él es capaz de hacerlo, y está dispuesto y listo: «Vean si no abro las compuertas del cielo y derramo sobre ustedes bendición hasta que sobreabunde» (Malaquías 3:10).

3. Arrepentirnos del pecado

Pedro instó a la multitud en Pentecostés: «Arrepiéntanse y bautícese cada uno de ustedes en el nombre de Jesucristo para perdón de sus pecados... y recibirán el don del Espíritu Santo» (Hechos 2:38). Se les promete este don gratuito de la gracia de Dios aun a los nuevos convertidos a Cristo, así que resulta claro que no precisamos ser «perfectos» ni haber alcanzado un alto nivel de santificación antes de que el Espíritu descienda sobre nosotros. No existe una condición previa de «entera santificación» por la que debamos ser recompensados. Más bien la promesa es válida desde el mismo comienzo de la vida cristiana.

Pero dado que el pecado bloquea nuestra relación con Dios, el arrepentimiento es, por lo tanto, un criterio básico de crecimiento espiritual, incluyendo el crecimiento que implica el ser bautizado con el Espíritu Santo para ser investidos de poder para hacer las mismas obras que Jesús hizo. La palabra griega que significa arrepentimiento (*metanoia*) se refiere a un «cambio interior de mente, afectos, convicciones y compromiso, arraigado en el temor de Dios y que se aflige por las ofensas cometidas en contra de él».[2] Esa es la clase de arrepentimiento que tuvo lugar en Pedro luego de haber negado a Jesús. En las amargas lágrimas que él derramó inmediatamente después, y en la conversación posterior al desayuno en la playa, vemos que él reconoció su pecado, reafirmó su amor por Jesús, y luego recibió una nueva comisión de parte del Maestro (Juan 21:15-19).

El arrepentimiento abre la puerta al Espíritu Santo. Después de todo, él es un Espíritu *santo,* Y si queremos disfrutar de su presencia y poder obrando en nuestra vida, el pecado no puede tener lugar en nosotros. R. A. Torrey dio un consejo que nos ayuda: «Si alguien desea sinceramente el bautismo del Espíritu Santo, debe ir a estar a solas con Dios y pedirle que lo examine y saque a la luz cualquier cosa en su corazón y en su vida que le desagrade a él».[3] Aquello que sale a la luz puede entonces ser tratado a través de la confesión y el arrepentimiento, en la certeza de que «si afirmamos que no tenemos pecado, nos engañamos a nosotros mismos y no tenemos la verdad. Si confesamos nuestros pecados, Dios, que es fiel y justo, nos los perdonará y nos limpiará de toda maldad» (1 Juan 1:8-9).

Sin embargo, debemos esforzarnos por evitar toda autocomplacencia espiritual, porque la desobediencia persistente indica un espíritu no arrepentido. Esa actitud tiende a retener el pecado y a perseguir los propios placeres con la necia esperanza de poder evitar las consecuencias. Dios en realidad es paciente y misericordioso, pero no nos atrevamos a mostrarnos impertinentes delante de la misericordia y la gracia. La Biblia nos recuerda que: «Si en mi corazón hubiera yo abrigado maldad, el Señor no me habría escuchado» (Salmo 66:18). Y esa es una advertencia no solo para los que buscan ser bautizados en el Espíritu, sino también para los que ya conocen la unción del Espíritu. El testimonio de las Escrituras nos revela que Dios puede retirar su Espíritu de aquellos que acogen el pecado, y en verdad a menudo lo hace. Eso le sucedió a Sansón y al rey Saúl, los que, por escoger vivir en desobediencia, perdieron la unción del Espíritu, y finalmente sus vidas. David debió enfrentar las mismas consecuencias, ya que su debilidad voluntaria con respecto a Betsabé se agravó por el engaño, la manipulación y el asesinato, pero la parábola que le presentó Natán le permitió al rey confesar: «¡He pecado contra el Señor!» (2 Samuel 12:13). En el salmo que fluyó a partir de ese episodio, él reconoció la realidad de su propio pecado y con mucha seriedad oró: «No me alejes de tu presencia ni me quites tu santo Espíritu» (Salmo 51:11). El pecado que persiste y el corazón no arrepentido son como un letrero con las palabras: «¡Mantente alejado!», y le dice al Espíritu que no es bienvenido.

La manera de crecer en una profundidad de relación con Cristo y en cuanto a la investidura de poder del Espíritu Santo para realizar la obra de su reino es «si andamos en luz» (1 Juan 1:5-10 RVR1960). Eso implica no solo tener la disposición a mostrarnos vulnerables al Espíritu Santo, permitiendo que su luz penetrante nos atraviese hasta llegar a los lugares secretos que hay dentro de nosotros, sino también la disposición a confesar y a arrepentirnos de nuestros pecados y recibir el perdón y la limpieza de Jesús. Yo (Brad) he descubierto que si quiero seguir recibiendo la unción del Espíritu Santo para el servicio, la confesión debe constituir una disciplina espiritual constante. En ocasiones hacemos esto estando a solas con Dios, delante de quien todos nuestros pensamientos y deseos son conocidos. Pero también he encontrado que resulta útil (y me ayuda a ser sincero) seguir el consejo de Santiago y confesar mis pecados a otros cristianos (Santiago 5:16). Por lo tanto, me encuentro con regularidad con un amigo en el que confío y que tiene permiso de preguntarme y plantearme desafíos con respecto a cualquier esfera de mi vida; él escucha mi confesión y mis palabras de arrepentimiento, y le ministra a mi vida la misericordia de Jesús (y a veces su disciplina también).

Si mostramos seriedad en nuestro deseo de recibir el bautismo con el Espíritu Santo que nos ha sido prometido, necesitamos confrontarnos con nuestras faltas y arrepentirnos del pecado que con tanta facilidad nos enreda.

4. Pedirle al Padre

Los niños pequeños tienden a mostrar una simplicidad directa cuando piden lo que desean. Si deseamos recibir el don de ser bautizado en el Espíritu Santo, necesitamos recuperar esa osadía infantil y simplemente pedirle a nuestro Padre, tal como Jesús nos enseñó:

> «Así que yo les digo: Pidan y se les dará; busquen, y encontrarán; llamen y se les abrirá la puerta. Porque todo el que pide, recibe; el que busca encuentra; y al que llama, se le abre.
>
> ¿Quién de ustedes que sea padre, si su hijo le pide un pescado, le dará en cambio una serpiente? ¿O si le pide un huevo, le dará un escorpión? Pues si ustedes, aun siendo malos, saben dar cosas buenas a sus hijos, ¡cuánto más el Padre celestial dará el Espíritu Santo a quienes se lo pidan!» (Lucas 11:9-13).

Todo cristiano ya tiene el Espíritu morando dentro de él, porque la conversión es en sí una obra del Espíritu Santo. Pero que el Espíritu Santo venga sobre nosotros para revestirnos con poder, que es lo que significa ser bautizados o llenos del Espíritu Santo, es algo de lo que debemos apropiarnos. Lo hacemos a través de pedirlo en oración, como Juan Calvino lo señala con claridad: «Nada de lo que debemos esperar del Señor se nos ha prometido sin que se nos mande pedirlo en oración... A través de la oración excavamos y desenterramos los tesoros que nos fueron señalados por el evangelio del Señor, los que ya hemos contemplado por la fe».[4] Esa oración no requiere de ninguna fórmula ni de palabras especiales. Lo que importa es que pidamos simplemente porque esa es la intención de nuestro corazón. Andy Buchanan fue ministro presbiteriano durante muchos años antes de sentir un hambre espiritual profunda que lo llevó a orar: «Lléname más plenamente, Espíritu Santo. No sé qué es el bautismo con el Espíritu, pero estoy abierto a lo que quieras hacer en mi vida».[5] Aunque las palabras no nos parezcan maravillosamente elocuentes, la respuesta llena de gracia de parte de Dios fue contestar esa oración hecha desde el corazón.

La experiencia de Andy, al igual que la de R. A. Torrey, lo muestra bautizado por el Espíritu Santo sin que ninguna otra persona se viera envuelta en el asunto. Cuando yo (Paul) fui bautizado con el Espíritu, sucedió por la iniciativa de Dios, de la misma forma que cuando el Espíritu cayó sobre Cornelio y su casa (Hechos 10:44-46). Había un deseo no especificado de recibir de Dios, pero no había llegado a la etapa de ser articulado en oración. En situaciones como esa, resulta muy claro que Jesús es el que nos bautiza con el Espíritu Santo, y solo él recibe la gloria por ello.

Sin embargo, también vemos que muchos encuentran útil que alguien les imponga manos y ore por ellos para que reciban el Espíritu, y sobre esta práctica ciertamente tenemos bastante testimonio en las Escrituras, con los ejemplos de Pablo (Hechos 9:17-19), y los convertidos de Samaria (8:14-17) y de Éfeso (19:6). La persona que ora imponiendo manos puede hacer que se despierte el don de fe y de expectativa nacidos por experiencias previas, y también un amor hacia la persona por la que ora. Así fue la experiencia de Cindy cuando asistía a un evento de capacitación de Dunamis, y también la experiencia de Brad en la Abadía de Jesús. Se trata de una práctica bíblica y útil, de la que hemos participado en muchas ocasiones, compartiendo el privilegio y el gozo de ver a Dios cumplir su promesa en la vida de individuos hambrientos de ella. Sin embargo, debemos prestar atención al hecho de que existe el peligro de que se fije la atención en la persona que ora y no tanto en Jesús, que es el que bautiza con el Espíritu. Así que aunque con gusto imponemos nuestras manos sobre la gente y oramos para que reciban la unción del Espíritu, también tenemos muy en claro que eso no tiene que ver con que algún individuo «especial» lleve a cabo la oración.

Jesús no solo promete bautizarnos con el Espíritu Santo, sino que nos invita explícitamente a pedirle a nuestro Padre celestial el don del Espíritu. La oración puede tomar una diversidad de formas, y nosotros no debemos quedar prendidos a ningún método o enfoque en particular. Lo importante es la intención de nuestro corazón y la gracia soberana del Espíritu Santo.

5. Recibir en fe

Nuestro Padre celestial es fiel, confiable y verdadero. Esta constituye una afirmación fundamental que encontramos a través de toda la Biblia, y celebra la verdad de que «fiel es el SEÑOR a su palabra y bondadoso en todas sus obras» (Salmo 145:13). Ya habíamos señalado previamente la promesa de Jesús acerca de que «el Padre celestial dará el Espíritu Santo a quienes se lo pidan» (Lucas 11:13); y también el apóstol Pablo declara con confianza que «todas las promesas que ha hecho Dios son "sí" en Cristo» (2 Corintios 1:20). Podemos tomarle la palabra al Señor, y eso incluye su promesa de bautizarnos con el Espíritu Santo.

Recibir el bautismo del Espíritu no es una cuestión de experimentar ciertas emociones o de tener la sensación de algún tipo de «experiencia». Más bien se trata de la simple disposición a creer que Dios dice lo que quiere decir. Sencillamente, tiene que ver con un acto de fe. Pablo enfatiza este punto cuando les habla a los cristianos de Galacia, y primero les pregunta: «¿Dios les da su Espíritu y hace milagros entre ustedes porque ustedes observan la ley o por la fe que tienen en lo que han oído?» (Gálatas 3:5, traducción propia),[6] y luego declara: «para que por la fe recibiéramos el Espíritu según la promesa» (Gálatas 3:14).

Jesús mismo nos exhorta a asumir este enfoque: «Tengan fe en Dios —respondió Jesús—. Les aseguro que si alguno le dice a este monte "Quítate de ahí y tírate al mar", creyendo sin abrigar la menor duda de que lo que dice sucederá, lo obtendrá. *Por eso les digo: Crean que ya han recibido todo lo que estén pidiendo en oración, y lo obtendrán*» (Marcos 11:22-24, itálicas añadidas). Y años después, Juan pudo afirmar: «Esta es la *seguridad* que tenemos al acercarnos a Dios: que si pedimos conforme a su voluntad, él nos oye. Y si sabemos que Dios oye todas nuestras oraciones, podemos estar seguros de que ya tenemos lo que le hemos pedido» (1 Juan 5:14-15, traducción propia).[7]

Estas promesas nos imprimen confianza para pedir y recibir en fe el bautismo del Espíritu Santo. Sabemos que es la voluntad de Dios, su intención, que nosotros nos volvamos útiles en su reino y estemos bien equipados para dar testimonio de Jesucristo. Por lo tanto, en fe lo pedimos, y creemos y confiamos en haberlo recibido verdaderamente. R. A. Torrey hacía mucho énfasis en la importancia de apropiarnos de esta promesa por la fe, sabiendo que se trata de un enfoque bíblico que evita el peligro de la manipulación emocional y las presiones sobre la gente, y que reconoce la soberanía de Dios. Sus comentarios nos son útiles, así que los citamos más ampliamente:

> Aplique ahora esto al tema del bautismo con el Espíritu Santo. Ya ha dado usted los otros seis pasos,[8] y se ha acercado a Dios y le ha pedido que lo bautice de manera indudable con el Espíritu Santo (o que lo llene del Espíritu Santo, según sea el caso). Luego usted se pregunta: «Esta petición mía, ¿está de acuerdo con su voluntad?» Y usted sabe que sí porque Hechos 2:39 y Lucas 11:13 así lo dicen. Entonces lee 1 Juan 5:14: *«Esta es la confianza que tenemos al acercarnos a Dios: que si pedimos conforme a su voluntad, él nos oye»*. Entonces dígale: «He pedido el bautismo del Espíritu Santo y sé que está de acuerdo con su voluntad porque Dios lo dice así en Lucas 11:13 y en Hechos 2:39; por lo tanto, sé que él me ha escuchado». Luego lee el versículo quince: *«Y si sabemos que Dios oye todas nuestras oraciones, podemos estar seguros de que ya tenemos lo que le hemos pedido»*. La petición que he presentado es el bautismo con el Espíritu Santo; sé que él me ha oído; sé que tengo lo que he pedido; sé que tengo el bautismo del Espíritu Santo. Y lo que usted toma simplemente por fe en la palabra de Dios, luego lo obtiene como una verdadera posesión, lo experimenta.[9]

Para mí (Cindy) estas palabras resultaron de mucha utilidad. Tanto la experiencia de Paul como la de Brad han sido espectaculares, con visiones proféticas, lenguas y encuentro con Jesucristo. Mi propia experiencia no fue para nada como la de ellos. No hubo nada emotivo, ni visiones; se trató de un momento calmo y discreto.

En el capítulo 2 he descrito la forma en que descubrí la necesidad de algo «más» en mi vida. Luego de años de intentar armonizar mis actividades en la capellanía de un hospital, como esposa de un pastor y madre de un bebé, me encontré agotada emocional, física y espiritualmente. Había llegado al fin de mis posibilidades y me sentía completamente desalentada al pensar cómo seguir adelante en el ministerio pastoral, dado que todo dependía de mí y de mis propias fuerzas y dones.

En medio de mi agotamiento, concurrí al primer evento del Proyecto Dunamis, en el Lago George, Nueva York. Eso fue en 1991, y Archer Torrey y Brad Long estuvieron a cargo de la enseñanza. Durante esa semana experimenté el amor y la sanidad de Jesús, que fue algo maravilloso, pero cuando algunas pocas personas me impusieron manos y oraron por mí para que fuera bautizada con el Espíritu Santo, aparentemente no pasó nada. Yo simplemente lo pedí, al estilo «solo por la fe» de R. A. Torrey, y acepté la investidura del Espíritu Santo que necesitaba. No se manifestaron las emociones, no hubo lenguas ni ninguna clase de fuegos artificiales: sencillamente, una profunda paz. Solo más tarde, al volver a mi trabajo en el hospital, descubrí que el Espíritu Santo me había dado dones espirituales que me guiaban para saber cómo orar por los pacientes. Al dar un paso de obediencia, pude ver el poder de Dios operando a través de mí.

Eso ha sucedido hace diecisiete años, y desde entonces he experimentado algunos momentos de grandes luchas en mi vida, como cuando a mi esposo Steve le diagnosticaron cáncer en el cerebro. Pero al caminar en obediencia, Dios me ha llenado con el Espíritu Santo vez tras vez, invistiéndome de poder para el ministerio de la enseñanza y el de la sanidad, y también para el desarrollo de la Fraternidad Dunamis. En verdad, la mía ha sido una travesía maravillosa que cada vez se ha vuelto más apasionante.

6. Obedecer al Espíritu Santo

Cuando los discípulos vieron a Jesús caminar a través del lago en dirección a la barca, Pedro le pidió poder unirse a ese milagro. «Ven —dijo Jesús—. Pedro bajó de la barca y caminó sobre el agua en dirección a Jesús» (Mateo 14:29). Para tomar parte de esta actividad sobrenatural Pedro necesitaba dar un paso de obediencia, y lo mismo sucede cuando pedimos ser bautizados con el Espíritu Santo para unirnos a la gran danza de cooperación con la actividad sobrenatural del Espíritu. De hecho, eso constituye la esencia de toda nuestra relación con Jesucristo. Somos llamados a la obediencia, porque esa es la expresión práctica de la fe verdadera. Santiago lo deja en claro cuando escribe: «La fe por sí sola, si no tiene obras, está muerta. Sin embargo, alguien dirá: "Tú tienes fe, y yo tengo obras". Pues bien, muéstrame tu fe sin las obras, y yo te mostraré la fe por mis obras» (Santiago 2:17-18).

En el mismo corazón de la obediencia se halla la cuestión de someter nuestra voluntad a Jesucristo. Cada año los miembros de muchas iglesias metodistas de Gran Bretaña renuevan su pacto de discipulado cristiano con palabras que describen vivamente la rendición del corazón a una obediencia radical:

> Ya no soy mío propio, sino tuyo. Llévame a hacer lo que tú deseas, colócame entre aquellos que tú quieras; ponme en acción, expónme al sufrimiento; permíteme ser utilizado por ti o puesto a un costado, ser exaltado por ti o puesto en una condición más baja; permíteme estar lleno o estar vacío, permíteme tenerlo todo o no tener nada; voluntariamente y de todo corazón te lo entrego todo, lo pongo a tu disposición para que hagas según te plazca. Y ahora, glorioso y bendito Dios, Padre, Hijo y Espíritu Santo, tú eres mío y yo soy tuyo.[10]

Concordamos con la aseveración de R. A. Torrey acerca de que «la entrega incondicional de la voluntad a Dios es una de las cosas más fundamentales para recibir el bautismo del Espíritu Santo. Mucha gente pierde el bautismo del Espíritu Santo a causa de este punto, y también mucha otra gente entra a experimentar el bautismo del Espíritu Santo en este punto más que en casi cualquier otro».[11]

Según nuestra experiencia esta es la manera en que comienza la danza de cooperación. Cuando fuimos bautizados en el Espíritu, descubrimos que había oportunidades de dar pasos de obediencia, llenos de fe, y entonces, cuando actuamos, experimentamos el poder, o vimos evidencias de haber sido investidos de poder. Para mí (Paul) eso significó acercarme a los líderes de mi iglesia y presentar una solicitud para recibir entrenamiento como ministro, un paso que incluía desafíos porque aquello implicaría una reducción importante de mis ganancias potenciales. Más recientemente, hubo un tiempo en el que el Espíritu me mostró claramente que tenía que predicar algunos sermones en particular sin tener notas preparadas y confiar en que él proveería las palabras que debería hablar. Eso fue algo que me produjo ansiedad, ya que yo en general prefiero tener un buen bosquejo del sermón en mis manos, pero asumí el riesgo de obedecer y experimenté el gozo de ver que la palabra de Dios atraía a la gente hacia él de un modo más cercano en lo tocante a la adoración y al discipulado.

Cuando el Espíritu cayó sobre mí (Brad) por primera vez en la Abadía de Jesús, inmediatamente se me presentó una oportunidad para la obediencia. Mi lengua se comenzó a mover, y aunque pude haberla detenido o ignorado el asunto, tenía conciencia de que esa era una invitación a entregar mi voluntad al Espíritu Santo y permitirle hablar a través de mi lengua. Cuando lo hice, el don de lenguas, como idioma de oración, fluyó de mí. La inspiración de aquellas palabras (que yo no comprendía) provino de Dios, pero el instrumento de transmisión fue mi propia lengua, ofrecida en obediencia al impulso del Espíritu.

El llamado a una obediencia activa puede ser muy distinto en cada caso, porque no solo cada persona es única, sino que son demasiadas las circunstancias que enfrentamos y las obras que el Señor desea desarrollar a través de nosotros. Puede relacionarse con decirle ciertas palabras específicas a alguien, o comprometerse en alguna esfera del ministerio, como sanidad, intercesión, evangelización o la tarea pastoral. Puede tener que ver con la manera en que llevamos adelante nuestros negocios o con la forma en que manejamos nuestras relaciones en el hogar o en el lugar de trabajo, con una cuestión de ética en la conducta o con un llamado a la generosidad en lo económico. Puede ser que aborde una cuestión pequeña o que reoriente toda nuestra vida.

Cuando buscamos ser bautizados con el Espíritu Santo, y le damos la bienvenida a su obra de investir nuestra vida de poder, se nos llama a «salir de la barca» en obediencia. Cuando lo hacemos, vez tras vez vemos el poder del Espíritu Santo expresado en nosotros y a través de nosotros.

Recibir el bautismo del Espíritu Santo

En marzo de 2008 yo (Brad) fui en un viaje misionero a Corea, donde enseñamos a un grupo de 150 pastores y líderes con respecto a la persona y obra del Espíritu Santo. Luego de cinco días de enseñanza sistemática, separamos un tiempo para orar por la gente que quería ser bautizada con el Espíritu Santo, y también para que los que ya habían pasado por esa experiencia inicial recibieran una nueva llenura. A nosotros, el equipo de liderazgo, se nos dieron instrucciones muy específicas en cuanto a que decididamente no debíamos imponer manos sobre la gente. Yo me debatía en medio de esa cuestión, ya que deseaba muchísimo poner mis manos sobre aquellos siervos de Dios y orar por cada uno de ellos. Mi lucha se agravaba por el hecho de que estaba allí presente como el hijo espiritual de Archer Torrey, y a que había sido ungido por el Espíritu Santo para un ministerio de poder. Podía percibir el apego que habían desarrollado los coreanos hacia mí; ellos esperaban que yo les «impartiera» el Espíritu. Corría un grave peligro: transferir la atención de ellos a mí en lugar de llevarlos a colocarla en Cristo. Apreciaba las instrucciones recibidas pero luchaba para sujetarme a ellas.

Luego de salir de la reunión del equipo de liderazgo, fui a prepararme para la sesión de la noche. John Chang, un ministro colega, me encontró vagando por ahí en la oscuridad, orando. Oramos en chino los dos juntos, y con su ayuda pude confesar mi lucha. Oramos juntos, pero todavía continuaba con esa insistente inquietud en mi corazón con respecto a dejar así las cosas y confiar en Jesús. Cuando partí en dirección a mi cuarto, recibí una llamada de Cindy en mi teléfono celular, desde los Estados Unidos, diciéndome que ella y otros intercesores habían recibido directivas claras para mí: «¡Debes hacerte a un costado! Yo [Jesús] bautizaré a esos pastores con el Espíritu Santo». Estaba más que sorprendido de que ella hubiera recibido directivas tan claras desde la otra punta del mundo, pero en realidad el Espíritu Santo no está atado al tiempo y al espacio. Regresé a mi cuarto y me di un baño. Me encontré entonces orando en lenguas y pidiéndole al Espíritu Santo que me guiara. Justo en medio de la ducha, desnudo y sintiéndome más bien débil y muy humano (que parece ser la forma que más le agrada a Dios), la imponente y maravillosa presencia de Jesús me envolvió como una catarata. Me habló de una forma muy real, y me ordenó: «¡No te aferres a nada! ¡Te sorprenderás de lo que voy a hacer a través de ti! Voy a bautizar con el Espíritu Santo y con fuego a esos coreanos que me buscan con tantas ansias, tal como lo hice con Cornelio. Tu rol es como el de Pedro; ¡tu rol es predicarles! El mío será derramar mi Espíritu Santo sobre ellos. No les impongas manos; voy a hacer eso yo mismo». Después de ese poderoso encuentro, descubrí que la lucha había cesado y que solo sentía una profunda paz al saber que Jesús planeaba actuar.

Durante la sesión de la noche, el conjunto de alabanza, jubiloso y muy al estilo coreano, condujo al grupo a una expectativa de gran intensidad emocional. Yo sabía que teníamos que salir de ese estado de gran entusiasmo, porque el pedir la investidura de poder del Espíritu Santo es un acto de la voluntad, y se recibe en fe más que a través de un entusiasmo emocional. Así que le pedí a todo el grupo que se mantuviera muy callado y que esperara en el Señor. En el silencio oré por fe y para que todos tuviéramos sed del Espíritu Santo. El Señor nos llevó a un largo período de reafirmación del llamado, o de la visión, que él le había dado a cada persona, y luego tuvimos plena conciencia de lo imposible que era cumplir ese llamado en nuestras fuerzas. Entonces avanzamos hacia un extenso tiempo de arrepentimiento y rendición a Jesucristo, todo rodeado de una gran paz; las personas estaban de rodillas, esperando en un silencio expectante.

En medio de todo eso, de pronto tuve una visión. El techo del salón de reuniones se volvió transparente, como una ventana abierta hacia el cielo, y luego vi a Jesús, lleno de un amor extraordinario, mirando hacia abajo, hacia esos hombres y mujeres a los que había llamado a su servicio. Luego extendió su mano hacia abajo y dijo: «Ahora diles que simplemente se pongan de pie cuando estén listos para recibir de mí el equipamiento del Espíritu Santo para poder hacer el trabajo al que los he llamado». Di esa palabra, y a medida que uno por uno se iba parando para recibir de Jesús, el Espíritu Santo era derramado sobre ellos.

En mi interior yo era consciente de una gran irrupción del Espíritu Santo; era como un río que corría a través de mí y me conducía en esa danza. Jesús comenzaba a darme instrucciones con respecto a qué hacer en la parte de la danza que me tocaba; me decía: «Ahora estoy llamando intercesores e invistiéndolos de poder». Al dar yo la palabra, así sucedía. Una y otra vez habló él, y la presencia del Espíritu Santo fue inundando en oleadas todo el salón. Había gran gozo, y el poder de Dios seguía derramándose. Luego el Señor me ordenó: «Ahora vete, para que ellos no te miren a ti en lugar de mirarme a mí». Así que pedí al equipo de líderes coreanos y norteamericanos que pasaran al frente y calladamente me deslicé hacia fuera por la parte de atrás, mientras él bautizaba a esos líderes de la iglesia con su Espíritu Santo, regocijándome por lo que Jesús estaba haciendo, y absolutamente consciente de que esa era una obra soberana de la gracia.

Orar por la investidura de poder del Espíritu Santo

No hemos hecho una lista de esos seis pasos porque fueran interesantes en cuanto a lo teórico, sino porque son teológicamente urgentes. En Corea los vimos puestos en acción en el curso de una reunión, lo que produjo hombres y mujeres equipados para obrar junto con Jesús a través del poder del Espíritu. Juan el Bautista nos prometió que Jesús nos bautizaría con el Espíritu Santo. Está en nosotros apropiarnos de esa promesa, humillarnos delante del Señor y darle la bienvenida a todo lo que él desee realizar en nuestras vidas. ¿Usted ha buscado y recibido este bautismo?

Cuando se añade la investidura de poder a los otros requisitos del liderazgo (la incorporación, la información y la transformación) el líder ya está listo para la danza de cooperación, encarnando el reino de Dios y sirviendo a Jesús en la obra de desarrollar la iglesia en el poder del Espíritu Santo.

---

1. Trascrito de una grabación de audio de «My King» [Mi rey], del Dr. S. M. Lockridge, ampliamente disponible para ser bajada de Internet. Buscar, por ejemplo, http://www.youtube.com/watch?v=yX_7j32zgNw.

2. *Evangelical Dictionary of Theology*, editor Walter A. Elwell, Marshall Pickering, Basingstoke, Reino Unido, 1985, p. 936.

3. R. A. Torrey, *Power-Filled Living*, Whitaker House, New Kensignton, PA, 1998, p. 239.

4. Juan Calvino, *Institutes of the Christian Religion* [Institución de la religión cristiana], editor John T. McNeill, Westminster, Filadelfia, 1960, 3.20.2.

5. *Dunamis Project Manual: Gateways to Empowered Ministry*, Presbyterian Reformed Ministries International, Black Mountain, NC, 1997, p. 264.

6. NVI: «por la fe con la que han aceptado el mensaje». La palabra griega *pistis* se traduce por «creer» (verbo) o «fe» (sustantivo).

7. «Seguridad» es traducida por «confianza» en la NVI.

8. R. A. Torrey hace una lista de siete pasos. 1. Aceptar a Jesús como salvador. 2. Renunciar a todo pecado. 3. Ser bautizado en el nombre de Jesucristo para la remisión de nuestros pecados. 4. Tener una actitud de obediencia y entrega incondicional a la voluntad de Dios. 5. Tener sed. 6. Solo pedirle a él. 7. Recibir por fe.

9. R. A. Torrey, *The Holy Spirit: Who He Is and What He Does*, Revell, Old Tappan, NJ, 1977, p. 189.

10. *The Methodist Service Book*, Campfield, St. Albans, Heartfordshire, 1975, p. 180.

11. Torrey, *The Holy Spirit*, p. 168.

El segundo fundamento: Las congregaciones

Capítulo 6

Congregaciones en desarrollo que encarnan el reino de Dios

Jesús le provee líderes a su iglesia para que ellos puedan facilitar el crecimiento del discipulado, y eso incluye también que todo el cuerpo de Cristo aprenda a cooperar con el Espíritu Santo. Por lo tanto, los líderes deben crear un contexto amplio en el que se prepare y equipe a los discípulos para un servicio activo, de modo que se vuelvan cristocéntricos y realicen un trabajo en unidad, y puedan crecer hasta alcanzar la madurez completa de la fe. Si esto sucede, las congregaciones en verdad llegan a encarnar el reino de Dios.

Cuando Jesús les confió a sus apóstoles la tarea global de hacer discípulos, enfatizó dos cuestiones específicas que ellos debían incluir. Lo primero era encarar la obra de hacer discípulos «bautizándolos en el nombre del Padre y del Hijo y del Espíritu Santo» (Mateo 28:19), como acción simbólica asociada con la incorporación de una persona al reino de Dios; es decir, una escenificación del evangelio que proporcionara un testimonio triple, haciendo referencia al individuo, al Señor y a la iglesia. En cuanto al individuo, esto habla de arrepentimiento y de una entrega personal, de morir al pecado y al yo, de volverse a Dios y someterse a su gobierno soberano; se trata de una confesión que considera a Jesús como el Salvador y como el Señor. En cuanto a la parte referida al Señor, constituye un testimonio del amor, la gracia y el poder divinos, que lavan el pecado y dan nacimiento a una nueva vida de resurrección. La iglesia, a su vez, al administrar el sacramento, da testimonio de que aquel creyente pertenece, junto con los demás miembros, a la plena comunión del cuerpo de Cristo. El bautismo en agua proporciona un reconocimiento escenificado de que una persona ha nacido de nuevo a una esperanza viva.

Con el nuevo nacimiento de por sí solo, sin embargo, simplemente llenaríamos una guardería de bebés espirituales, en tanto que Jesús habla de discipular activamente

83

a la gente para que crezcan desde la primera infancia hasta alcanzar la madurez. Para que ese crecimiento espiritual se produzca, el proceso de hacer discípulos también incluye algo más: «enseñándoles a obedecer todo lo que les he mandado» (Mateo 28:20). Ese es el segundo punto específico, y resulta sorprendentemente amplio en su alcance. El cuerpo *completo* de las enseñanzas de Jesús tenía que ser transmitido a todas las futuras generaciones de cristianos, no como un mero ejercicio académico, sino como el modelo de una fa viva puesta en acción. Se trataba de una comisión integral en la que no se podía omitir nada.

En los capítulos previos hemos destacado algunos aspectos clave del discipulado relacionados con los líderes, a los que denominamos *incorporación, información, transformación* e *investidura de poder*. Esos aspectos no son exhaustivos, pero sí esenciales, y forman parte integral del «todo» al que hace mención Jesús. La necesidad de nacer de nuevo, la importancia de crecer en el conocimiento de Jesús y en la semejanza a Cristo, y la invitación a ser bautizados con el Espíritu Santo, todas esas cosas no solo se aplican a los líderes sino también a todos los individuos.

Cuando Pablo se despidió de los ancianos de la iglesia de Éfeso, él afirmó: «Ustedes saben que no he vacilado en predicarles nada que les fuera de provecho... porque sin vacilar les he proclamado todo el propósito de Dios» (Hechos 20:20, 27). Él sabía que había sido fiel a la comisión de Jesús. De una manera semejante, Pedro exhortó a los que eran nuevos en la fe: «Deseen con ansias la leche pura de la palabra, como niños recién nacidos. Así, por medio de ella, crecerán en su salvación» (1 Pedro 2:2). Y por el otro lado, casi podemos percibir la frustración del autor de Hebreos al hablar sobre la falta de crecimiento entre algunos cristianos: «En realidad, a estas alturas, ya deberían ser maestros, y sin embargo necesitan que alguien vuelva a enseñarles las verdades más elementales de la palabra de Dios. Dicho de otro modo, necesitan leche en vez de alimento sólido» (Hebreos 5:12). Todos esos líderes tomaron las instrucciones de Jesús muy en serio, porque sabían que los nuevos convertidos necesitaban ser atendidos hasta llegar a ser discípulos maduros, creciendo en su comprensión y aprendizaje para poder poner la fe en acción. La responsabilidad de hacer que eso suceda hoy descansa directamente sobre los hombros de los que lideran. Su labor es hacer crecer a los discípulos.

Las personas anónimas de Pentecostés

Al leer el relato de Lucas sobre la vida de la iglesia primitiva, naturalmente encontramos que la atención se centra sobre los líderes clave. La evangelización que llevaba a cabo Felipe, el alcance transcultural de Pedro, el liderazgo de Santiago, el aliento que brindaba Bernabé, y los viajes misioneros de Pablo constituyen expresiones concretas de la manera en que el Espíritu Santo operaba. Pero no conocemos la identidad de la vasta mayoría de aquellos discípulos. En el día de Pentecostés, el Espíritu Santo cayó sobre una multitud de personas anónimas (hombres, mujeres y niños) que fueron todos ungidos y llamados a interpretar su propio rol como miembros del cuerpo de Cristo. Esos santos anónimos que aparecen en la Biblia son de aliento para el resto de nosotros que nunca seremos mencionados en los libros de historia, pero que tenemos nuestros nombres escritos en el Libro de la Vida del Cordero, y aparecemos en la lista de los que han trabajado en la viña del Señor. Aquellas personas que se acercaron a Cristo, luego crecieron en el discipulado y «se mantenían firmes en la enseñanza de los apóstoles, en la comunión, en el partimiento del pan y en oración» (Hechos 2:42).

Yo (Brad) he sido testigo de este tipo de crecimiento en el discipulado en la vida de la Iglesia Presbiteriana Montreat, debido a que los miembros de la congregación han sido nutridos y criados en la fe y han aprendido a obedecer todo lo que Jesús les mandó a sus primeros discípulos. Luego de que el pastor Richard White fue bautizado con el Espíritu Santo en uno de los eventos del Proyecto Dunamis, él invirtió todas sus energías en desarrollar al equipo de liderazgo, y ellos a su vez ayudaron al resto de la congregación a crecer en el conocimiento de cómo cooperar con el Espíritu Santo. Comenzamos enseñando algunas clases sobre la obra del Espíritu Santo, y luego nos enfocamos en el ministerio de sanidad de Jesús. A partir de eso se formaron equipos con un ministerio de oración por sanidad. Mientras la gente continuaba creciendo, enseñamos sobre la oración intercesora y preparamos a un equipo de intercesores que proporcionara cobertura de oración a la congregación. Esta combinación produjo una maravillosa dinámica en los ministerios de la iglesia Montreat, expresada de diversas maneras, incluso en una situación puntual con uno de sus miembros, llamado Terry.

Cuando a Terry se le diagnosticó un cáncer de próstata, él y su esposa Caroline volvieron de la consulta con el médico abatidos y en estado de desesperación. El control médico realizado seis meses antes no había mostrado nada extraño, pero ahora el cáncer aparecía como muy agresivo, y aparentemente se había extendido al hueso pélvico. El equipo de oración intercesora respondió inmediatamente al llamado de orar por Terry y su familia, y al siguiente domingo Richard informó a toda la iglesia sobre la grave condición de Terry. También dijo que la familia había invitado a los ancianos (y a cualquier otro miembro de la congregación que quisiera ir) a visitarlos esa tarde para orar con imposición de manos y unción con aceite, como lo señala la carta de Santiago (5:14).

Richard me llamó para pedirme que yo (Brad) también estuviera. Llegué un poco tarde a ese encuentro en el hogar. Cuando entré a la casa, me pareció que toda nuestra congregación se hallaba reunida allí. Los ancianos estaban alrededor de Terry y Caroline, y Richard leía las Escrituras. Había un extraordinario derramamiento de amor sobre aquella familia de parte de toda la congregación, y yo pude percibir que ese era un momento *kairós*. El Espíritu Santo ya se movía, utilizando la lectura de las Escrituras para edificar la fe en Jesús, y luego me llegó este mandato: «Ponte en movimiento ahora, imponiendo manos sobre él y ungiéndolo con aceite, y mírame obrar a mí».

Me sentía renuente a hacer cualquier cosa porque no quería transferir la atención de Jesús a mí, ni interferir con el rol de los ancianos, pero ellos no se ponían en movimiento, y daba la impresión de que aquel momento iba a pasar. Gracias a Dios, Richard estaba alerta y percibió ese momento *kairós*, lo mismo que Diana, la coordinadora de oración. Nos invitó a unirnos a él. Coloqué mis manos sobre Terry para orar, y sentí como una gran oleada del Espíritu Santo que se partía de mí hacia él. En el mismo momento Diana leyó una escritura referida a que el Espíritu Santo se movía en Jesús con poder para sanar. Inmediatamente, comencé a sentir calor en mis manos. Terry levantó la mirada con sorpresa, y luego se conmovió hasta las lágrimas mientras tartamudeaba: «¡Gracias, Dios! ¡Siento un fuego dentro de mis huesos! Estoy ardiendo adentro. ¡Puedo sentir a Jesús aquí mismo!» Y rompió en alabanza y llanto.

Todo el grupo comenzó a adorar, y entonces pedí a los otros ancianos que impusieran manos sobre Terry, Caroline y sus hijos. Hubo un gran derramamiento de amor sobre todos ellos mientras algunos elevaban oraciones pidiéndole a Jesús que sanara a Terry. Durante ese proceso, yo podía sentir el poder del Espíritu Santo obrando a través de mí, y de pronto escuché al Señor decir:

—Ahora deténganse. Yo ya he terminado. Bendíganlos y váyanse.

Le pregunté a Terry:

—¿Qué sientes?

Y él dijo:

—Bueno, el calor ha cesado, pero siento una profunda paz porque Jesús me sostiene con su amor y porque todo va a estar bien.

Richard nos guió en una oración de agradecimiento, y el Espíritu Santo me dio un codazo para que saliere y me fuera a casa.

Al día siguiente Terry volvió al médico para hacerse otros estudios, y se descubrió que el cáncer ya no estaba en los huesos sino solo en la próstata. Ahora, luego de una cirugía y quimioterapia, él está bien, y la iglesia se ha llenado de gozo porque Dios mostró su gracia. La gente también está entusiasmada por la manera en que pudo participar de este ministerio, al unirse en la danza de cooperación con el Espíritu. Como resultado, hemos visto una profundización de la fe en la congregación y también una participación creciente en el ministerio de oración y sanidad, a través del cual seguimos viendo a Jesús actuar.

Tiempo después Richard nos invitó a mí, a Diana y a algunos de los ancianos a «dar cuenta» de esta experiencia, analizando y reflexionando de manera crítica sobre lo que estábamos haciendo en respuesta a la guía del Espíritu Santo. Hemos descubierto que el tiempo que invertimos en dar un informe resulta de extrema importancia para el crecimiento de la conciencia espiritual de la congregación y de su capacidad de participar en esta obra dinámica. Que los líderes le enseñen a la gente las cuestiones prácticas de lo que significa obedecer todo lo que Jesús ha ordenado constituye parte integral del proceso de formación de discípulos.

Los líderes son el don de Cristo para su iglesia

Las Escrituras señalan diversas formas en las que el Espíritu Santo equipa a la gente con dones espirituales para que puedan servir a los propósitos de Dios. En Romanos 12, se pone énfasis en que la gente use los dones que ha recibido. En 1 Corintios 12, la preocupación se centra en la unidad, al reconocer los diversos dones como parte integral del cuerpo. Pero en Efesios 4, el enfoque es un poco diferente. Allí Pablo mencionan que Cristo, al ascender, dio dones a la gente, pero se concentra en el hecho de que Jesús proveyó a la iglesia de ciertos individuos ungidos, los que iban a funcionar como líderes. Walter Liefeld, en su comentario sobre Efesios, señala: «Los dones que se mencionan no son capacidades dadas al pueblo; se trata de personas que le son dadas a la iglesia».[1]

Pero a cada uno de nosotros se nos ha dado gracia en la medida en que Cristo ha repartido los dones. Por esto dice:

«Cuando ascendió a lo alto, se llevó consigo a los cautivos y dio dones a los hombres».

... El mismo constituyó a unos, apóstoles; a otros, profetas; a otros, evangelistas; y a otros, pastores y maestros, a fin de capacitar al pueblo de Dios para la obra de servicio, para edificar el cuerpo de Cristo. De este modo, todos llegaremos a la unidad de la fe y del conocimiento del Hijo de Dios, a una humanidad perfecta que se conforme a la plena estatura de Cristo (Efesios 4:7-8, 11-13).

Los líderes son en verdad el don de Jesús a su iglesia, dados con el propósito de facilitar el crecimiento en todas sus formas. No se trata meramente de un liderazgo institucional en el que la autoridad se ejerce por virtud del nombramiento a un cargo. Más bien se trata de un liderazgo carismático[2] en el que la autoridad se ejerce en virtud del llamado y del equipamiento espiritual de una persona. Idealmente esto debería coincidir y el individuo debería tener un cargo porque su unción ha sido discernida debidamente y reafirmada por la iglesia. Pero no siempre es este el caso y, con frecuencia, por ejemplo, encontramos situaciones en las que los ancianos se nombran a través de un mero proceso de voto democrático, que tiene poco que ver con la guía o unción del Espíritu.

El don de un liderazgo espiritual que Jesús le provee a su iglesia incluye una mezcla interdependiente de personas con diversidad de dones, todas trabajando juntas hacia la meta común de producir una comunidad de cristianos que llegue a ser «una humanidad perfecta que se conforme a la plena estatura de Cristo» (Efesios 4:13). Al equipar a los discípulos espiritualmente, en unidad, brindando enseñanza y cultivando el carácter, los líderes crean el contexto de una teología trinitaria activa en la que se le da la bienvenida al Espíritu Santo como el nuevo Emanuel (literalmente, «Dios con nosotros»), y se le permite obrar «según él lo determina» (1 Corintios 12:11). El pasaje de Efesios señala algunas de las esferas a las que los líderes deben prestar atención.

Capacitar al pueblo de Dios para la obra de servicio

Cuando comenzamos en un nuevo trabajo, ocupamos un puesto como voluntarios, iniciamos la práctica de algún deporte o empezamos a conducir un automóvil, normalmente recibimos algún tipo de preparación. Se trate de una tarea simple o muy compleja, sea que nos requiera recibir una asistencia ocasional o un entrenamiento formal, no es muy probable que sepamos lo que debemos hacer a menos que alguien se tome el tiempo de entrenarnos. En aquellas raras ocasiones en las que tenemos una idea acerca de cómo abordar la tarea, con toda probabilidad se deba a alguna experiencia anterior por la que hayamos pasado.

Y no es diferente cuando comenzamos la nueva vida en el reino de Dios. Aunque desearíamos que fuera así, los bebés espirituales no maduran automáticamente como para estar en condiciones de ministrar, y los líderes tienen la responsabilidad de alimentarlos y discipularlos para que estén listos a asumir la parte que les toca dentro del reino. Pablo usa una palabra que se refiere a estar «apropiadamente equipados o en forma adecuada para un determinado momento».[3] Y vimos suceder eso cuando la gente oraba por Terry. Tanto Richard, como Brad y Diana habían aprendido a discernir los momentos *kairós* de Dios, y eran conscientes del tipo de ministerios que resultaban apropiados para esa ocasión (saber qué Escrituras leer, qué enfoque darle a la oración, y tener experiencia en la unción con aceite y en la imposición de manos). Pero también sabían cómo introducir a otros en la obra que se estaba llevando a cabo, a través de alentarlos a la fe y darles instrucciones. Si agregamos la presentación del informe que se realizó poco después, resulta claro que la gente debe haber quedado bien preparada para una próxima oportunidad, con una mayor conciencia de que ellos también pueden tomar parte en este ministerio.

Yo (Paul) he sido testigo de cómo tuvo lugar este proceso de preparación en la vida de Lynne James, una maravillosa sierva de Dios que ha trabajado junto conmigo en el equipo de liderazgo del Proyecto Dunamis en el Reino Unido. Poco después de ser ordenada como anciana, Lynne percibió que muchas personas de su iglesia se acercaban a ella y le pedían que les ministrara en oración; así que oraba por las personas «en base a lo que recogí durante varios años, cuando era yo la que recibía las oraciones». Había obtenido cierto grado de preparación simplemente a través de su propia experiencia, pero el aprendizaje fue mejor dirigido cuando ella comenzó a asistir a los eventos de Dunamis que yo conducía. A través de una enseñanza sistemática, de su participación en la oración por las personas y de realizar luego un análisis sobre la experiencia, ella se encontró mejor preparada para este trabajo. Al reflexionar sobre ese período, señaló: «Dunamis puso mi llamado dentro de un contexto en el cual yo podía responder a él, y me proveyó las herramientas que me permitieron responder a él en una forma práctica» Hoy Lynne no solo sirve en el ministerio de oración sino que también está comprometida con la enseñanza y el monitoreo de otros, para que también ellos puedan equiparse para esa esfera de servicio.

Esta es tarea de los líderes. Al desarrollar intencionalmente a la gente para cualquier aspecto de la vida cristiana, la estamos preparando para las obras de servicio. Si deseamos ver a las personas ocupadas en la evangelización, en el liderazgo de pequeños grupos, en el ministerio de sanidad y liberación, en la intercesión, en la enseñanza, en la visitación pastoral o en cualquier otra esfera de servicio cristiano, son los líderes los responsables de prepararlas para realizar esas tareas. Esta preparación incluye, obviamente, la oportunidad de que reciban el bautismo del Espíritu y sigan luego siendo llenadas por el Espíritu, de modo que estén equipadas para la obra bajo su unción y no dentro de las limitaciones de las propias fuerzas y sabiduría.

Promover la unidad de la fe

También es tarea de los líderes promover y facilitar la unidad de *la* fe, lo que «se refiere a la fe como un cuerpo de doctrina, y no a la fe como un acto de confianza».[4] Edificar una comunidad de personas que comparten una convicción común acerca de la persona y la obra de Jesucristo constituye un desafío. Anteriormente en este capítulo vimos que Pablo ha escrito acerca de la necesidad de ser «pacientes, tolerantes unos con otros en amor». Los exhorta: «Esfuércense por mantener la unidad del Espíritu mediante el vínculo de la paz», y les recuerda que «hay un solo cuerpo y un solo Espíritu» (Efesios 4:2-4). Producir la unidad dentro de la iglesia es, en primer lugar, una función fundamental del Espíritu Santo. Él es quien crea inicialmente esa unidad, el que equipa a las personas para el liderazgo de modo que asuman la responsabilidad de hacer que esa unidad crezca, y el que trae gloria a Jesús al guiar al pueblo hacia su verdad (Juan 16:13-15) para que la iglesia, que es una, comparta una misma fe (Efesios 4:5).

Pero la unidad implica esfuerzo. De hecho, la misma instrucción «esfuércense» sugiere que la desunión sería un problema continuo y por lo tanto requeriría paciencia, tolerancia y una actitud apacible entre las personas. ¿Quién hubiera esperado que la comunión se convirtiera en un símbolo de discordias severas dentro de una iglesia local, como aconteció con Corinto, y llevó a Pablo a señalar que «sus reuniones traen más perjuicio que beneficio» y que «cuando se reúnen, ya no es para comer la Cena del Señor» (1 Corintios 11:17-22)? ¿Qué había pasado con la idea de ser «un solo pan del cual todos participamos» (10:17)? La naturaleza humana caída muestra el tortuoso don de poder tomar hasta los dones de la gracia de Dios y convertirlos en algo que divide.

Tal vez fuera por eso que Jesús oró en Getsemaní por la unidad de aquellos que luego creerían en él:

> «No ruego solo por estos. Ruego también por los que han de creer en mí por el mensaje de ellos, para que todos sean uno. Padre, así como tú estás en mí y yo en ti, permite que ellos también estén en nosotros, para que el mundo crea que tú me has enviado. Yo les he dado la gloria que me diste, para que sean uno, así como nosotros somos uno: yo en ellos y tú en mí. Permite que alcancen la perfección en la unidad, y así el mundo reconozca que tú me enviaste y que los has amado a ellos tal como me has amado a mí» (Juan 17:20-23).

La unidad dentro de las relaciones de los cristianos constituye un poderoso testimonio evangelístico. Un mundo que se cae a pedazos necesita ver en la iglesia de Jesús personas que se acercan las unas a las otras, reconciliadas no solo con Dios sino entre ellas. La unidad tiene también beneficios prácticos para las propias congregaciones. Les permite concentrar su atención y energía en metas compartidas, como los remeros en un bote; ¡el trabajo se vuelve mucho más fácil y eficaz cuando todos empujan en la misma dirección! La unidad también convierte a la iglesia en un contexto «seguro» dentro del cual aprender y poder encontrarse con la persona y la obra del Espíritu Santo.

Por lo tanto no sorprende que Satanás obre para destruir la unidad de la iglesia. Al hacerlo, no solo mina el testimonio de la iglesia y disminuye su eficacia sino que también distrae a la gente y la aleja del Espíritu Santo. Una táctica irónica y eficaz es tergiversar la enseñanza acerca del Espíritu para que el Espíritu se convierta en causa de división más que en fuente de unidad.

Con frecuencia nos hemos encontrado con gente que ha quedado herida por enseñanzas o algún tratamiento que recibieron relacionado con el Espíritu Santo. En muchos casos, la cuestión es el don de lenguas. Algunos creyentes han sido considerados como cristianos deficientes, de «segunda clase», simplemente porque no tienen este don. Otros se han preocupado por la manera en la que se usan ciertos dones espirituales, o han quedado perturbados por rumores e informes que les han transmitido una impresión negativa. A través de la ignorancia, la falta de información y la introducción de caricaturas, Satanás fomenta el temor y cultiva una resistencia hacia el Espíritu Santo. Si esa actitud infecta a la mayor parte de una congregación, esa resistencia colectiva al Espíritu Santo bloquea su libertad para hacer crecer a la iglesia. Y cuando lo que encontramos son grupos más pequeños de personas que resisten celosamente la obra del Espíritu, o que en lugar de eso la promueven apasionadamente, vemos que Satanás fácilmente usa esa situación para erosionar la unidad del cuerpo de Cristo.

Este es un campo de batalla espiritual sembrado de propaganda y minas terrestres por parte del «padre de la mentira» (Juan 8:44), y los líderes deben desplazarse por él con gracia pastoral, una sabiduría delicada y una cuidadosa enseñanza de la verdad. Y lo más importante: todo debe ser apuntalado por la oración, ya que así ellos añadirán su voz a la petición de Jesús «que todos sean uno» (Juan 17:21).

Hacer que los creyentes crezcan en el conocimiento del Hijo de Dios

A la unidad en la fe Pablo agrega la unidad en el conocimiento del Hijo de Dios. Se trata de un recordatorio acerca de que la iglesia no constituye una mera comunidad religiosa, sino una comunidad religiosa centrada en Cristo, y que deriva su identidad y su razón de ser únicamente de él. Al comentar ese versículo, Juan Calvino enfatiza lo siguiente:

> La intención del apóstol era explicar la naturaleza de la verdadera fe, y aquello en lo que consiste; o sea, que el Hijo de Dios sea conocido. La fe debe mirar solo al Hijo de Dios; apoyarse en él; descansar en él y acabar en él. Si va más allá, desaparecerá y ya no será fe sino una falsa ilusión. Recordemos que la verdadera fe confina su mirada en Cristo de un modo tan completo que ni sabe ni desea saber ninguna otra cosa.[5]

Ese conocimiento, que los líderes deben establecer con claridad en la mente de las personas, tiene que ver primero con comprender que Jesús no es ni más ni menos que la segunda persona de la Trinidad. Es el Hijo de Dios y no únicamente un maravilloso profeta o un renombrado maestro de religión. Pedro no solo pudo afirmar «Tú eres el Cristo, el Hijo del Dios viviente» (Mateo 16:16), sino que una semana después él mismo escuchó una declaración semejante hecha por el Padre: «Este es mi Hijo amado; estoy muy complacido con él. ¡Escúchenlo!» (Mateo 17:5). Conocer la identidad de Jesús debería llevarnos a tomar en cuenta su autoridad: dado que él es en verdad el Hijo de Dios, estamos obligados a prestar atención a sus palabras.

91

Al concentrarnos aquí en cómo desarrollar a la iglesia en el poder del Espíritu Santo, los líderes, en especial, deberían asegurarse de que la iglesia prestara atención a las palabras dichas por el Hijo de Dios con respecto al Espíritu de Dios. Porque ellas constituyen parte integral de «todo el propósito de Dios» (Hechos 20:27) que Pablo declaró en Éfeso cuando les enseñaba a los creyentes allí a obedecer todo lo que Jesús les había mandado (ver Mateo 28:19-20). E incluyen las palabras de Jesús acerca de ser bautizados con el Espíritu para convertirse en testigos de él a través de todo el mundo, cumpliendo la gran comisión.

Nuestro conocimiento de Jesús, el Hijo de Dios, también incluye su auto descripción como el camino, la verdad y la vida, y el único camino a Dios el Padre (Juan 14:6, 26). Eso constituye tanto la motivación para la misión como el mensaje que el Espíritu Santo nos capacita a proclamar. Llamamos a la gente a una relación viva con el Padre celestial que por amor envió a su único Hijo para darle a un mundo alienado y moribundo la opción de la vida eterna (Juan 3:16). Se nos recuerda que Dios «quiere que todos sean salvos y lleguen a conocer la verdad» (1 Timoteo 2:4).

Pero crecer en nuestro conocimiento del Hijo de Dios significa más que conocerlo como Salvador. El Espíritu también nos hace posible conocerlo como el Profeta, Sacerdote y Rey que nos trae sanidad, perdón, liberación, gracia y sabiduría, y que nos habla en medio de nuestras circunstancias y conduce nuestra vida. Necesitamos crecer en el discipulado. La pregunta «¿qué haría Jesús?» es popular y fácil de hacer, pero para poder responderla, la gente primero debería saber «qué hizo Jesús». Se nos dice que los que llegaron a la fe luego del sermón de Pedro en Pentecostés «se mantenían firmes en la enseñanza de los apóstoles» (Hechos 2:42), de modo que crecían en conocimiento acerca de la vida y enseñanzas del Hijo de Dios. La enseñanza de los apóstoles ha sido preservada en las Escrituras para nosotros. Nosotros también podemos llegar a saber lo que Jesús hizo y, por lo tanto, nos es posible alcanzar el mismo crecimiento hoy.

Más allá de este conocimiento informativo mental sobre quién es Jesús y qué hizo, el Espíritu nos capacita para *conocerlo a él* a través de un encuentro personal. Saulo cayó al piso cegado cuando se encontró con el Jesús glorificado en el camino a Damasco y recibió una visión del cielo que reorientó el curso de su vida (Hechos 26:13-23). Juan registra de un modo similar su sobrecogedor encuentro místico con Jesús en una visión mediada por el Espíritu que le dio un propósito pastoral a su vida en el exilio en Patmos (Apocalipsis 1:9-18). Durante los siglos que siguieron, incontables cristianos han crecido en el conocimiento del Hijo de Dios a través de encuentros sobrenaturales de un tipo semejante, y ocasionalmente guardaron registro de sus experiencias para el beneficio de otros.[6] A través de palabras proféticas, visiones, sueños y esa voz que susurra en la quietud de la santidad, el Espíritu continúa proveyendo a la gente encuentros directos con el Cristo resucitado.

Por eso vemos que la iglesia, vivificada por el ministerio del Espíritu Santo, se convierte en una comunidad de fe que se centra en el Hijo de Dios. La fe, la seguridad y la devoción se profundizan cuando el Espíritu dirige nuestra atención hacia Jesús, se vuelve el intermediario de su gracia, une a su pueblo e ilumina sus palabras. Jesús dijo: «Él me glorificará porque tomará de lo mío y se los dará a conocer a ustedes» (Juan 16:14). Los apóstoles, profetas, evangelistas, pastores y maestros han sido capacitados para su tarea por el Espíritu y luego Jesús se los ha dado a la iglesia como un don, para que guíen, enseñen y desarrollen un conocimiento de él, bien informado y personal.

Ayudar a los discípulos a alcanzar la medida de la estatura de la plenitud de Cristo

Como resultado de la combinación de todos estos factores de crecimiento veremos a la iglesia alcanzar «una humanidad perfecta que se conforme a la plena estatura de Cristo» (Efesios 4:13). Para los líderes esto puede parecerles una especie de proceso frustrante, al que Pablo describió como «sufrir dolores de parto hasta que Cristo sea formado en ustedes» (Gálatas 4:19). Pero si deseamos que la iglesia crezca en el poder del Espíritu Santo, entonces necesitamos establecer bien este crucial segundo fundamento.

La gente tiene que incorporarse al reino de Dios a través de nacer de nuevo. Y hace falta cultivar el fruto del Espíritu para que las personas vayan siendo transformadas cada vez más a semejanza del carácter de Cristo. La unidad de la fe y el conocimiento del Hijo de Dios tienen que desarrollarse para que la gente crezca en su comprensión y en su relación personal con Jesús. Y los hombres, mujeres y niños necesitan recibir el bautismo del Espíritu Santo para ser investidos de poder y llevar a cabo todo lo que Cristo manda, cada uno dentro de su propio rol como miembros del cuerpo de Cristo. No hemos sido llamados a un crecimiento parcial, y aunque estos aspectos presentados no constituyan el cuadro completo, sin embargo, resultan innegablemente esenciales para lo que implica crecer hasta alcanzar la madurez completa. A medida que ellos se desarrollan en la vida de una iglesia, descubrimos que toda la congregación está en condiciones de tomar parte en esa gran danza de cooperación con el Espíritu, tal como lo descubrió la Iglesia Anglicana de St. Paul.

La Iglesia St. Paul, en Asheville, Carolina del Norte, es una congregación confortable, de clase media alta y mayormente compuesta por gente mayor, que se sintió llamada a ministrar entre los sin techo, impulsada por el Espíritu, el apoyo del pastor, y la participación de toda la iglesia. El Espíritu Santo comenzó a inquietar el corazón de un hombre de negocios de la congregación, retirado poco tiempo antes, colocando en él una carga de compasión por la gente de la calle que vivía debajo de un puente de la autopista cerca del edificio de la iglesia. Por esa inspiración, junto con una evaluación práctica de las necesidades que se presentaban en el invierno, comenzó a proveerle a esa gente mochilas con comida y ropa. Lo que comenzó con solo algunas mochilas ha ido creciendo hasta convertirse en un ministerio significativo hacia los que están en una necesidad desesperada.

El pastor, John Green, lo señaló así, con mucha claridad:

¡Originalmente, esa no era mi idea! En realidad me parecía un gran lío involucrarme con ese tipo de gente. Pero ahora hemos llamado y comisionado a un laico para realizar esta obra, y toda la congregación toma parte en este ministerio. Algunas de las personas de la calle, al experimentar el amor de Jesús de una manera tan concreta, comienzan a asistir a nuestras reuniones de adoración. Algunos de ellos están recibiendo la salvación y otros una ministración continua de oración. Les hemos entregado varios cientos de mochilas. Pero lo que consideramos más importante es la manera en que toda la congregación ha captado la visión de este trabajo y está ayudando a que se haga realidad a través de donaciones de dinero, colaboración en la compra de alimentos y ropa, y en el armado de las mochilas. Una cantidad de personas se nos ha unido en las visitas a la gente sin techo para realizar las entregas. Este proyecto, que comenzó con una persona, nos está sacando de nuestro ensimismamiento y conduciéndonos a un ministerio de compasión. Como toda la iglesia comparte la misión, la fe de cada uno en Jesucristo y su entrega para seguirlo en todas las esferas de la vida ha crecido y se ha profundizado.

Aquí vemos una iglesia en la que se está estableciendo el segundo fundamento. A través de la guía del Espíritu y la obediencia de un hombre, vemos en la vida de esa congregación evidencias de una compasión como la de Cristo, de oración, generosidad, conversiones, unidad, visión y misión. El reino de Dios está siendo encarnado, Jesús es glorificado y la iglesia está aprendiendo que el discipulado puede resultar apasionante y lleno de gratificaciones cuando el Espíritu Santo obra.

En otros capítulos examinaremos las Siete Dinámicas de cooperación con el Espíritu Santo y consideraremos de qué manera incorporarlas a la vida de una congregación. Pero primero nos ocuparemos de una cuestión apremiante para los líderes: ¿De qué manera podemos presentarles a las personas la persona y la obra del Espíritu Santo de un modo eficaz? Nuestro próximo capítulo, por lo tanto, abordará los aspectos prácticos relacionados con brindarle a la gente oportunidades que constituyan verdaderas puertas de entrada para aprender sobre el Espíritu Santo, tener un encuentro con él, y ser equipados por su persona.

---

1. Walter L. Liefeld, *Ephesians*, Inter-Varsity Press, Leicester, 1997, p. 103.

2. Utilizamos el término *carismático* aquí para referirnos a la capacidad otorgada por un don del Espíritu (en griego, *charisma*) y no en el sentido popular, que hace referencia a una personalidad dinámica, con frecuencia impositiva o persuasiva, ni para referirnos a un estilo particular de adoración.

3. Efesios 4:12: *katartismos*, que viene de *kata* («de acuerdo con») y *artios* («apto, capaz»).

4. Liefeld, *Ephesians*, p. 108.

5. Juan Calvino, «Comentario sobre Efesios», *Book for the Ages*. USA Versión 1.D, AGES Software, Albany OR, 1998.

6. Véanse, por ejemplo, los relatos testimoniales de Julián de Norwich, Bonaventure y Teresa de Ávila.

El segundo fundamento: Las congregaciones

Capítulo 7

Puertas de entrada para las congregaciones

Las congregaciones necesitan tener portones de entrada prácticos a través de los que la gente pueda unirse a la danza de cooperación con el Espíritu. Los líderes son los encargados de crear ese contexto al brindar una preparación espiritual de oración y enseñanza. También es importante que creen oportunidades que les abran una puerta de entrada a los que quieran entrar al reino de Dios y recibir la investidura de poder del Espíritu Santo. Sin dar esos pasos fundamentales, procuraríamos conducir a la gente a través de un proceso básicamente ajeno a su comprensión teológica y experimental de la vida cristiana.

La multitud reunida en Jerusalén el día de Pentecostés recibió una doble invitación de parte de Pedro. Para dar respuesta a las noticias acerca de que Jesús era el Señor resucitado y el Ungido,[1] se los llamó primero al arrepentimiento y al bautismo, y luego se les prometió el don del Espíritu Santo. Las mismas dos facetas de la fe son las que se destacan en la visita de Felipe a una ciudad samaritana. Primero Felipe les predicó el mensaje sobre Jesús y el reino de Dios y muchos de ellos respondieron, siendo bautizados, y luego Pedro y Juan oraron por ellos y recibieron el Espíritu Santo (Hechos 8:5-17). En muchas congregaciones, en especial las que pertenecen a nuestra tradición presbiteriana y reformada, estas dos esferas (el arrepentimiento seguido por el bautismo, y la recepción del Espíritu Santo) han comenzado a brillar por su ausencia. El trabajo preliminar de base, la enseñanza acerca de estos dos aspectos del discipulado, y la creación de oportunidades para responder a ellos, se han borrado de la agenda, con resultados nefastos.

En 1975, mientras estaba en el seminario, yo (Brad) asistí a las reuniones de oración y alabanza de la congregación presbiteriana local de la ciudad, sobre la que había descendido el Espíritu Santo. Esa iglesia estaba en el centro mismo de la renovación carismática de la ciudad, y recuerdo claramente que cientos de personas se reunían para adorar, muchos se acercaban a Cristo, se producían impresionantes manifestaciones del Espíritu Santo, y había gente que se comprometía con las misiones de una manera vital. El pastor era un brillante maestro de la Biblia, un hombre muy ungido para el ministerio, que lo realizaba todo él mismo.

Veinticinco años después fui invitado a visitar esa iglesia para enseñar sobre el ministerio de sanidad. Pude asistir al servicio tradicional de adoración de las 8 de la mañana, y prediqué a las 11 en el servicio de adoración más contemporáneo y actual. La congregación del servicio tradicional incluía mayormente gente joven (de cincuenta años para abajo) y contaba con una asistencia escasa. La liturgia, lenta y pesada, sazonada con una enseñanza liberal y saturada de un lenguaje inclusivo sobre un Dios aparentemente castrado, me impresionó como aburrida, falta de vitalidad y para nada centrada en Cristo.

Marcaba un contraste evidente con el servicio al estilo contemporáneo. Esa era la congregación más antigua, llena de gente que pasaba bastante de los cincuenta, de cabellos grises o blancos. Solo había unos pocos jóvenes presentes. Ese gran santuario estaba lleno de gente enganchada con la adoración, que levantaba su corazón, sus manos y sus voces al Señor en alabanza. Se glorificaba y exaltaba a Jesús y se producían maravillosas manifestaciones del Espíritu Santo. Quedé sorprendido por la diferencia y traté de imaginar qué la habría originado.

Durante los años setenta, esa iglesia había revivido por la obra del Espíritu Santo, pero luego ellos fallaron en edificar para el futuro. Con el paso de los años se produjo una grave falta de enseñanza acerca de la necesidad de equiparse espiritualmente y un fracaso en cuanto a integrar a las generaciones siguientes a la obra del Espíritu Santo de modo que fueran investidos de poder. No se construyeron «puertas de entrada» para la vida de esa congregación, ni se crearon oportunidades como para que se produjeran nuevas conversiones en forma sostenida, ni se llevó a los creyentes a experimentar la obra del Espíritu Santo y a ser investidos de poder. Sencillamente, no colocaron dentro de la vida de esa iglesia los componentes que permitirían que el crecimiento fuera sustentable.

Creemos que esa lamentable negligencia se ha convertido en un problema dominante, en un escenario que debería impulsarnos a hacernos aquella pregunta de tiempos del Pentecostés: «Hermanos, ¿qué debemos hacer?» (Hechos 2:37). Para evitar caer en esta negligencia necesitamos ocuparnos de tres esferas.

1. *Crear un contexto espiritual* por medio de la oración persistente, formadora de la realidad, y proveer una enseñanza bíblica equilibrada acerca de la persona y obra del Espíritu Santo.

98

2. *Abrir las puertas de entrada al reino de Dios* por medio de brindarle a la gente una oportunidad de tomar la decisión consciente de seguir a Jesucristo y recibir el nuevo nacimiento que el Espíritu Santo produce.

3. *Abrir las puertas de entrada a la unción del Espíritu* por medio de ofrecerle a la gente oportunidades para orar por el bautismo del Espíritu Santo, y para recibirlo como experiencia inicial de la obra de revestirnos de poder que el Espíritu Santo realiza.

Estos son los aspectos preliminares. Estas tres esferas en su conjunto les permiten a las personas aprender sobre el Espíritu de Dios, encontrarse con él y recibir la unción. Conducen a la gente hasta un punto en el que pueden seguir creciendo en lo referido a recibir los dones del Espíritu Santo y a aprender los pasos de la danza que les permitan cooperar con el Espíritu en algún ministerio práctico. Esas tres esferas deben estar integradas a la vida de la congregación si es que quiere mantenerse viva, continuar creciendo hacia la madurez espiritual y alcanzar a otros con el evangelio.

Crear un contexto espiritual

Oración formadora de la realidad

Jesús dejó bien en claro que la realidad espiritual del reino de Dios no se alcanza a través de actividades naturales: «Lo que es nacido de la carne, carne es; y lo que es nacido del Espíritu, espíritu es» (Juan 3:6, RVR1960). Si estamos buscando ver gente nacida de nuevo en este reino, y congregaciones revividas por el poder del Espíritu Santo, debemos reconocer que el único punto de inicio adecuado es dar lugar a la oración. Se nota claramente que eso constituía una prioridad para Jesús y que era una práctica de la iglesia primitiva. Por ejemplo, Pablo, al entregarse a la evangelización pedía: «Hermanos, oren por nosotros para que el mensaje del Señor se difunda rápidamente y se le reciba con honor» (2 Tesalonicenses 3:1).

En otra ocasión, luego de enfatizar la importancia de persistir en la oración, Jesús le reveló a la gente que el Espíritu Santo les es dado «a quienes se lo pidan» (Lucas 11:13). Esto nos proporciona un terreno firme como para confiar en la oración. Porque sabemos que el Padre «quiere que todos sean salvos y lleguen a conocer la verdad» (1 Timoteo 2:4), y porque él envió a Jesús para ser su Salvador podemos orar directamente por su salvación. Del mismo modo, como sabemos que Jesús bautiza con el Espíritu, y que les dijo a sus discípulos que esperaran el don y prometió que el Espíritu les sería dado en respuesta a la oración, podemos orar con la convicción de que también eso está de acuerdo con la voluntad del Padre.

A través de las peticiones personales y de la intercesión por otros, nosotros ocupamos nuestro lugar en la preparación del camino para que Dios actúe. La oración constituye el trabajo preliminar que nivela las montañas, llena los valles y convierte los lugares desiertos en una carretera en la que circula el Señor. Se trata de una necesidad espiritual básica, como hasta Juan Calvino lo reconoció. Famoso por sus enseñanzas con respecto a la predestinación y a la soberanía de Dios, Calvino puso aun más énfasis en la oración, tanto en sus trabajos escritos como en su experiencia de hombre piadoso: «Las palabras no llegan a expresar lo necesaria que es la oración y las muchas formas en que el ejercicio de la oración rinde beneficios. Seguramente el Padre Celestial tiene buenas razones para afirmar que la única fortaleza segura es invocar su nombre».[2] Para revitalizar la vida de una congregación hay que comenzar con la tarea de la oración.

En su libro *Prayer That Shapes the Future* [Oración que le da forma al futuro], Brad Long y Doug McMurray analizan cuál es el tipo de oración dinámica que demuestra ser un compañerismo con nuestro Padre celestial, y que lleva adelante su reino aquí sobre la tierra. La oración cambia los corazones, ablanda la rigidez de algunos cuellos, abre los ojos cerrados, y provoca hambre en el alma de las personas.[3] Antes de intentar cambiar la comprensión de la gente y su apertura a la obra del Espíritu a través de la enseñanza y en la práctica, necesitamos preparar el camino por medio de la oración.

En 1998 yo (Brad) visité el City Temple, una Iglesia Reformada Unida de Londres, para enseñar en un evento sobre el tema de la oración. Descubrí que las oraciones de algunos pocos fieles habían abierto las puertas de entrada para que se diera una transformación en esa congregación. Durante los años de la guerra, esa había sido una congregación próspera, radiante, que en ocasiones llegaba a albergar apretadamente unas cuatro mil personas en adoración. Pero su famoso pastor se deslizó hacia enseñanzas poco ortodoxas y no estableció un fundamento bíblico firme en Cristo Jesús. El poder que convocaba era su don de oratoria, y cuando él se jubiló, la cantidad de personas se fue reduciendo hasta que finalmente se convirtió, como pasa con muchas congregaciones construidas sobre otro fundamento que no es Cristo y su Palabra, en una pequeña congregación que luchaba por mantenerse viva dentro de aquel enorme edificio.

Pero había comenzado una transformación espiritual. El ministro y los mismos ancianos habían revivido por el poder del Espíritu y, como equipo de liderazgo, habían comenzado a encarnar la visión de una congregación que crecía y cooperaba con el Padre, el Hijo y el Espíritu Santo. Le brindaban verdadero liderazgo espiritual a esa iglesia y el encuentro de oración al que asistí tenía que ver con el fruto de su liderazgo. Era apasionante ver al Espíritu moverse con poder en medio de la gente, y resultaba del mismo modo apasionante descubrir la tarea oculta de oración que había preparado el camino a esa renovación de los líderes de la iglesia.

Estaba listo a salir por la puerta del salón de reuniones para tomar el tren que me llevaría al aeropuerto, cuando dos señoras muy ancianas, de Escocia, se me acercaron. Bullían de entusiasmo e irradiaban gloria cuando me dijeron: «Reverendo Long, hemos estado orando por años y años para que se produjera un mover del Espíritu Santo en nuestras congregaciones presbiterianas de Gran Bretaña. Ahora, luego de escuchar su enseñanza bíblica y de ver al Espíritu Santo obrar esta noche, ¡podemos morir en paz porque sabemos que Dios está respondiendo nuestras oraciones!» Las dos me abrazaron y se fueron. Nunca volví a verlas y tampoco supe cuál era su conexión con aquella congregación. Pero estoy convencido de que fueron sus oraciones y su fe la que le dieron la bienvenida al Espíritu Santo cuando llegó para realizar su obra de encender a esa congregación.

Una enseñanza bíblica equilibrada

Junto con la tarea de orar, también se necesita establecer un fundamento amplio y equilibrado a través de la enseñanza bíblica, como parte de la creación del contexto espiritual. En especial es así en cuanto a la naturaleza del evangelio y al rol del Espíritu Santo.

Las Escrituras describen con notable amplitud la salvación que Jesús logró, no solo pensando en términos de pecado, sino también de reconciliación, nueva vida, transferencia de ciudadanía, esperanza, propósito, destino eterno, adopción, sanidad, libertad de la esclavitud, limpieza, y... ¡la lista podría continuar! Según su personalidad, los individuos encuentran que se relacionan mejor con ciertos y determinados aspectos que se describen en el evangelio. A algunos, lo que los conduce a la fe es el amor. Otros se sienten atraídos por el poder de Dios, que tiene la capacidad de rescatarlos y guardarlos seguros. Algunos otros son persuadidos por la verdad y se alegran al descubrir un propósito para su vida. Ese aspecto, tal vez pequeño, del evangelio que nos ayudó a nacer de nuevo puede no ser el mismo que otros necesitan escuchar en particular, y todo predicador, maestro o evangelista debe ser sabio como para tener en cuenta esas variaciones. Una enseñanza bíblica equilibrada entretejerá todos los hilos para conformar un hermoso tapiz que brinde una imagen de la salvación llevada a cabo por Jesús.

¿Qué sucede cuando creemos que la congregación está compuesta exclusivamente por los que han nacido de nuevo? ¿Tiene algún valor predicarle a los ya convertidos? ¡Con toda seguridad! Simplemente el escuchar las buenas noticias que ya creemos nos impulsa no solo a adorar a nuestro Salvador sino que puede darnos una motivación fresca para compartirlas con otros; y el escuchar el mismo mensaje expresado con distintas palabras puede equiparnos mejor para hablarle del evangelio a los demás.

Más aun (y esto se aplica a la enseñanza sobre el Espíritu Santo también), esos tópicos no necesariamente tienen que constituir el enfoque central del sermón o la lección. Yo (Paul) he descubierto que resulta posible «alimentar por goteo» a las congregaciones, transmitiéndoles una gran cantidad de enseñanza sobre el Espíritu Santo a través de simplemente incluir algún punto pertinente cuando se menciona al Espíritu en algún pasaje bíblico. Al incluir pequeñas porciones de enseñanza e ilustraciones entretejidas en el tema general, la gente comienza a considerar al Espíritu como una parte «normal» e integral de nuestra comprensión de la vida y la enseñanza cristiana. Esa constituye una actividad común, de todos los días, en el reino de Dios. Y en las ocasiones en las que la predicación o la enseñanza se centra explícitamente en el Espíritu Santo, la gente descubre que muchas de las esferas clave ya les resultan conocidas, y la enseñanza solo tiene que entretejer esos hilos para formar un todo coherente.

Junto con la predicación y la enseñanza, también hemos capitalizado el valor de los testimonios para descubrir un poco más acerca de cómo obra el Espíritu activamente en nuestro medio hoy. Cuando Miranda y Rita experimentaron sanidades milagrosas, cada una compartió su testimonio durante la siguiente reunión de adoración. Cuando Dick fue bautizado en el Espíritu, habló sobre ello en un retiro de un día. Cuando el Espíritu nos proveyó guía específica en medio de una reunión de oración, la historia apareció en el siguiente número de la revista mensual de la iglesia. Historias como esas les ha hecho crecer carne a los huesos pelados de mis predicaciones y ha abierto los ojos a la gente con respecto a la continua actividad del Espíritu.

Lo mismo que con la presentación del mensaje del evangelio, tiene suma importancia que la enseñanza y los testimonios no caigan en la «trampa» de brindar una impresión parcial y distorsionada. Tanto por una cuestión pastoral como por una cuestión de integridad, debemos mantenernos fieles a toda la amplitud de la revelación bíblica con respecto al Espíritu Santo, y debemos en especial evitar concentrarnos en un solo aspecto de la obra de esa persona de la Trinidad. Nos ha sido de ayuda enfatizar repetidamente que hay cuatro esferas básicas en las que el Espíritu trabaja en nuestras vidas hoy, y las hemos integrado como un elemento de mnemotécnica, identificándolas con los cuatro puntos cardinales:

N: **Nueva vida** (o incorporación): el Espíritu nos permite nacer como hijos de Dios, entrar a su reino y convertirnos en parte del cuerpo de Cristo.

S: **Santificación** (o transformación): el Espíritu nos cambia desde adentro, formando en nosotros aquel carácter semejante al de Cristo que se describe como el fruto del Espíritu.

E: **Equipamiento de poder**: el Espíritu nos reviste de poder y nos equipa con una diversidad de dones espirituales que expresan el gobierno sobrenatural de Dios sobre la tierra.

O: Organización (*koinonia*, comunión, fraternidad): el Espíritu nos une, nos reúne como un pueblo reconciliado y como miembros del único cuerpo y casa de Dios.

Obviamente, esto no constituye una cobertura exhaustiva de todos los aspectos de la obra del Espíritu, pero en verdad nos ayuda a brindar un marco equilibrado que evita una perspectiva miope con respecto al Espíritu Santo.

Abrir las puertas de entrada al reino de Dios

Jesús dijo que tanto la puerta como el camino que conducen al reino de Dios son angostos, y que solo algunos pocos logran entrar. Contó acerca de un amo que envió a sus siervos a lugares lejanos, abarcando un amplio radio, para asegurarse de que la gente asistiera a su fiesta. Luego les dio a sus discípulos la comisión de ser sus testigos y les encomendó hacer nuevos discípulos. La tarea de ellos, y nuestra tarea permanente, es ayudar a la gente a que encuentre la puerta, entre al reino de Dios, y se una a la fiesta.

Por lo tanto, debemos presentarle a la gente el desafío (y darle la oportunidad) de hacerse cristianos a través de aceptar a Jesucristo como salvador y de seguirlo como Señor de sus vidas. Jesús mismo les extendía a las personas esa oportunidad: «Vengan, síganme» (Marcos 1:17), les dijo a Pedro y a Andrés, y les prometió un nuevo propósito para sus vidas. Pedro exhortó a su audiencia el día de Pentecostés: «¡Sálvense de esta generación perversa!» (Hechos 2:40), y les ofreció la oportunidad de arrepentirse y ser bautizados. Sean estas puertas de entrada estructurales o espontáneas, construidas dentro del flujo o del reflujo de la vida de la iglesia o puestas a disposición a través de eventos y ocasiones especiales, deben ser provistas de algún modo.

En muchas congregaciones bautistas se volvió habitual hacer un «llamado al altar» en la mayoría de los servicios de adoración, pero en una gran cantidad de iglesias el llamado a la conversión o la renovación del compromiso a seguir a Jesús ya no se hacen. Probablemente, se deba a diversas razones, tales como ciertas inhibiciones culturales, a que los hace sentirse incómodos, o a la errada convicción de que todos los que asisten a las reuniones de la iglesia son *de facto* cristianos. Es necesario abrir las puertas al reino de Dios con determinación y en forma reiterada, porque la gente no siempre se apropia de él en la primera oportunidad que tiene.

Yo (Paul) estuve encantado de presentar el Curso Alfa como un ministerio evangelístico permanente en la iglesia Plymstock United Church, en Plymouth, Inglaterra. Durante los quince años en que dictamos el Curso Alfa, hemos disfrutado de poder brindar a la gente repetidas oportunidades para que den el paso de comprometerse con Cristo, porque ese curso incluye en su programa el presentar sistemáticamente las enseñanzas centrales de la fe cristiana. Cursos como Christianity Explored,

Emmaus, y otros semejantes, pueden proporcionar oportunidades programadas de este tipo.[4] Alfa ha constituido el medio que por sí solo ha resultado más fructífero en cuanto a la extensión evangelística en la vida de la iglesia, pero no se trata de la única puerta de entrada que hemos provisto. Durante los clubes de vacaciones de los niños (semejantes a las escuelas bíblicas de vacaciones de los Estados Unidos) les brindamos a los niños la oportunidad de venir a Cristo, y hemos visto convertirse no solo a los niños sino a sus líderes durante esos tiempos. Al final de una reunión de adoración en la que varias personas dieron su testimonio de conversión, yo les dirigí a los presentes un breve desafío para que consideraran cuál era su propia respuesta a Cristo, y eso se transformó en la puerta de entrada para una mujer necesitada; un par de personas oraron con ella durante el himno final mientras el Espíritu la hacía nacer al reino de Dios.

En el transcurso de la vida de una iglesia, no resulta difícil encontrar ocasiones apropiadas para abrirle la puerta al reino de Dios. Eso incluye contar la historia del nacimiento de Cristo en Navidad, los alcances de la cruz y de la tumba vacía en Pascua, o aprovechar el comienzo de un nuevo año, el servicio anual de renovación de promesas de los miembros, la constante recreación de la gracia hecha tangible a través de la comunión, y la celebración bautismal de la nueva vida. Todo eso, junto con el impulso imprevisto del Espíritu Santo en el momento oportuno, proporciona una infinidad de ocasiones en las que llamar a la gente a responder a Cristo.

Cualquiera sea la oportunidad particular que ofrezcamos, necesita incluir una expresión de reconocimiento referida a la entrega o renovación de la entrega a Cristo como Señor. Jesús espera que nosotros seamos voceros de nuestra fe para otros. Él dijo: «A cualquiera que me reconozca delante de los demás, yo también lo reconoceré delante de mi Padre que está en el cielo. Pero a cualquiera que me desconozca delante de los demás, yo también lo desconoceré delante de mi Padre que está en el cielo» (Mateo 10:32-33). Pablo afirmó la misma verdad: «Si confiesas con tu boca que Jesús es el Señor, y crees en tu corazón que Dios lo levantó de entre los muertos, serás salvo. Porque con el corazón se cree para ser justificado, pero con la boca se confiesa para ser salvo» (Romano 10:9-10).

Yo (Brad) encuentro perturbador el descubrir cuántas de las personas de la iglesia son miembros fieles pero nunca han entregado sus vidas a Jesús simplemente porque nunca se les ha brindado la oportunidad. Una mujer anciana, holandesa, de una congregación tradicional Cristiana Reformada de Canadá se acercó a mí con mucho entusiasmo luego de un evento de fin de semana de Dunamis en Ontario. Dijo que había sido bautizada siendo bebé, había recibido la confirmación y durante muchos años había sido miembro fiel de la congregación, pero que cuando yo le hice a la gente la invitación para renovar su entrega a Jesús para seguirlo, todo eso como parte de una preparación para orar por el bautismo con el Espíritu Santo, ella quedó estupefacta al darse cuenta que en realidad nunca le había entregado su vida a Cristo. Cuando se ofreció a sí misma a Jesús y le hizo esa confesión a la persona que estaba sentada próxima a ella, se inundó de gozo y descubrió que había sido vivificada. «Por primera vez en mi vida me parece que esta fe en Cristo no es solo la tradición que amo y a la que pertenezco profundamente, o la doctrina que conocí mientras iba creciendo, sino que ahora es mía propia y está viva en mí. ¡Creo que acabo de nacer de nuevo!» Muchas personas nunca han tenido esta experiencia simplemente porque nunca se les ha brindado la oportunidad. Por el bien de ellos y el bien de la vitalidad de la congregación, se debe dar lugar a estas oportunidades dentro de la vida de la congregación.

Abrir la puerta de entrada para la unción del Espíritu

La iglesia del libro de Hechos se aseguraba de darle a la gente la oportunidad de recibir el bautismo del Espíritu Santo que había sido prometido. Pedro lo hizo el día de Pentecostés (Hechos 2:38). Pedro fue con Juan a orar para que los convertidos de Samaria recibieran el Espíritu (8:14-17). Pedro vio la gracia soberana de Dios en la casa de Cornelio cuando el Espíritu cayó a mitad de su mensaje evangelístico (10:44-46). Ananías le impuso las manos a Saulo (Pablo) para que pudiera ver y fuera lleno del Espíritu (9:17-18). Y Pedro mismo sintió al Espíritu venir sobre él con poder en varias ocasiones, de las que hay registro (2:4, 14-40: 4:8). Nosotros también necesitamos crear oportunidades con cierta regularidad para orar por los miembros de la iglesia y para que los nuevos creyentes reciban el Espíritu Santo con poder.

Hablamos de la primera ocasión en que una persona se llena del Espíritu Santo empleando la expresión *ser bautizado* por el Espíritu Santo, siendo este el inicio de una obra del Espíritu Santo para investirla de poder. Pero también necesitamos la experiencia de que el Espíritu Santo descienda sobre nosotros una y otra vez en siguientes ocasiones, para investirnos de poder para encarar nuevas formas de servicio o nuevas fases del discipulado, como fue en el caso de Pedro. Los líderes deben hacer un ofrecimiento explícito tanto para recibir el bautismo inicial como para ser llenados nuevamente con el Espíritu, usualmente brindando primero una enseñanza bíblica o sistemática sobre el Espíritu y luego proveyendo la oportunidad de que se ore y se impongan manos sobre las personas.[5]

Yo (Paul) he ayudado a los líderes de los niños a prepararse para ocasiones de ese tipo como parte del programa de una conferencia de fin de semana organizada por GEAR (el Grupo de Evangelización y Renovación de la Iglesia Reformada Unida). Todos los niños, incluidos los míos propios, se turnaban para imponer manos y orar unos por otros en grupos de a tres; alguno pedía al Espíritu que desarrollara algún fruto determinado (solicitado por él) en la vida de su amigo, otro pedía que su amigo

105

fuera revestido de poder para recibir algún don espiritual (que había solicitado). Era un nuevo territorio para ellos, y tanto los niños como los líderes estaban plenamente conscientes de una presencia casi tangible del Espíritu mientras oraban. Eso sucedió hace seis años, y todos esos niños continúan creciendo en fe, en el discipulado y en el servicio.

Pero no son solo los niños los que necesitan recibir este bautismo con el Espíritu. Pedro afirmaba: «Recibirán el don del Espíritu Santo. En efecto, la promesa es para ustedes, para sus hijos y para todos los extranjeros, es decir, para todos aquellos a quienes el Señor nuestro Dios quiera llamar» (Hechos 2:38-39). Todos los cristianos necesitan ser bautizados con el Espíritu, sean jóvenes o mayores, estén comprometidos con roles de liderazgo o sirviendo en la línea de fuego, en el aula de una escuela o en la caja de un expendio de comestibles. ¿Cómo podemos asegurarnos de que ningún creyente quede privado de esta promesa?

Llevar a la gente a dónde el fuego arde

Podría ser que el único camino de empezar sea encontrar eventos y oportunidades disponibles en otros lugares y realizar el esfuerzo de viajar hacia allí. Esta fue una manera en que yo (Paul) pude llevar a la gente a introducirse en un contexto en el que había oración por la llenura del Espíritu Santo y que, de hecho, constituyó una valiosa oportunidad para mí también. Llevaba conmigo a las personas a eventos que tenían lugar en otras iglesias (algunas de la localidad y otras a una distancia de pocas horas en automóvil) para que ellos pudieran aprender sobre el obrar del Espíritu y tuvieran un encuentro con él. Esto resultó especialmente útil durante los primeros tiempos del ministerio, pero todavía animamos a la gente de la iglesia a que aprovechen todas las oportunidades que se les presenten. Los eventos de capacitación del Proyecto Dunamis, las conferencias de fin de semana organizadas por GEAR, y los encuentros de un día auspiciados por New Wine (Una red de conexiones de la renovación en el Reino Unido) todos ellos le han brindado a la gente ocasiones de encenderse con la llama del Espíritu.

Cuando el reverendo David Hilborn se convirtió en ministro de la iglesia City Temple, de la Iglesia Reformada Unida, se encontró sirviendo a una pequeña congregación en el centro de Londres, que se reunía en un edificio que había llegado a albergar miles de adoradores. Siendo un excelente maestro y reconocido erudito evangélico, David llevó a cabo estudios bíblicos sobre el libro de Los Hechos y se encontró confrontado con ciertas preguntas incómodas por parte de la gente del grupo, tales como: «Bueno, eso es tremendo, pero ¿por que no vemos que sucedan cosas como las del libro de Hechos? ¿Cuándo vamos a comenzar a hacer las cosas sobre las que leemos: llevar la gente a la salvación, pedir al Espíritu Santo que llene la vida de las personas, echar fuera demonios, orar por los enfermos y realizar señales y milagros?» Los cuestionamientos persistieron durante todo el libro de Hechos hasta que finalmente, hacia el fin de la serie, David dijo: «¡Simplemente no sé cómo hacerlo! Nunca he leído ni estudiado en ningún lugar enseñanza alguna sobre el Espíritu Santo desde nuestra perspectiva bíblica y reformada. ¡Por favor, ayúdenme!»

La ayuda llegó cuando James Gray, uno de los ancianos, descubrió e imprimió cientos de páginas de enseñanza referida al Espíritu Santo en el sitio web de Presbyterian Reformed Ministries International (PRMI). Le presentó este material al ministro, diciéndole: «Hay enseñanza sobre el Espíritu Santo desde una perspectiva presbiteriana reformada que está a la altura de su excelente erudición bíblica». David leyó y digirió todo el material de enseñanza, y volvió a ver a James, diciéndole: «¡Muy bien! Lo tengo en claro ahora. Quiero ser lleno del Espíritu Santo ¿Qué es lo próximo que debo hacer?»

«Lo próximo» tuvo que ver con que James llevara a ese ministro y a todos los ancianos de City Temple a una conferencia sobre evangelización en el poder del Espíritu Santo, auspiciado por PRMI y llevado a cabo en las montañas de Carolina del Norte. Durante la mismísima primera noche, sin que nadie impusiera manos u orara, el Espíritu Santo cayó sobre David y los ancianos, y ellos experimentaron la realidad de Jesucristo, su presencia y su poder. Ahora ya no tenían un simple conocimiento intelectual sino también un conocimiento personal. Volvieron a City Temple equipados por el Espíritu Santo para encarnar el reino de Dios en su ministerio y comenzaron a conducir a esa congregación del centro de la ciudad hacia una cooperación activa con el Espíritu Santo.

El visitar un lugar en el que el fuego ya estaba ardiendo fue también el medio a través del que Dios me condujo a mí (Brad) a encender una renovación entre las iglesias de Taiwan. Hicimos arreglos para que muchos pastores taiwaneses viajaran hasta la Abadía de Jesús en el sur de Corea, para darles así la oportunidad de recibir enseñanza y oración, y que pudieran ser bautizados con el Espíritu Santo. Cuando regresaron a su país de origen iban equipados y con la capacidad de extender el fuego a las iglesias en las que servían. Si aún no es el tiempo de llevar a cabo eventos dentro de nuestras propias congregaciones, entonces el llevar a la gente donde el fuego del Espíritu Santo ya está ardiendo es una manera valiosa de comenzar. De hecho, podría ser la única opción al presente.

Llevar la llama a la iglesia local

Yo (Paul) ya he mencionado lo útil que ha resultado el Curso Alfa en nuestra iglesia en Plymstock. Uno de los beneficios más significativos ha sido el énfasis genuinamente trinitario que se da a través de todo el curso, junto con una mirada específica a quién es el Espíritu Santo, qué hace, y de qué manera podemos ser llenos de él. Con este fin, nos llevamos a los participantes fuera de la ciudad por un día y proveemos tiempo y espacio para que se pueda orar por la gente que va a ser bautizada con el Espíritu. En los primeros días en que se dictaba este curso, simplemente utilizábamos los materiales que teníamos en vídeo. Tiempo después solicitamos la ayuda de un ministro local que tenía experiencia transmitiendo estas enseñanzas y orando por la gente. Con el tiempo, yo comencé a conducir esas sesiones por mí mismo, y ahora tenemos algunos más que también han desarrollado la capacidad de conducir y de orar por la gente para que reciba el Espíritu Santo. Este crecimiento y desarrollo es fantástico, pero el poder traer gente de afuera de la comunidad (primero en vídeo y luego en carne y hueso) resultaron valiosos pasos que fuimos dando en el camino. Aun más, el animar a toda la iglesia a participar del curso ha demostrado ser un medio útil de introducir a todos al Espíritu Santo de un modo personal y por lo tanto ha ayudado a transformar la perspectiva y la comprensión de toda la congregación.

Sin embargo, no es necesario dictar un curso como Alfa para proveer de oportunidades a la gente para que sea bautizada o vuelva a recibir la llenura del Espíritu. En el Reino Unido, el movimiento de laicos Lay Witness Movement tiene una larga experiencia en presentar programas de fin de semana en las iglesias locales. A través de oportunidades abiertas a los testimonios, conversaciones y oración llevadas adelante por laicos entrenados, ha provisto un medioambiente sencillo en el que algunos cristianos comunes ayudan a otros a crecer en su vida espiritual y a recibir la ayuda y el ministerio del Espíritu Santo. En los Estados Unidos, el programa Spirit Alive, organizado por PRMI, ha proporcionado por varios años ya un medio de renovación congregacional semejante al mencionado antes, a través de llevar maestros y gente que dé su testimonio a los distintos entornos locales y enfocarse en introducir a la gente a la acción del Espíritu Santo. Más recientemente, este enfoque se ha transformado en el programa Ignite (encender el fuego) en los Estados Unidos, el Reino Unido y Canadá.

Ignite fue iniciado en el Reino Unido por los ministros Andrew y Sally Willett en su rol de Defensores de la Evangelización y la Renovación del ministerio GEAR. La inspiración de esta idea surgió a causa de una serie de eventos de un día de duración que se llevaron a cabo en diversas iglesias locales del centro de Inglaterra, en los que Cindy Strickler enseñaba sobre el ministerio de sanidad de Jesús y el obrar del Espíritu Santo. Cindy siempre había intentado comprometer a la gente en la oración los unos por los otros, y esa transformación de dejar de ser audiencia para convertirse en participantes le pareció sumamente valiosa. Sally y Andrew describen así su historia:

> Una de nuestras primeras invitaciones ejerciendo este rol fue para conducir una jornada sobre el tema de la renovación en una iglesia local. Al orar, sentimos que tenían la necesidad de que los condujéramos a través de un día de

enseñanza básica acerca del Espíritu Santo, mientras les dábamos la oportunidad de adorar y ministrar, y eso llevó al comienzo de Ignite. Desde entonces, esas jornadas de Ignite se han extendido, y en una buena cantidad de ocasiones las hemos continuado con eventos de un día sobre otros tópicos del Proyecto Dunamis, tales como los dones del Espíritu, la oración, la sanidad, la visión, y la evangelización. En todos los casos, esas jornadas incluían una combinación de enseñanza y testimonios personales, que avanzaban luego a algún tipo de experiencia práctica.

Un ministro de las iglesias URC nos escribió luego de una presentación de Ignite para decirnos que había llegado a esa jornada con el ánimo en realidad muy decaído. Estaba en medio de una experiencia espiritual de sequedad, sintiéndose maltrecho debido a los años de ministerio en los cuales había confiado en sus propias fuerzas. Escribió para decirnos que durante ese día Dios le había salido al encuentro de una manera muy significativa y que le había dado un nuevo entusiasmo para encarar el ministerio. Otro ministro nos invitó a llevar a cabo una jornada de Ignite, seguida de una serie de reuniones a las que él llamó «Ignition» (encender el fuego), enfocadas en el libro de Hechos. La iglesia se siente inspirada ahora para salir a las calles y predicar el evangelio a través de una campaña evangelística.

Cuando existe interés y apertura, traer gente de afuera constituye una manera excelente de brindar oportunidades de abrir la puerta para que las personas sean bautizadas con el Espíritu Santo. De hecho, se trata de importar temporalmente el primer fundamento, y debido a una mayor participación local, tiene la ventaja de crear un impacto mucho más amplio dentro de la vida de la iglesia.

Avivar la llama en la vida diaria de la iglesia

Aunque una congregación esté familiarizada con ciertos aspectos del reino de Dios, sin embargo sigue siendo importante proporcionarle a la gente nuevas oportunidades de ser llenos del Espíritu como parte de su equipamiento para el servicio, y al mismo tiempo reconocer que los recién llegados necesitarán ser bautizados con el Espíritu. Por ejemplo, como sucedió con el pastor y fundador de la iglesia Lakeside Community Church en Tampa Bay, Florida, el reverendo Peyton Johnson, que tuvo libertad desde un principio para darle forma a la vida de la iglesia. Él ha establecido un programa de discipulado que asegura que los miembros reciban una base teológica reformada amplia para la vida cristiana, y esta incluye enseñanza bíblica sistemática sobre el Espíritu Santo y oportunidades programadas para que sean bautizados por el Espíritu.

En Plymstock yo (Paul) tomo los recaudos para que regularmente oremos por la gente para que sea ungida y equipada por el Espíritu. En algunas ocasiones esto puede suceder como un enfoque específico dentro de la reunión de adoración, luego de una enseñanza con respecto al rol del Espíritu. Luego de predicar sobre evangelización, simplemente invito a que los que tienen carga por esta tarea se pongan de pie y reciban oración de parte de los que los rodean. Invitamos al Espíritu Santo a derramarse de nuevo y equiparlos para su tarea. Estas oportunidades a menudo pueden entretejerse dentro de la vida normal de la congregación. Cuando se reconocen ancianos, o alguien pasa por el bautismo, o se establece un equipo de liderazgo para el ministerio entre los niños, todo eso crea oportunidades para imponer manos sobre ellos y orar para que sean dotados de dones espirituales e investidos de poder.

Las iglesias que ya han comenzado a crecer en su cooperación con la obra del Espíritu Santo, no consideran el dar estos pasos como algo significativo o grande. Lo que sí resulta fundamental, sin embargo, es que no se olviden de incluir en su programa esta clase de oportunidades y fallen al dar por sentada la obra del Espíritu. Esto no tiene que ver con proporcionarle a la gente experiencias particularmente emotivas, ni tampoco con crear una apariencia de espiritualidad. Se trata fundamentalmente del reconocimiento de lo dicho por Jesús: «Separados de mí no pueden ustedes hacer nada» (Juan 15:5), y por lo tanto, que hagamos posible que la gente se mantenga «conectada» con él y revestida del poder del Espíritu Santo. Ese, según él lo señaló, constituye el punto de inicio de la vida cristiana normal y del testimonio. Cuando el pueblo de Dios crece hasta alcanzar una plenitud en Cristo, lo que incluye el ser bautizados en el Espíritu, entonces se puede iniciar la danza.

---

1. Tanto «Cristo» (en griego) como «Mesías» (en hebreo) se refieren al Ungido prometido por Dios.

2. Juan Calvino, *Institutes of the Christian Religion* [Institución de la religión cristiana], editor John T. McNeill, Westminster, Philadelphia, 1960, 3.20.2.

3. Brad Long y Doug McMurry, *Prayer That Shapes the Future: How to Pray with Power and Authority*, Zondervan, Grand Rapids, 1999.

4. Para obtener más información, ir a: www.christianityexplored.org y www.chpublishing.co.uk/category.asp?id=22601.

5. Para comprender esta distinción entre el bautismo con el Espíritu Santo y la llenura del Espíritu Santo debemos remitirnos a los términos griegos y al marco de significado que encontramos en Lucas y en Hechos relacionados con la traducción de «llenos» del Espíritu. Descubrimos que existen dos significados diferentes referidos a ser «llenos» que muestran coherencia con la cuestión bíblica de que el Espíritu esté sobre la gente o fuera de ella, lo que tiene que ver con episodios y se expresa en poder y acción, y la cuestión del Espíritu obrando dentro de la gente que se ha usado «por largo tiempo y constantemente» para hablar de salvación y transformación. Para encontrar un estudio sobre la «llenura» y las bases bíblicas de nuestra comprensión, remitirse al siguiente material: Zeb Bradford Long y Douglas McMurry, *Receiving the Power: Preparing the Way for the Holy Spirit*, Chosen Books/Baker, Grand Rapids, 1996, y la *Dunamis Project Manual: Gateways to Empowered Ministry*, de PRMI.

Segunda parte

Las siete dinámicas

Capítulo 8

Pasos en la danza de cooperación entre lo humano y lo divino

Como una mujer que se encuentra en un salón de baile, la esposa de Cristo debe aprender a dar sus propios pasos y también reconocer y responder a la guía de su compañero. No se trata de una rutina ya ensayada, sino de un compañerismo vivo que requiere un contacto íntimo y sensibilidad. Los líderes tienen que enseñar, cultivar, y deliberadamente colocar estos «pasos de baile» en su lugar dentro de las estructuras humanas de la iglesia. Es esa la dinámica de cooperación que vemos en la vida de Jesús y sus discípulos. Son las disciplinas a través de las que el Espíritu Santo nos lleva a participar y nos permite compartir con él la edificación de la iglesia.

Desde el principio de este libro hemos hablado de cooperar con el Espíritu Santo como clave del crecimiento de la iglesia. Hemos establecido los Dos Fundamentos que hacen posible la danza de cooperación (ver el cuadro incluido en la siguiente página). El primer fundamento (ver el capítulo 3) es que los líderes encarnen la realidad del reino de Dios, y el segundo (ver el capítulo 6), que las congregaciones alcancen «una humanidad perfecta que se conforme a la plena estatura de Cristo» (Efesios 4:13).

Ahora estamos en condiciones de presentarles los matices de la danza misma, las Siete Dinámicas que deben estar integradas a la vida de una congregación. Estos son los «pasos de baile» dinámicos que le permiten a la iglesia participar en el avance del reino de Dios, al cooperar activamente con el Espíritu Santo. Es a través de esta danza que el Espíritu Santo lleva a la iglesia, como cuerpo de Cristo, a crecer en una comunión más profunda, en el ministerio y en la extensión.

Al ir captando las dinámicas de esta cooperación, comprendemos con mayor claridad la naturaleza de la iglesia y el hecho de que es posible para nosotros realizar las mismas obras que hizo Jesús (Juan 14:12). Este concepto bíblico fundamental acerca de la cooperación, abre ante nosotros panoramas tan vastos como el reino de Dios, y nos lleva a dejar de ser simples observadores para convertirnos en participantes activos junto con Dios en la gran obra de la redención. A través de su vida, muerte, resurrección y ascensión, y del bautismo con el Espíritu, Jesucristo vuelve a instaurar la intención original del Padre para toda la humanidad, que incluye nuestra participación activa como sus amigos y colaboradores en el ejercicio de un señorío sobre la tierra.

El primer fundamento:
Los líderes que encarnan el reino de Dios

Jesucristo nos presenta el principio de la encarnación como la esencia del liderazgo espiritual. Los criterios para los líderes que encarnarán la realidad del reino de Dios son:

Incorporación
Información
Transformación
Investidura de poder

El segundo fundamento:
Congregaciones que alcancen una «humanidad perfecta que se conforme a la plena estatura de Cristo»

«Él mismo constituyó a unos, apóstoles; a otros, profetas; a otros, evangelistas; y a otros, pastores y maestros» (Efesios 4:11).

Preparar al pueblo de Dios para realizar obras de servicio
Buscar la unidad de la fe
Llegar al conocimiento del Hijo de Dios
Alcanzar la plena estatura de Cristo

En este capítulo consideraremos la naturaleza de la danza, al examinar el ejemplo de Jesús cuando él levantó a Lázaro de la tumba. Allí vemos, en la vida del último Adán, un ejemplo viviente de lo que es esa intención original restaurada. Constituye un caso de estudio en lo que hace a la danza de cooperación, y aunque resucitar muertos puede no ser una experiencia normal para nosotros, con todo percibiremos que los mismos principios, o pasos de baile, que se observaron en el ministerio de Jesús pueden también funcionar en el nuestro. En capítulos subsiguientes elaboraremos cada uno de los diversos pasos de baile que entran en juego, de modo que podamos aprender a cooperar con el Espíritu, tal como Jesús.

Resucitar a Lázaro: un caso de estudio

Juan describe la muerte y resurrección de Lázaro en el capítulo 11 de su Evangelio. Es fácil ceder a la tentación de «escondernos» detrás de la verdad de la divinidad de Jesús y persuadirnos de que ese incidente no tiene relación con nuestras propias vidas, pero debemos tomar con seriedad el hecho de que Jesús «se despojó a sí mismo» (Filipenses 2:7, RVR1960) y vivió entre nosotros como auténticamente humano, porque solo entonces podremos percibir el paralelo entre su obra y la nuestra.

Como todos los milagros de Jesús, este suceso tuvo lugar luego de su bautismo, ya que en ese momento descendió sobre él el Espíritu Santo, revistiéndolo de poder. Así que, aunque Jesús sea el sujeto central de la historia, sabemos que el Espíritu Santo también participó activamente, guiándolo e invistiéndolo de poder para esa situación. Sabemos también que Dios el Padre estaba presente, porque Jesús ya había dicho: «El Hijo no puede hacer nada por su propia cuenta, sino solamente lo que ve que su Padre hace, porque cualquier cosa que hace el Padre, la hace también el Hijo» (Juan 5:19). Dios el Padre y Dios el Espíritu Santo son los dos compañeros de Jesús en esta danza, invisibles pero íntimamente presentes. María y Marta fueron introducidas en la danza, junto con el grupo de judíos que se habían reunido para llorar con la familia, y también Lázaro, que al estar muerto, cumplió un rol menos activo, ¡al menos hasta el final!

El amor provee el contexto

Este drama comienza como una tragedia humana común y corriente cuando dos hermanas, perturbadas por la severa enfermedad de su hermano, envían un mensaje a Jesús, diciéndole: «Señor, tu amigo querido está enfermo» (Juan 11:3). Resulta claro que ellas mismas aman a su hermano y que este mensaje es en sí una expresión de amor. A través de este ruego pidiendo ayuda, Jesús es introducido a la tragedia de la vida humana luego de la caída. Mientras que el pedido de ellas debe haber llegado por vía de un mensajero, hoy es por medio de la oración que invitamos a Jesús a entrar a las tragedias de enfermedad y muerte que se producen entre aquellos a los que amamos y apreciamos.

También podemos captar un vislumbre del corazón de Jesús, de la realidad del profundo amor que ellos comparten, porque Lázaro es «tu amigo querido». Más adelante, María deja ver la profundidad de su amor y su gratitud a Jesús al derramar un perfume caro sobre sus pies, secándolo con sus cabellos, cuando él es el huésped de honor en una comida en Betania (Juan 12:3). Ese amor que Marta y María tienen por su hermano y por Jesús, y él por ellas, constituye la base para que Dios se mueva con un poder sobrenatural sobre la tierra. El amor que Jesús tiene por toda la humanidad, sin embargo, es personal y particular. Él ama a María, a Marta y a Lázaro, y llora ante el dolor humano, particular pero universal, que produce la pérdida de alguien al que se ama. Es el amor el que acerca a Jesús a la agonía por la que están pasando ellas a causa de la grave enfermedad y posterior muerte de Lázaro.

Reconocer los tiempos *kairós* de Dios

Considerando el amor que existe entre Jesús, Lázaro y las hermanas, su respuesta al mensaje de ellas parece desconcertante: permanece donde está por dos días más. Nuestro impulso natural es apresurarnos a llegar junto a la cama de aquel que amamos y no se encuentra bien, pero Jesús declara: «Esta enfermedad no terminará en muerte, sino que es para la gloria de Dios, para que por ella el Hijo de Dios sea glorificado» (Juan 11:4). Al hacerlo, él revela que existe otra agenda en marcha. Él se sincroniza con la actividad del Espíritu Santo, pasando del tiempo *chronos* al tiempo *kairós*, del implacable tictac del reloj al momento «presente ahora» que se halla en el fluir de lo que él ve hacer al Padre.

Como Jesús se demora, Lázaro muere, y cuando Jesús finalmente llega a Betania, aparentemente cuatro días tarde, demasiado tarde, se encuentra con una escena de dolor, desesperación y preguntas desconcertadas acerca de por qué no ha llegado antes. Marta es el primer miembro de la familia en salir al encuentro de Jesús, y ella lo saluda con una reprimenda nacida de un amor sufriente: «Señor —le dijo Marta a Jesús—, si hubieras estado aquí, mi hermano no habría muerto». Casi podemos oír el tono de su voz y ver las lágrimas en sus ojos, mientras sus palabras revelan que tiene el corazón roto. Sin embargo, en medio de su sufrimiento da expresión a una extraordinaria manifestación de fe. «Pero yo sé que aun ahora Dios te dará todo lo que le pidas» (Juan 11:21-22). Aun entonces, en ese momento sin esperanzas, ella podría ver todavía la mano de Dios obrar.

La fe abre la puerta a la actividad de Dios

La semilla de mostaza que es la fe en el corazón de Marta constituye un don del Espíritu Santo, y Jesús lo toma como la primera rendija de la puerta que se abre para que él pueda obrar. Entonces abre más ampliamente la puerta de la fe al pedirle directamente a Marta que afirme lo imposible. En primer lugar, él declara abiertamente su propia identidad al decir: «Yo soy la resurrección y la vida. El que cree en mí vivirá, aunque muera; y todo el que vive y cree en mí no morirá jamás» (Juan 11:25-26). Luego toma esa declaración de una verdad universal y la convierte en estrictamente personal al dirigírsela a Marta. Le pide que responda a lo que él le pregunta: «¿Crees esto?» De esa pregunta aguda y terrible cuelgan todas las posibilidades extraordinarias de la fe que abre puertas y mueve montañas, o los muros vacíos, fríos como la piedra, de la imposibilidad impuesta por el poder de la muerte sobre la condición humana caída.

Notemos que Jesús no le pide a Marta que tenga fe por el simple beneficio de tener fe, ni siquiera le pide que crea que su hermano se levantará de los muertos. Más bien, todo el enfoque está en quién es Jesús: «Yo soy la resurrección y la vida. El que cree en mí vivirá aunque muera; y todo el que vive y cree en mí no morirá jamás». La pregunta: «¿Crees esto?» constituye la invitación a confiar en que Jesucristo realmente es el «Yo soy» en quien está la vida y las posibilidades imposibles.

Marta responde con una fe que reafirma quién es Jesús: «Sí, Señor, yo creo que tú eres el Cristo, el Hijo de Dios, el que había de venir al mundo» (Juan 11:27). Esa declaración de Marta es la puerta abierta de la fe y constituye la segunda invitación que le hace a Jesús para que intervenga en la situación. La primera llega desde un corazón de amor por Jesús y del amor de él por ellos; esta segunda invitación llega desde la fe de Marta en Jesús en cuanto a que él es el «Yo soy». Luego, mientras Jesús se dirige al pueblo, se encuentra con María y otra vez reciben la misma reprimenda que brota de un amor sufriente: «Señor, si hubieras estado aquí, mi hermano no habría muerto» (v. 32). En esa ocasión no se produce una conversación en la que se trasunte fe. Pero en el lamento de María con respecto a la ausencia de Jesús durante su tiempo de necesidad va incluida una expresión de fe; ella sabe que Jesús podría haber sanado al enfermo.

Mientras la multitud de dolientes va llegando en medio del llanto, alcanzamos a echarle otro vistazo al corazón de Dios, porque Juan registra que «Jesús lloró» (Juan 11:35). En las lágrimas que corren por su rostro podemos apreciar el amor del Padre por un mundo atrapado en la miseria de la enfermedad y la muerte, retenido en esclavitud por el poder del pecado. Ese es el amor que hizo que Jesús, el Hijo de Dios, dejara la eterna dicha del cielo y entrara como el amor encarnado al ámbito de las lágrimas y el dolor de un mundo caído. Vemos en las lágrimas de Jesús la esencia del evangelio de salvación, vemos que «tanto amó Dios al mundo, que dio a su Hijo unigénito, para que todo el que cree en él no se pierda, sino que tenga vida eterna» (3:16). Mientras algunos de la multitud se quejan, señalando que si él podía sanar a los enfermos, bien podría haber evitado que ese hombre muriera, otros descubren sus lágrimas y se maravillan, diciendo: «¡Miren cuánto lo quería!» (11:36). Ellos también comienzan a participar de esa trama dramática que se desarrolla en torno de él.

Jesús mismo, muy conmovido, va a la tumba, y en ese lugar polvoriento de la muerte en el que todas las esperanzas y sueños humanos acaban abruptamente continúa la danza de cooperación. Él hace un llamado a un sorprendente acto de obediencia, a una expresión concreta y colectiva de fe, al ordenarles: «Quiten la piedra» (Juan 11:39). Marta, acabando de reafirmar su fe en Jesús, ahora se convierte en la vocera de las imposibilidades prácticas en cuanto al pedido de Jesús, objetando a causa del olor que acompañaría seguramente a un cadáver de cuatro días. Pero él, con gracia, la anima a aferrarse a esa declaración de fe acerca de que él es el «Yo soy» de la vida resucitada. Cuando se hace rodar la piedra y la gente se cubre el rostro para protegerse de la fetidez de la muerte, el drama se detiene.

El tiempo se detiene mientras Jesús se para al borde del abismo y ora al Padre. No conocemos el contenido de esa oración, aparte de su conclusión, cuando Jesús alza sus ojos y le dice: «Padre, te doy gracias porque me has escuchado. Ya sabía yo que siempre me escuchas, pero lo dije por la gente que está aquí presente, para que crean que tú me enviaste» (Juan 11:41-42).

Al detenerse a orar, Jesús demuestra que Dios el Padre y Dios el Espíritu Santo son compañeros invisibles de él en esa danza de cooperación. Nos podemos preguntar qué es lo que sucede en esa oración. ¿Suplica Jesús al Padre para poder resucitar a Lázaro de los muertos? ¿Le pregunta al Padre «Vas a resucitar a Lázaro de los muertos»? ¿O acaso Jesús y el Padre tienen una comunión tan íntima que Jesús ya sabe lo que él va a hacer? No se trata de una cuestión de preguntar ni de decir, sino de moverse en unidad de voluntades y propósitos.

Jesús da la orden y se produce el milagro

Todo ese tiempo, desde el momento en que Jesús recibe el mensaje de las hermanas, es un tiempo *kairós*. Es el tiempo del mover del Espíritu Santo. La elección en cuanto al tiempo, las palabras referidas al amor y a la fe, y la fe expresada en obediencia por la remoción de la piedra, todo ello conduce a esta culminación de la danza. Jesús se para delante de la tumba y habla la palabra de Dios en el clímax de este momento *kairós*. En alta voz, él ordena: «¡Lázaro, sal fuera!» (Juan 11:43). Y al decir estas palabras, todos aquellos pasos convergen en la acción de Dios el Padre mientras el milagro sucede y el muerto sale (v. 44). Delante de esa multitud sorprendida, Jesús da otra orden: «Quítenle las vendas y dejen que se vaya» (v. 44), y aquel extraordinario milagro da testimonio de la identidad de Jesús, y de que en él la muerte no es el fin.

Luego de esa impactante acción, volvemos a la participación humana, ya que ellos obedecen y le quitan las ropas mortuorias a Lázaro. Juan incluye en su registro el hecho de que muchos al ver eso ponen su fe en Jesús, pero otros, testigos de los mismos sucesos, no creen en aquel que es Jesús, y en lugar de eso van a las autoridades religiosas y les informan acerca del acontecimiento (Juan 11:45-46).

Jesús: Plenamente Dios y plenamente hombre

Dejemos en claro el rol de Jesús en esta historia. En su escrito, Juan repetidamente llama la atención acerca de la divinidad de Jesús: la Palabra (o el Verbo) era Dios; vino del Padre y se hizo carne (Juan 1:1, 14). La totalidad de su Evangelio fue escrita: «para que ustedes crean que Jesús es el Cristo, el Hijo de Dios» (20:31). Sin embargo, resulta igualmente cierto que Jesús es completamente hombre. Habiendo renunciado a ser igual al Padre, él compartió nuestra humanidad y mortalidad (Filipenses 2:5-11), y su ministerio sobre la tierra fue posible porque estaba lleno del Espíritu Santo, escuchaba al Padre, recibía su guía, y luego hablaba la palabra de Dios dentro de esa situación. Como hombre, Jesús encajó en el rol de un «profeta» investido de poder por el Espíritu Santo, de aquel que hablaba la palabra de Dios en medio de una situación humana. Él se veía a sí mismo de este modo (Juan 4:44), al igual que la gente que lo rodeaba (4:19; 6:14; 7;40-41; 9:17).

La danza de cooperación constituye una realidad accesible en nuestro caso debido a que el Espíritu Santo puede descender sobre nosotros exactamente como lo hizo sobre Jesús. El don de la perspicacia profética y su transmisión pueden operar a través de cualquier cristiano por la gracia del Espíritu. Podemos realizar las mismas obras que Jesús hizo (Juan 14:12), de la misma forma en que él las hizo: como ser humano que ha sido llenado por el Espíritu Santo, que ha escuchado al Padre y que actúa en obediencia.

Identificar los pasos de baile

Incluidos en aquel extraordinario milagro se hallan los pasos de baile en los que cooperan Jesús, el Padre, el Espíritu Santo y los seres humanos. Sin embargo, la interacción entre lo humano y lo divino está entretejida en una sola trama, como un todo en el que tal vez los distintos pasos no resulten claros, del mismo modo en que el movimiento dinámico de los pasos en un salón de baile se funden en un mismo movimiento, grácil y fluido. Cuando mi esposa Cynthia y yo (Paul) comenzamos a aprender danzas de salón, y aún hoy cuando seguimos aprendiendo nuevas secuencias, el instructor tenía que hacer más lento su movimiento para enseñarnos los pasos uno a uno. Haremos lo mismo aquí, parcializando la historia para identificar los diferentes pasos que tuvieron lugar.

Esos pasos de baile son lo que nosotros hemos denominado las «Siete dinámicas» (decimos «dinámicas» porque se trata de movimientos activos y no de bloques de construcción estáticos). Luego daremos un somero vistazo a los pasos, y en los capítulos que siguen, haremos consideraciones más extensas acerca de cada uno, considerando la manera en que deben prepararse e integrarse a la vida de una congregación para que todos nosotros podamos participar en esta danza de cooperación.

Primera dinámica: El amor divino nos lleva a la participación

Hemos colocado la dinámica del amor divino que nos lleva a la participación primero en la lista porque resulta fundamental. Jesús se rehusó a «realizar» milagros para satisfacer la mera curiosidad, pero con todo gusto tocó la vida de la gente por la profunda compasión que sentía. Las evidencias de su amor se hicieron claramente manifiestas en el relato sobre la resurrección de Lázaro. Marta habló al respecto, Juan tomó nota, las lágrimas de Jesús dieron testimonio de ello, y la multitud estuvo allí observando. El amor motivó a Jesús a implicarse en esa situación y fue lo que gobernó las acciones que llevó a cabo y las palabras que habló.

El amor es también la motivación detrás del pedido inicial de las hermanas. Ellas lo incluyen a Jesús porque aman a su hermano y desean verlo sanado de su enfermedad. No andan buscando un milagro para maravillarse y hablar de él; tampoco esperan que eso persuada a las demás personas a tener fe en Jesús (aunque el milagro en realidad sí causa ese impacto). Más bien es el amor (tanto el de Jesús como el de ellas) lo que conforma el contexto total para que se dé esta sanidad tan extrema. El Espíritu Santo obra dentro de un contexto de relaciones de amor, y de hecho, como lo señala con claridad 1 Corintios 13, él *exige* que el amor sea el contexto.

Segunda dinámica: La oración intercesora invita a Dios a participar

Dentro del misterio de la soberanía de Dios, descubrimos que él establece que solicitemos a través de la oración. Aquel ante quien todos los corazones están abiertos y todos los deseos son conocidos, sin embargo, tiende a esperar a que nosotros articulemos nuestras peticiones. Con toda seguridad, la participación de Jesús en la enfermedad y muerte de Lázaro, su visita a ese pueblo, y el milagro que sucede ante la tumba ocurren precisamente porque las hermanas lo invitan a meterse en esa situación.

Hoy la invitación se extiende a través de la oración intercesora, cuando los seres humanos solicitan la actividad de Dios y cuando entran en un compromiso dinámico tanto con Dios como con la situación. Eso constituye el comienzo de un compañerismo interactivo, y nosotros entonces llegamos a descubrir que nuestra propia participación constituye un aspecto integral de la danza.

Pasos en la danza de cooperación entre lo humano y lo divino

Tercera dinámica: La fe envuelta en obediencia abre la puerta a la actividad de Dios

La fe es la convicción activa de que aquel que nos invita a participar en la danza es competente él mismo para guiarnos y capaz de actuar. La fe evidentemente ya está tanto en la declaración de Marta como en la de María acerca de que la presencia de Jesús podría haber evitado la muerte de su hermano. Se vuelve a expresar nuevamente en la afirmación de Marta: «Yo sé que aun ahora Dios te dará todo lo que le pidas» (Juan 11:22), y Jesús le arranca a ella una confesión aun más osada con respecto a su identidad como Hijo de Dios y fuente de la vida. No se trata de un «sentimiento elaborado» sino del don de la fe que nos viene por la gracia de Dios, en algunas ocasiones debido a una experiencia previa por alguna intervención milagrosa de Jesús.

La fe es mucho más que las simples palabras, y vemos que María lleva a Jesús hasta donde descansa su hermano, y que aquellos que están presentes en actitud obediente remueven la piedra que cierra la tumba, así que notamos que la verdadera fe se reviste de obediencia. Aun la propia salida de Lázaro de la tumba constituye un acto de obediencia en respuesta al mandato de Jesús. Aquí otra vez observamos que la participación humana resulta una parte importante de la danza de cooperación, porque la fe abre la puerta para que Dios desarrolle su actividad.

Cuarta dinámica: Recibir la guía divina para una colaboración con el Espíritu Santo

El recibir una guía nos permite actuar de acuerdo con la agenda de Dios en lugar de confiar en nuestra propia sabiduría y percepciones, que son parciales. Como hombre ungido con el Espíritu Santo y perfectamente obediente, Jesús enfatiza que él hace «solamente lo que ve que su Padre hace» (Juan 5:19). Su demora inicial anterior a ir hacia las hermanas que están sufriendo y su oración previa a resucitar a Lázaro indican la conciencia que tiene con respecto a lo que su Padre desea realizar.

Del mismo modo, los que están cerca toman conciencia de la acción que deben llevar a cabo porque Jesús, el Hijo de Dios, les da instrucciones. Hoy esta guía no solo nos llega a través de las palabras de las Escrituras, sino también de una revelación específica e inmediata por medio de los dones del Espíritu Santo, tales como palabra de profecía, de conocimiento o de sabiduría, que hacen posible que nosotros, al igual que Jesús, nos unamos a lo que el Padre hace.

Quinta dinámica: Discernimiento espiritual logra que tanto el escuchar como el obedecer sean algo seguro

De las Siete Dinámicas, el discernimiento espiritual es el que no se hace evidente en la historia de la resurrección de Lázaro. Sin embargo, resulta crucial para

121

nosotros porque, a diferencia de Jesús, nuestro «oído espiritual» es imperfecto, y sin discernimiento somos proclives a cometer errores y quedamos expuestos a los abusos. Pablo destaca la necesidad del discernimiento en la instrucción que da acerca de los profetas: «que hablen dos o tres, y que los demás examinen con cuidado lo dicho» (1 Corintios 14:29), y Juan nos advierte: «no crean a cualquiera que pretenda estar inspirado por el Espíritu, sino sométanlo a prueba para ver si es de Dios» (1 Juan 4:1).

Al aprender a discernir lo que es auténticamente del Señor y lo que no, creamos un medioambiente seguro para que la gente escuche la guía del Espíritu y pueda dar pasos de obediencia en fe. El discernimiento muchas veces se pasa por alto, aunque constituye una disciplina fundamental para la iglesia cuando esta considera la posibilidad de aceptar una invitación a la danza.

Sexta dinámica: Darle la bienvenida a los dones y a las manifestaciones del Espíritu Santo

Los dones espirituales y las manifestaciones del poder del Espíritu nos permiten actuar como agentes del reino de Dios en la tierra. Los dones de revelación nos proporcionan la guía que necesitamos, pero también son necesarios otros dones. Jesús no solo sabía qué decir, sino que además ejercía poderes milagrosos, liberaba a la gente de los espíritus malignos y les llevaba sanidad a las personas afligidas por una amplia gama de enfermedades y dolencias (desde una «simple» fiebre hasta la ceguera, la lepra, la sordera, la parálisis y diversas instancias en las que intervenía la muerte, como en el caso de Lázaro).

Él prometió que nosotros haríamos el mismo tipo de obras que él. Para que eso suceda, precisamos darle cabida a toda la variedad de los dones del Espíritu Santo y no ponerle restricciones a su soberana libertad. Dones como el de misericordia, sanidad, evangelización, generosidad, administración, profecía y hospitalidad continuaron viéndose en la vida de la iglesia primitiva, y nosotros necesitamos darle lugar del mismo modo en nuestras propias circunstancias.

Séptima dinámica: Ver y responder a los momentos *kairós*

Los momentos *kairós* son aquellas ocasiones espiritualmente significativas en las que el Espíritu Santo se dispone a actuar de una manera particular en un lugar particular. Caen dentro del paso cronológico del tiempo; sin embargo, se destacan como notablemente distintos, siendo los momentos de una actividad especial de Dios «presente ahora». Jesús reconoció la inminencia de un tiempo *kairós* cuando se demoró antes de viajar hacia Betania. Sabía que el tiempo era el correcto cuando les pidió a los observadores presentes que hicieran rodar la piedra y cuando llamó a Lázaro a salir de la tumba.

Al aprender a discernir los momentos *kairós*, descubrimos el tiempo de Dios y podemos cooperar con él, sin adelantarnos a su actividad, ni rezagarnos como para perder el momento. Descubrimos la manera de sincronizarnos con la actividad del Espíritu Santo, sea que esto tenga que ver con un período en particular de la vida de la iglesia, o se trate del momento justo para dar una palabra de corrección o de bendición. No solo aprendemos a hacer lo que el Padre hace, sino a hacerlo *cuando* el Padre lo lleva a cabo.

Nuestra respuesta humana a los momentos del *kairós* divino se podría visualizar de la siguiente manera.

Momentos *kairós* en medio del tiempo *chronos*

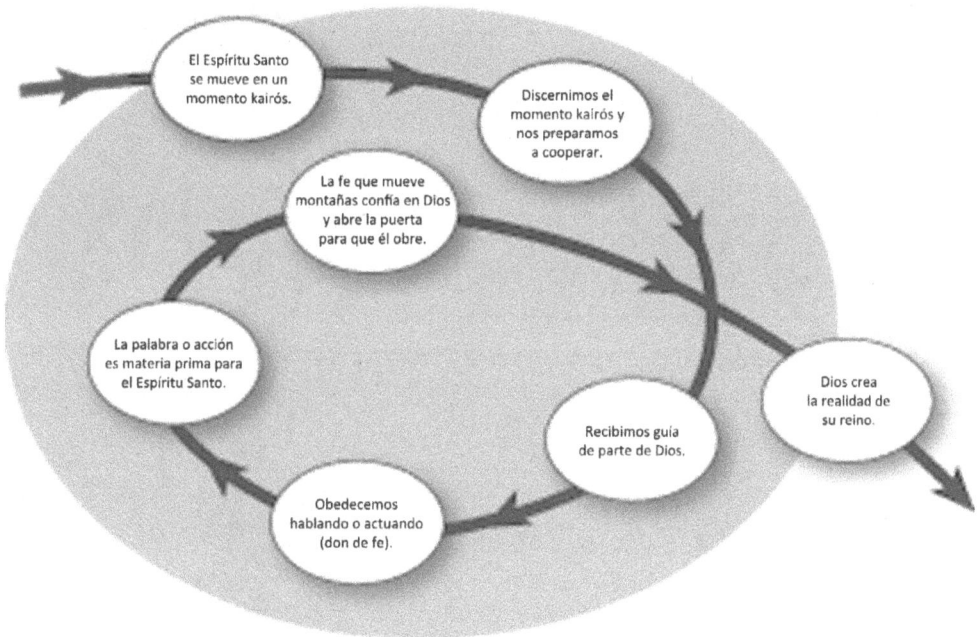

El Espíritu Santo se mueve en un momento kairós.

Discernimos el momento kairós y nos preparamos a cooperar.

La fe que mueve montañas confía en Dios y abre la puerta para que él obre.

La palabra o acción es materia prima para el Espíritu Santo.

Dios crea la realidad de su reino.

Recibimos guía de parte de Dios.

Obedecemos hablando o actuando (don de fe).

Bailar

Volvamos a la imagen de la danza de salón. Al comienzo, el contexto se prepara dejando el salón listo, reuniendo a los músicos, recibiendo a los bailarines con sus compañeros; y entonces empieza la música. A través de todo el evento se practican diversas danzas, algunas lentas y delicadas, otras rápidas y llenas de energía. Finalmente llega el tiempo del último vals (¿por qué será que la última danza siempre es un vals?), y luego los bailarines se dispersan. Dentro de ellos persiste el entusiasmo, la expectativa y la capacidad de danzar, y todos esperan otra invitación a regresar para un próximo baile.

Así sucede con nosotros también, como colaboradores y amigos de Dios en esa danza dinámica de cooperación entre lo divino y lo humano que hace crecer a la iglesia y avanzar el reino de Dios sobre la tierra. En tanto que Dios es siempre el principal actor, nuestras propias acciones juegan un papel vital al expresar el reino de Dios; y a medida que aprendemos a participar y llevar a la práctica lo que aprendemos, nos encontramos mejor equipados para futuras participaciones. Por lo tanto, examinemos estas Siete Dinámicas y descubramos de qué manera podemos incorporar cada una de ellas para integrarlas a la vida de la congregación, teniendo en mente que la realidad siempre se conforma por una sinergia de esos pasos que fluyen juntos en un todo complejo.

Capítulo 9

Primera dinámica: El amor divino nos lleva a la participación

El único punto de comienzo posible, y por lo tanto el primer paso de la danza de cooperación con el Espíritu Santo, es el amor. El amor nos lleva a participar en la danza porque el amor refleja la misma naturaleza de Dios. Constituyó el punto de inicio del ministerio de Jesús y nos abre la puerta para participar de esta obra también, porque sin él no somos nada. Como líderes necesitamos cultivar el amor en nuestra vida y en nuestras iglesias. Cuando lo hacemos, está listo ya el escenario para que el Espíritu Santo llegue y nos dirija a una participación con él.

El amor comienza en Dios, y Dios comienza con el amor. No puede ser de otra manera, porque esa es su esencia, su misma naturaleza. Juan declara: «Dios *es* amor» (1 Juan 4:8, 16, itálicas añadidas). Dentro de la intimidad de la oración, Jesús afirma del Padre: «Me amaste desde antes de la creación del mundo» (Juan 17:24), y Pablo nos recuerda, maravillosamente, que el fruto del Espíritu es amor (Gálatas 5:22). Toda la gran historia de la redención y de nuestra participación en la danza de cooperación con el Padre, el Hijo y el Espíritu Santo comienza con el amor. El advenimiento de Jesús y su muerte sacrificial demuestran el amor de Dios por nosotros (Juan 3:16-17; Romanos 5:8). De hecho, «Dios ha derramado su amor en nuestro corazón por el Espíritu Santo que nos ha dado» (Romanos 5:5), y nuestro amor nace como respuesta al suyo: «Nosotros amamos a Dios porque él nos amó primero» (1 Juan 4:19).

Ese primer amor divino y dinámico que nos lleva a la participación, es doble. Habla del amor que conocemos en nuestra propia relación con Dios y del amor que a nuestra vez les expresamos a los demás. El pastor inglés David Watson, destacó la preeminencia del amor por lo fundamentalmente necesario que resulta: «El mundo de hoy está siendo sofocado por las palabras, pero se siente famélico de amor. Una comunidad en verdad amorosa, por lo tanto, resultaría como un imán. Nada puede sustituir al amor; es la cosa más grande del mundo, y la preocupación mayor del Espíritu Santo es derramar al amor de Dios en el corazón de su pueblo. Sin ese amor no somos nada, ni tenemos nada que ofrecer a un mundo hambriento».[1]

Conocer el amor de Dios por experiencia

Cuando nuestra segunda hija, Nicola, tenía apenas un año, yo (Paul) me encontré una noche, ya tarde, lidiando con esa tarea típica de los padres de efectuar una limpieza total después de que el bebé ha vomitado. Era la segunda limpieza de la noche (Ruth, nuestra otra hija, había dado comienzo a la «diversión»), y apareció como el último de una serie de contratiempos y problemas que habían asolado el día. Probablemente lo más frustrante había sido la acción unilateral de mi computadora que había decidido borrar algunos archivos muy importantes y que continuamente se apagaba sin darme la menor advertencia. Mientras acunaba a Nicola para que durmiera, le pedí algunas respuestas a mi Padre celestial sobre por qué algunas cosas, como estas, podían desbaratarme la vida, que tan bien había organizado. El cielo permaneció en silencio. Cambié mi línea de cuestionamiento, preguntando si había algo que pudiera aprender de esos sucesos, e inmediatamente tuve una sensación profunda y clara de que Dios me estaba hablando directo al corazón: «Considera el amor que le has mostrado a tu hija. De la misma manera, yo nunca dejaré de amarte o de tratarte de una forma amorosa».

Ahora bien, yo tiendo a ser una persona muy racional, y me siento cómodo con listas y horarios, y deseo que las cosas estén nítidamente organizadas. Pero he descubierto que el Padre no solo quiere ocuparse de mi cabeza, y en algunas ocasiones en verdad elige derramar su amor en mi corazón a través de la obra de su Espíritu Santo. El día en que me dio una visión de mí mismo como un niño sostenido entre sus brazos, con él mirándome, eso constituyó un recordatorio más de que soy amado de un modo indescriptible.

Encuentros de ese tipo producen un impacto poderoso, y nos mueven a dar una respuesta desde el corazón. Puesto que hemos sido hechos a la imagen de Dios y que somos llamados a amarlo con todo nuestro ser (Lucas 10:27), es correcto que nuestras emociones formen parte de esa relación. Tener una conciencia personal del amor del Padre no es solo privilegio de unos pocos, de una «élite» de místicos, sino de todos los hijos de Dios a través del ministerio del Espíritu Santo. Podemos quedar atrapados en la adoración y descubrir que nuestro corazón está lleno de alabanza y que hemos sido tocados por el corazón de Jesús. Podemos meditar en las Escrituras y encontrar que el Espíritu Santo provoca en nosotros una profunda respuesta a las palabras y obras de Jesús al leer acerca de esa compasión suya, capaz de cambiar la vida, y de su misericordia, de su ternura y de su tremendo sacrificio. O puede ser que al verlo ministrar a la gente en nuestro medio nos sintamos inundados de sentimientos de gozo y amor por Jesús y por la persona en la que él está obrando. Los que son tocados por el perdón de Jesús, por su sanidad, o por su salvación, generalmente sienten que los desborda un sentimiento de amor. La mujer en la casa de Simón rebosaba de amor por Jesús porque se le había perdonado mucho. En respuesta, quebrantó todas las convenciones sociales, se soltó la abundante cabellera y le secó al Señor los pies empapados de lágrimas (Lucas 7:44–50).

Esa dimensión de la experiencia «emocional» del amor significa que cuando al Espíritu Santo se le da la bienvenida para que se mueva en una congregación, los creyentes van a expresar su gozo y amor. Algunas expresiones pueden resultar emocionales, con lágrimas y otras señales externas, pero no se las debe desestimar como emocionalismo o descontrol. De hecho, una de las primeras señales del mover del Espíritu Santo en una congregación es una mayor libertad en cuanto a expresar los sentimientos auténticos que acompañan al hecho de experimentar el amor de Jesús.

Mostrar el amor a Dios en acción

El conocer y experimentar el amor de Dios por nosotros, sin embargo, es solo una parte del cuadro. Juan lo dice directamente: «Si alguien afirma "Yo amo a Dios", pero odia a su hermano, es un mentiroso; pues el que no ama a su hermano, a quien ha visto, no puede amar a Dios a quien no ha visto» (1 Juan 4:20). El amor auténtico se demuestra con acciones, y es por eso que Pablo se complacía en señalar: «No les hablé ni les prediqué con palabras sabias y elocuentes sino con demostración del poder del Espíritu» (1 Corintios 2:4). No se trataba de dones y manifestaciones para el propio beneficio de ellos, sino que constituían expresiones del amor de Dios llenas de gracia; carteles indicadores que señalaban hacia Jesús, que es el amor encarnado. Sin ese amor hubieran sido menos que inútiles (13:1-3, 13).

El amor, al igual que la fe, no es primariamente un sentimiento. Tiene que ver con un aspecto de nuestra relación con Dios que se reviste de obras. Jesús lo señala con toda franqueza: «Si ustedes me aman obedecerán mis mandamientos» (Juan 14:15). Algunas parábolas, como la del buen samaritano, nos muestran que el amor no es simplemente un sentimiento ni un principio filosófico abstracto. De forma semejante, en el libro de Hechos, aunque nunca aparece la palabra *amor*, las historias de la vida real allí registradas revelan el amor en acción cuando las personas venden sus posesiones para compartir con los necesitados, les imparten sanidad a los lisiados, a los enfermos y aun a los muertos, y llaman a la gente de todo lugar a recibir la salvación que ha llegado a causa del amor de Dios por el mundo.

127

Pablo utiliza la palabra *amor* 120 veces mientras edifica a las iglesias en desarrollo, y Juan lo usa 50 veces en sus cortas epístolas. Para esos dos hombres, el amor *hace* cosas porque el amor es la naturaleza misma de Dios. El amor viene a ser el primer paso en nuestra danza de cooperación con Dios en su obra. Prepara el camino para poder dar todos los demás pasos, mientras Jesús nos imparte los sentimientos que hay en su corazón hacia todos aquellos que él ama.

El amor en la iglesia local

Mi esposa Laura (soy Brad), es la pastora de una pequeña iglesia de un pueblo fabril en Carolina del Norte. Ese pueblo albergó en una época numerosas industrias textiles y de mobiliario, pero se produjeron muchos cambios allí durante los últimos treinta años. En tiempos recientes ha resultado difícil conseguir buenos trabajos, y mucha gente se debate en medio de problemas económicos.

En las laderas de la montaña que ascienden desde la iglesia hay casas que fueron construidas para los trabajadores de las fábricas durante las generaciones previas. Hoy esos pequeños hogares son ocupados por una población diversa, que incluye ancianos con ingresos fijos, madres solteras con niños, gente discapacitada e inmigrantes de América Latina. Los domingos a la mañana la campana de la iglesia solía sonar con claridad a través de esa comunidad industrial, pero nadie acudía a la iglesia. Las cerca de treinta personas que conformaban el número de sus miembros venían en vehículos desde otros lugares del pueblo. Prácticamente la única forma en que los vecinos utilizaban el lugar de la iglesia era para andar en patines en la playa de estacionamiento, o para sentarse a fumar en las escalinatas del hall de entrada.

Sin embargo, aquella pequeña congregación intentaba vivir en amor y servicio al Señor Jesucristo. ¿Pero qué implicaba vivir en amor y en servicio? ¿Cómo se podían convertir en realidad las buenas intenciones?

Esto es lo que escribió la pastora:

Intentábamos mantenernos optimistas a pesar del desaliento. Nuestro intento de alcanzar a la comunidad a través de los años había resultado poco exitoso por diversas razones. ¿Deberíamos entonces seguir intentando las mismas cosas que no habían funcionado? Ya habíamos golpeado multitud de puertas para invitar a la gente a concurrir a diferentes eventos. Hubiera sido fácil darnos por vencidos, pero no lo hicimos. Seguimos preguntándole a Dios: «¿Qué es lo que deseas que hagamos?»

Sabíamos que habíamos tenido éxito en algunos emprendimientos. Habíamos llevado a cabo funciones de teatro, programas, comidas y recolección de fondos para nosotros y para otros. A través de esas cosas adquirimos conciencia de las habilidades de cada uno, como por ejemplo, quién era capaz de confeccionar una hoja de cálculos y a quién le agradaba realizar llamadas telefónicas, quiénes mostraban fuerza y entereza y quiénes contaban con tiempo libre los sábados por la mañana.

Finalmente, Dios respondió nuestras oraciones a través del ministerio Angel Food Ministries[2] [Ministerios Ángel de Alimentos]. Es ésta una cooperativa de alimentación cristiana que opera de un modo interdenominacional a través de los Estados Unidos. Los lugares que se ofrecen como anfitriones distribuyen comida que previamente ordenan y pagan.

Las cosas son distintas ahora en la iglesia. El último sábado de cada mes el salón que se utiliza para la camaradería bulle de actividad. Antes del amanecer algunos de los miembros salen a recoger los alimentos previamente encargados y los traen a la iglesia. Cuando llegan las camionetas, todo el mundo ayuda a descargar las cajas de pollo congelado, huevos frescos, leche, patatas y muchas otras cosas. Gente de otras iglesias ayudan, y los vecinos más cercanos de nuestra calle nos dan una mano también. Muy pronto tenemos prolijamente ordenados sobre las mesas los diecisiete diferentes artículos junto con las cajas de pedidos especiales y los menús para ancianos. A las 9 de la mañana la gente comienza a entrar por la puerta para recoger sus alimentos. La mayor parte de la comida nos es encargada, pero también entregamos comida gratis a aquellos que pasan por alguna necesidad en especial.

Las bromas sanas, los saludos y el buen humor llenan el salón. Una abuela es la encargada de supervisar las órdenes especiales y ella invita a los asistentes a venir a la iglesia. Alguno de los ancianos de la iglesia, desde atrás de la mesa, entrega un paquete de carne de vaca congelada, mientras pregunta: «¿Cómo le está yendo hoy? Dios lo bendiga». Una mujer de pequeña estatura coloca un pastel de zapallo y una revista evangelística en la caja de comida de un cliente, mientras le sonríe. Yo converso con las personas mientras cargan las cosas en sus automóviles y a veces hago una oración por ellos allí mismo en el estacionamiento. Un voluntario toca el piano; otro sirve café. Los niños juegan en el patio de la iglesia.

Y así se va la mañana. Cuando cerramos el negocio, unas dos horas después, hemos abrazado, bendecido y provisto de alimentos a muchas familias e individuos y orado por ellos. Hemos tenido una nueva oportunidad de compartir los dones que nos da Dios de alentar y amar. Sabemos que Angel Food realmente tiene que ver con Jesús, y nos sentimos agradecidos de contar con ese ministerio por su gracia.

Observar a esa pequeña iglesia desbordar de amor y gozo al convertirse en un lugar en el que el cielo se toca con la tierra resulta una experiencia muy conmovedora. Dios está utilizando este programa de Angel Food para bendecir a la comunidad. Pero él también lo utiliza para trabajar dentro de esa pequeña congregación a medida que el amor de Jesús crece y adquiere una expresión concreta y práctica.

El fruto de crecer en amor

Para la iglesia de Laura ese ministerio comenzó debido a que había una semilla de amor plantada en sus corazones. El amor de Dios los movió a *sentir* amor por otros, los estimuló a desear *mostrar* el amor de Jesús, y los llevó a *orar* para lograr los medios que les permitieran expresar ese amor. El amor divino creó el contexto dentro del que la congregación podía unirse a la danza de cooperación con el Espíritu Santo. Y al participar en ese ministerio, la iglesia desarrolló una nueva apertura hacia Jesucristo y hacia la obra del Espíritu Santo.

Varios dones del Espíritu se volvieron evidentes. Pablo le recuerda a la iglesia en Roma: «Si el don de alguien es... el de socorrer a los necesitados, que dé con generosidad; si es el dirigir, que dirija con esmero; si es el de mostrar compasión, que lo haga con alegría» (Romanos 12:6-8). Laura evidentemente tenía una unción para el liderazgo, y ayudó a la iglesia a buscar y discernir la esfera de ministerio adecuada, unió a la congregación en un propósito, y la dio dirección al trabajo. El don de generosidad se vio emerger cuando la congregación tomó conciencia de las necesidades de la comunidad y comenzó a comprar cajas extra para entregarles sin costo a los que no podían pagarlas. Se mostraba una misericordia gozosa hacia los que llegaban pidiendo ayuda.

Equipada por el Espíritu, la iglesia sigue actuando como testigo de Jesucristo. El don de la evangelización se hace evidente en la gente dispuesta a hablar sobre el amor de Dios y acerca de la esperanza que encontramos en Jesucristo. Varias familias se han unido ahora a ellos para adorar porque se sintieron atraídas por el ministerio de la provisión de alimentos. Eso ha llevado a que cambiara la atmósfera de la congregación y a un aumento de la esperanza.

Laura misma se ha sentido alentada al ver crecer a esa pequeña iglesia a través del poder del Espíritu Santo. De nuevo, ella lo describe en sus propias palabras:

> Me siento muy agradecida al escuchar ciertas historias sobre la manera en que Dios está obrando en nuestra iglesia. Me gustaría transmitir algunas de las historias que nuestros miembros nos han contado acerca de las razones por las que se unieron a la iglesia.
>
> La primera persona con la que nos encontramos fue Amy. Su abuela había sido miembro de nuestra iglesia por largo tiempo y estaba muy enferma. Yo fui a la casa de esa abuela para hacerle una visita pastoral cuando Amy también estaba allí. Ella se unió a nosotras en la oración. Poco después comenzó a asistir a nuestra iglesia. Dijo que «algo en esa oración con la abuela» la había hecho desear convertirse en parte de nuestra fraternidad. Trajo con ella a su marido y a sus dos hijos.
>
> El ministerio de oración de Amy ha continuado creciendo, pero esa es otra historia.

Luego llegaron Joe y Jenny. Una tarde en la que fui al refugio para hombres, ellos estaban allí esperando que les entregaran alimentos. Los invité a concurrir a una cena que había en le iglesia el siguiente domingo. ¡Vinieron! Y luego de nuestro servicio de adoración, Joe le preguntó a uno de nuestros miembros:

—¿Ustedes montaron algo especial para nosotros o son siempre así?

—¿Qué quiere decir? —le respondió el anciano.

—El dar la paz. ¿Lo realizan todos los domingos?

—Sí, seguro, lo llevamos a cabo todos los domingos.

Así que Joe y Jenny decidieron quedarse, y se han vuelto invalorables para nosotros. Continúan dando testimonio activo de la fidelidad y provisión de Dios. Y esa también es otra historia.

Andrew apareció temprano un domingo para encargar alimentos de Angel Food y preguntó si podía quedarse al servicio. Le respondimos: «¡Por supuesto!» Luego de la reunión nos dijo que volvería de nuevo el siguiente domingo. Y ha regresado todos los domingos desde entonces. Había estado en la búsqueda de una iglesia durante tres años y decidió unirse a nosotros porque, según sus palabras, «el Espíritu Santo está aquí, y porque ustedes no son "los grandes" y nosotros "los pequeños"».

Andrew tiene un llamado para el ministerio de sanidad. Debido al aliento que nos ha dado, hemos comenzado con un servicio de sanidad. Ahora los asistentes han pedido entrenamiento acerca de cómo orar por la sanidad de otros, y la historia continúa.

En ocasiones Dios obra en personas a las que no volvemos a ver. Uno de los encuentros más memorables fue con Michelle. Se acercó a nosotros como amiga de uno de nuestros miembros a través de la Internet. Se las arregló para concurrir a la iglesia durante dos domingos, pero normalmente se encontraba demasiado agotada como para hacerlo. Su médico le había dicho que tenía seis meses de vida y solo tres meses de movilidad. Muy pronto su cáncer de columna la mantendría en cama. Las lesiones de sus pulmones mostraban que el cáncer se esparcía. Su marido le había dicho que no quería vivir con una inválida y la había arrojado afuera. Vivía sola en un pequeño apartamento y se mostraba renuente a mis visitas.

Pocos meses después, fue hospitalizada con neumonía. Cuando pasé a verla, apenas podía abrir los ojos. Puse mis manos sobre ella y oré por la presencia de Cristo en su vida y por su sanidad. Yo estaba consciente de la dulce presencia del Espíritu Santo allí.

Dos meses después me hicieron saber que Michelle era una mujer nueva. Había vuelto a ver a su médico y el doctor quedó desconcertado: por alguna razón el tumor de columna se había reducido y ya no estaba dentro de la misma columna. Ahora era operable. Las lesiones de sus pulmones habían desaparecido. Le dijo a Michelle que iba a estar bien. Ella quedó extasiada, y le comentó a una amiga que todo había sucedido cuando «aquella señora vino y oró por mí». Le dijo que había sentido un calor que recorría su cuerpo, y mucha paz. Nos gozamos con ella por la gran misericordia de Dios. Michelle se ha mudado ahora a otra ciudad y hemos perdido contacto con ella, pero su sanidad nos bendijo a todos. ¡Gloria a Dios!

Esa dinámica del amor, derramada en nuestros corazones por el Espíritu Santo y expresada en acciones, constituye la primera y más importante dinámica dentro de la iglesia. Establece el contexto en el que la danza de cooperación puede suceder. Por lo tanto, resulta crucial que los líderes fomenten el amor de Jesucristo en medio de la congregación.

Fomentar el amor divino dentro de la congregación

1. Necesidad de encarnar el amor

Luego de lavarle los pies a sus discípulos, Jesús explicó: «Les he puesto el ejemplo, para que hagan lo mismo que yo he hecho con ustedes» (Juan 13:15). De igual manera, Pablo le dijo a la iglesia de Corinto: «Imítenme a mí, como yo imito a Cristo» (1 Corintios 11:1; comparar con Filipenses 3:17). Los líderes de la congregación deben encarnar el amor de Jesús por el pueblo para que haya en funcionamiento un ejemplo, de modo que otros puedan aprender y copiarlo.

Eso puede producirse automáticamente en algunos debido que ya forma parte de su personalidad. Entre nosotros, los tres autores, Cindy es por naturaleza una persona de «gran corazón», compasiva y preocupada por los demás. Paul en cambio es una persona «cerebral» que procura ver que las cosas se organicen y estructuren con eficacia. Y Brad es una persona «intuitiva» que se concentra en el propósito y en la acción. Esos distintos enfoques de personalidad nos llevaron a funcionar con diferentes énfasis en el ministerio, así que simplemente reconocimos ese hecho y no nos permitimos sentirnos culpables por ello.[3] Sin embargo, el amor es en verdad uno de los frutos del Espíritu Santo y resulta de una importancia primordial. Paul y Brad, por lo tanto, necesitan cooperar con la obra del Espíritu, alimentando el amor en sus propias vidas, y en ocasiones eso implica elegir deliberadamente comprometerse en acciones de amor. Cuando no se hace eso, uno siempre está luchando por convertirse en un medio a través del que Jesús pueda obrar en la iglesia.

Las iglesias y los equipos de liderazgo precisan buscar, alentar y depender de aquellos integrantes del liderazgo o de la congregación que muestren tener el don de misericordia. El corazón de ellos, capaz de tocar el corazón de Jesús, puede conducir a la iglesia a expresiones tangibles del amor de Jesús que él desea que se manifiesten.

2. La necesidad de orar pidiendo amor

Cuando Jesús se enfrentaba a la cruz, oró por todos los que creerían en él, diciéndole al Padre: «Yo les he dado a conocer quién eres, y seguiré haciéndolo, para que el amor con que me has amado esté en ellos, y yo mismo esté en ellos» (Juan 17:26). No oró simplemente para que fueran receptivos al amor de Dios. Más bien pidió que el amor del Padre se convirtiera también en el amor de ellos. «El amor con el que ellos aprendieron a amar era nada menos que el amor que se daba entre las personas de la Divinidad».[4] Como esa fue la oración de Jesús, podemos repetirla con absoluta confianza, pidiendo que el amor de Dios aumente dentro de cada uno de nosotros y que el amor entre nosotros también crezca.

Al anochecer de un día sábado yo (Paul) me sentí impulsado por el Espíritu a entrar en el templo, colocar mis manos sobre cada silla que había en el salón, y orar por cada uno de los individuos que se sentarían allí la mañana siguiente. Al hacerlo, sentí el amor crecer en mí, y cada persona comenzó a importarme. Al día siguiente, mientras dirigía el servicio, había en mi corazón un genuino deseo de que cada uno de aquellos adoradores se conectara con el Dios vivo.

El orar pidiendo amor y el orar por la gente, aun con el poco amor que tenemos, abre nuestros corazones para permitir que el Espíritu Santo haga crecer el amor en nosotros. Los líderes deben alentar al pueblo a que oren unos por otros para que puedan experimentar el amor del Padre por ellos mismos, de modo que puedan crecer en amor hacia los demás y se conviertan en canales que lleven ese amor a un mundo perdido y sufriente.

3. La necesidad de aprender sobre el amor

El mensaje de Jesús a la iglesia de Éfeso era incómodo: «Tengo en tu contra que has abandonado tu primer amor. ¡Recuerda de dónde has caído!» (Apocalipsis 2: 4-5). La parábola del buen samaritano, probablemente la parábola más famosa de Jesús, describe el carácter del amor. Pablo le escribe todo un capítulo a la iglesia de Corinto explicando la naturaleza del amor, y la primera epístola de Juan retoma repetidamente el tema del amor, como un fraseo recurrente en una pieza musical. El testimonio de las Escrituras es que los cristianos necesitan ser enseñados con respecto al amor. Somos personas propensas a olvidar.

Un domingo por la mañana yo (Paul) conducía mi automóvil hacia la iglesia, mientras descargaba delante del Señor mi frustración con respecto a las ofrendas de la gente (¡ese es el tipo de cosas que suelen hacer los ministros cuando están solos, y tiene un buen precedente en los Salmos!). Mientras oraba, las palabras «Enséñales a amarme» me vinieron a la mente. No podemos decir que se trate del plan de predicación más elaborado que jamás se haya concebido; sin embargo, va directo a la cuestión. Cuando la gente aprende acerca del multifacético amor de Dios, avanza más allá de una actitud meramente romántica, por un lado, y consigue escapar del calabozo de un cumplimiento diligente del deber, por el otro. La descripción bíblica del amor es a la vez tierna y sacrificada, gozosa y sufriente, contemplativa y práctica. Llevemos a la gente a aprender acerca de ese amor y él moldeará su manera de vivir.

4. La necesidad de remover lo que obstaculiza el amor

Cerca del clímax en la oración del Padrenuestro está el encargo de perdonar a los que pecan en contra de nosotros, y Jesús advierte acerca de las severas consecuencias que vendrán «a menos que cada uno perdone de corazón a su hermano» (Mateo 18:35). El pecado que no se confiesa y las heridas del pasado que no han sido sanadas pueden convertirse en obstrucciones que no nos permiten crecer en el amor. Esos obstáculos deben ser removidos. Santiago nos insta: «Confiésense unos a otros sus pecados, y oren unos por otros, para que sean sanados» (Santiago 5:16). Pablo escribe acerca de la necesidad de «que se toleren unos a otros y se perdonen si alguno tiene queja contra otro. Así como el Señor los perdonó, perdonen también ustedes» (Colosenses 3:13). El autor de Hebreos nos advierte: «Que ninguna raíz amarga brote y cause dificultades y corrompa a muchos» (Hebreos 12: 15). Es difícil que la flor del amor crezca entre las malezas o en pedregales. Necesitamos quitar esos estorbos para permitir el crecimiento.

Cuando una colega de liderazgo me causó severos problemas, para mí (Paul) fue una verdadera lucha el lograr trabajar con ella. Aun el estar juntos en el mismo cuarto me resultaba emocionalmente doloroso porque el recuerdo de las heridas emergía una y otra vez. Era difícil poder amarla ya que el dolor en mi corazón con frecuencia distraía mi atención. Más de un año después, finalmente pude enfrentar el asunto y tratar con él en oración junto con dos compañeros cristianos; aunque una parte de mi ser hubiera preferido aferrarse a la herida en lugar de entregarla en las manos del Señor. Sin embargo, el remover ese obstáculo me ha liberado para poder amar a la persona y no detenerme en el problema.

Los obstáculos pueden ser individuales o pueden estar afectando a toda una congregación. Pueden ser presentes o estar arraigados en el pasado. La realidad es que necesitan sacarse a la luz y ser tratados de modo que quedemos libres para permitir que el amor florezca.

5. Pedirle al Espíritu que nos guíe a amar

Laura y su congregación preguntaron: «Señor, ¿de qué manera podemos ser testigos del amor de Jesucristo en este vecindario?» Y mientras oraban así, el Espíritu los guió a descubrir Angel Food Ministries y a comprometerse con él. Y la comunidad que los rodeaba pudo apreciar claramente la verdad de que Dios es amor. La situación de cada iglesia proporciona oportunidades únicas para demostrar el amor de Cristo. Para algunos eso puede resultar un trabajo básicamente local, en tanto que otros descubrirán que su ministerio llegará a tocar vidas al otro lado del mundo. Lo importante es que la iglesia se aboque al particular ministerio de amor que el Señor tiene en mente para ella. Copiar lo que se realiza en otro lugar, sin pedirle al Espíritu que nos guíe, constituye algo así como una pereza espiritual.

Que el amor divino nos lleve a la participación constituye la primera de nuestras Siete Dinámicas. Crea el contexto espiritual en el que las congregaciones pueden unirse a la danza de cooperación con el Espíritu Santo. Tal vez nos resulte apasionante ser testigos de algunos de los más espectaculares dones del Espíritu, o poder reconocer la llegada de un momento *kairós*, o descubrir el poder de la oración que le da forma a la realidad. Pero de principio a fin, el contexto tiene que ser el amor por Dios, por su iglesia y por el mundo. Sin eso, no somos nada.

---

1. David Watson, *I Believe in the Church* , Hodder & Stroughton, Londres, 1978, p. 175.

2. Buscar en el sitio www.angelfoodministries.com para obtener más información sobre este ministerio.

3. Esta referencia a la «cabeza», al «corazón» y a lo «intuitivo» como centro de la personalidad se basa en una versión de un jesuita cristiano (no perteneciente a la Nueva Era) sobre la tipología de personalidad Enneagram que hemos utilizado para la capacitación en PRMI. Hemos encontrado que este sistema, y otros tales como el de Myers Briggs, resultan útiles para que los líderes crezcan en cuanto a la conciencia de ellos mismos. Sin embargo, estas tipologías de personalidad no constituyen un substituto a la revelación de las Escrituras.

4. D. A. Carson, *The Gospel According to John* [El Evangelio según San Juan], InterVarsity Press, Leicester, 1991, p. 570.

Las siete dinámicas

Capítulo 10

Segunda dinámica: La oración intercesora invita a Dios a participar

Durante el encarcelamiento de Pedro y después de su liberación, la iglesia primitiva se mostró concreta en sus oraciones. Cuando ocurrió la batalla con los amalecitas, tanto el rol de Josué luchando como el rol intercesor de Moisés resultaron esenciales. La clave para sumarnos a los programas e iniciativas del Señor es buscar la visión dentro de un contexto de oración y luego llevarla al terreno de lo real por medio de dedicarnos a la intercesión. La tarea práctica del líder es cultivar este tipo de oración dentro de la congregación local, porque la oración constituye el medio que Dios nos ha dado para invitarlo a participar de su propia obra.

Cuando Lázaro yacía enfermo, Marta y María «mandaron a decirle a Jesús» (Juan 11:3) lo que sucedía. Esa parece una frase menor, pero el mandar a decirle a Jesús resultaba una parte fundamental del proceso, porque sin ese mensaje, Jesús no hubiera visitado el pueblo ni sanado a su hermano. No sabemos cuánto tardaron las noticias en llegar hasta Jesús, pero su retraso de dos días, más el tiempo que tomó el viaje, significaba que Lázaro había estado ya cuatro días en la tumba para cuando Jesús y sus discípulos llegaron. Hoy nuestra comunicación con Jesús es más directa, porque a través de la oración lo invitamos a participar de las particulares situaciones que nos acontecen.

La capacidad de orar es posibilitada por el Espíritu Santo que intercede a través de nosotros. La tercera persona de la Trinidad crea el medio a través del que corre la oración, o sea, la relación de amor que existe, no solo entre el Padre, el Hijo y el Espíritu, sino de la que participamos nosotros como hijos de Dios. Es en ese contexto que se da la oración, y podemos apreciarlo en el caso de Lázaro: la invitación de las hermanas captó la atención de Jesús a causa del amor que ya existía entre él y esa familia.

137

Estas dos dinámicas del amor y la oración se interrelacionan de un modo inseparable. El amor constituye la motivación y la oración el modo de comunicación. Juntos nos conectan a nosotros con Dios y a Dios con nosotros.

El Dios soberano espera nuestra invitación

La oración es la invitación humana que le hacemos a Dios para que obre. Cuando Pedro estaba en la lista de espera para caer bajo la espada del verdugo, la iglesia se comprometió en una oración ferviente. Pedro fue liberado aún mientras ellos oraban, y luego de sobreponerse a la incredulidad, la iglesia pudo regocijarse por aquel milagro (Hechos 12:1-17). Pero la comunicación va en dos sentidos, y dentro del contexto de la oración nosotros también precisamos recibir la guía del Espíritu Santo, que nos invita a obrar juntamente con Dios. Así, por ejemplo, descubrimos que los creyentes de Antioquía estaban adorando y ayunando cuando el Espíritu Santo les dijo: «Apártenme ahora a Bernabé y a Saulo para el trabajo al que los he llamado» (Hechos 13:2). La oración intercesora junta lo humano con lo divino, impulsándonos a la danza de obrar en una genuina colaboración con Dios.

La intercesión es un clamor del corazón que nace de la impotencia, que reconoce las propias limitaciones y dependencia del Señor. También es engendrada y guiada por el Espíritu, que intercede a través de nosotros con suspiros demasiado profundos como para ser expresados en palabras (Romanos 8:26-27); siendo Dios mismo el que provoca la oración, nos compromete con ella y posibilita la danza. Sin embargo, la intercesión también implica un reconocimiento de nuestra responsabilidad, por entender que Dios obra cuando es invitado, invitación que se le extiende a través de la oración. ¿Cuántas situaciones manejamos en nuestras propias fuerzas humanas porque renunciamos a la responsabilidad de interceder?

Que el Señor soberano de toda la creación espere nuestra invitación nos parece extraño; sin embargo, es precisamente esa la forma en que Jesús describe la situación. «Es abundante la cosecha —les dijo—, pero son pocos los obreros. Pídanle, por tanto al Señor de la cosecha, que mande obreros a su campo» (Lucas 10:2). Las implicaciones son claras: Ninguna oración resultará en una falta de obreros. Dios nos concede el privilegio de participar y espera que le pidamos que actúe. Como lo señalaba Juan Calvino: «No se nos promete que esperemos recibir nada del Señor, que no debamos conseguir de él en oración».[1] Aquí percibimos de nuevo lo significativo de nuestra identidad. Hemos sido creados a la imagen de Dios y se nos ha otorgado un dominio representativo sobre la tierra. Su intención original para la humanidad incluía relegarle responsabilidades, para que nosotros pudiéramos llevar a cabo sus propósitos como amigos y colaboradores. Para ser verdaderos colaboradores y no esclavos, debemos contar con la libertad de poder decidir no trabajar con nuestro

Creador (libertad que ejercieron Adán y Eva en su rebelión). Un esclavo no tiene opciones. Los amigos y colaboradores participan por su propia y libre elección.

La parábola de una casa

Una pareja generosa desea proveerle una casa a su hijo. Compran un lote de tierra y amorosamente diseñan la casa y pagan por su construcción. A medida que el trabajo progresa, se alegran y caminan a través de los cuartos sin muebles para admirar el avance que se va realizando y señalar algunos cambios que resultan necesarios. Cuando el edificio se termina y el hijo se convierte en adulto, le entregan la escritura y las llaves, y entonces la relación cambia. La casa ya no les pertenece a los padres porque se la han regalado a su hijo. Para entrar deben pedir permiso primero. El hijo puede elegir invitar a los padres a entrar o negarles el permiso y excluirlos de las actividades familiares que se desarrollen en la casa. Por supuesto, los padres esperan que el hijo no los excluya, pero de todos modos corren ese riesgo al proveerle la casa. El amor de ellos requiere que ahora honren a su hijo como a un adulto libre y responsable.

La parábola resulta imperfecta, pero ilustra una verdad. Nuestro Padre celestial ha creado un mundo perfecto, nos hizo a su misma imagen, y nos dio las facultades necesarias como para ejercer dominio sobre él. La voluntad, la razón, la imaginación creativa y la fe forman parte de la imagen de Dios en nosotros. Finalmente, nos otorgó la libertad de incluirlo o excluirlo de nuestra vida. Tenemos la opción genuina de vivir con independencia de él si así lo deseamos, y usar las capacidades y recursos que nos ha dado para crear un mundo que satisfaga nuestros deseos. La otra alternativa es que lo invitemos, a través de la oración, a entrar y participar dentro del mundo que él ha confiado a nuestro cuidado, y someternos a trabajar bajo su autoridad y de acuerdo con su voluntad.

La vida de oración constituye la segunda dinámica esencial que necesita instalarse en la congregación para que se dé una danza de cooperación. Las iglesias que no cultivan esa dinámica de la oración son como los hijos que les cierran la puerta a sus padres. Se convierten en congregaciones en las que puede haber mucha actividad humana pero poca actividad del Padre, del Hijo y del Espíritu Santo; son una institución humana, o una entidad social, pero no ya el cuerpo de Jesucristo. Una iglesia que ora es una iglesia que puede crecer en el poder del Espíritu Santo porque constantemente participa de esa dinámica de ida y vuelta de invitar a Dios y ser invitada por él a cooperar con su obra.

Oración y provisión

Yo (Paul) presencié cómo interactuar con esta dinámica de una manera muy simple cuando en la iglesia Plymstock United Church hubo necesidad de encontrar una nueva persona que se uniera al grupo de los ancianos. Durante varios años habíamos estado funcionando con menos ancianos de los que hacían falta, pero en lugar de simplemente convocar a alguien para que cubriera ese puesto, llamamos a la congregación a orar para que nos fuera provisto y esperamos hasta tener la sensación inconfundible de la guía de Dios. En la reunión mensual de oración de octubre, Mary Ellis, Tracy Childs y yo éramos los únicos presentes. Cuando al final de la reunión Tracy se fue, Mary y yo nos expresamos el uno al otro la sensación interior de que Tracy debería funcionar como parte de los ancianos. No dijimos nada sobre aquello a nadie, incluyendo a Tracy, sino que continuamos orando.

Durante la reunión de los miembros de la iglesia de noviembre, yo dirigí la atención hacia la necesidad de tener un anciano más e insté a la gente una vez más a orar sobre ello. Luego de la reunión Tracy le dijo a Mary que pensaba que el Señor la estaba llamando a servir como anciana y esperaba que eso no fuera una simple respuesta al comentario que yo había hecho durante la reunión. Dijo que esa sensación de llamado se había vuelto más fuerte luego de la reunión de oración de octubre. Ella y yo oramos juntos entonces para que el Señor nos proveyera una confirmación mayor.

En la noche del domingo siguiente, hacia el final del servicio, le di a la gente la oportunidad de que fueran ministrados en oración los que tenían el sentir de que el Señor los llamaba a entrar a una nueva esfera de ministerio. Tracy fue una de las dos personas que respondieron, y en el contexto de esa oración alguien le preguntó: «Esto tiene que ver con formar parte de los ancianos, ¿no es verdad?» Pocas semanas después, un domingo de diciembre por la mañana, otra persona le habló a Tracy, diciéndole que en el transcurso del tiempo de oración referido a los ancianos, él había sentido que el Señor la estaba llamando a asumir esa responsabilidad.

Es fácil que las congregaciones designen personas en distintas esferas del ministerio basándose en su propio entendimiento y que luego busquen la bendición indulgente de Dios sobre una decisión que ellos mismos han tomado. Pero a través de la oración persistente y paciente, nosotros declaramos nuestra dependencia de él. En medio de esa oración, el Espíritu nos invitó a reconocer lo que era su provisión específica, y al designar a Tracy para esa función, la iglesia tomó parte en la danza de cooperación.

El compañerismo entre Moisés y Josué

Esta segunda dinámica de la oración intercesora es más amplia que el solo invitar a Dios a participar en situaciones específicas y encontrarnos en un proceso interactivo de ida y vuelta. Constituye un componente fundamental para llevar a cabo nuestra misión porque se da una colaboración muy real entre la acción de Josué y la acción de Moisés, o sea entre aquellos a través de los que la oración es respondida y aquellos que realizan la tarea de orar. Josué mismo era ciertamente un hombre de oración, que no se apartaba de la Tienda de reunión después de que Moisés regresaba al campamento (Éxodo 33:7-11), pero durante la batalla de Refidín, a Moisés le tocó asumir el rol de intercesor, en tanto que el rol de Josué fue conducir a los hombres a la batalla real:

> Los amalecitas vinieron a Refidín y atacaron a los israelitas. Entonces Moisés le ordenó a Josué: «Escoge algunos de nuestros hombres y sal a combatir a los amalecitas. Mañana yo estaré en la cima de la colina con la vara de Dios en la mano».
>
> Josué siguió las órdenes de Moisés y les presentó batalla a los amalecitas. Por su parte, Moisés, Aarón y Jur subieron a la cima de la colina. Mientras Moisés mantenía los brazos en alto, la batalla se inclinaba a favor de los israelitas; pero cuando los bajaba, se inclinaba a favor de los amalecitas. Cuando a Moisés se le cansaron los brazos, tomaron una piedra y se la pusieron debajo para que se sentara en ella; luego Aarón y Jur le sostuvieron los brazos, uno el izquierdo y otro el derecho, y así Moisés pudo mantenerlos firmes hasta la puesta del sol. Fue así como Josué derrotó al ejército amalecita a filo de espada.
>
> Entonces el SEÑOR le dijo a Moisés: «Pon esto por escrito en un rollo de cuero, para que se recuerde, y que lo oiga bien Josué: Yo borraré por completo, bajo el cielo, todo rastro de los amalecitas».
>
> Moisés edificó un altar y lo llamó «El SEÑOR es mi estandarte». Y exclamó: «¡Echa mano al estandarte del SEÑOR! ¡La guerra del SEÑOR contra Amalec será de generación en generación!» (Éxodo 17:8-16).

En este episodio podemos visualizar la compleja interrelación que se da entre la operación de Dios en medio del esfuerzo espiritual del intercesor y la operación de Dios en medio del esfuerzo físico del guerrero. Ambos hombres actúan para que el propósito de Dios se cumpla: Moisés intercediendo en la montaña, Josué peleando en el valle. Para el observador casual sería difícil notar la conexión entre los dos hombres: uno de ellos aparentemente observa el conflicto desde un punto ventajoso y seguro mientras que el otro arriesga su vida para batir al enemigo. Pero en la esfera del Espíritu existe una conexión profundamente crucial entre la oración de Moisés y la lucha de Josué. La presencia e intenciones de Dios son espirituales e invisibles, pero Josué y su ejército las trasladan a la realidad física cuando vencen a los amalecitas.

Si alguno de los dos hombres hubiera abandonado su tarea, se hubiera perdido la batalla y la intención de Dios de llevar a su pueblo a la Tierra Prometida se hubiera visto frustrada. Ambos aspectos se relacionan dentro de esta segunda dinámica de la oración intercesora que invita a la participación de Dios, y ambos forman parte de la danza de cooperación.

Los equipos de Moisés y de Josué

Ni Moisés ni Josué trabajaba solo. Moisés era apoyado, literalmente, por Aaron y Jur, que sostenían sus brazos levantados hacia arriba cuando él levantaba su vara delante del Señor. Josué iba acompañado por un ejército de guerreros que luchaban junto a él. Esta es a menudo la modalidad que Dios elige. De hecho, desde el mismo principio Dios señaló que «no es bueno que el hombre esté solo» (Génesis 2:18) y de inmediato buscó alguien que fuera idóneo para ayudarlo en su tarea.[2] Aunque resulta inevitable que haya momentos en los que una persona tenga que trabajar sola, el liderazgo normalmente constituye una tarea corporativa, a través de equipos de individuos que cumplen cada uno un rol particular para el que ha sido llamado y ungido.

Vemos un compañerismo como el de Moisés y Josué, por ejemplo, cuando Pablo encara sus viajes misioneros. Él y su equipo son los trabajadores tipo «Josué», pero constantemente reconoce y solicita el apoyo en oración de parte de los trabajadores estilo «Moisés» que tienen su base en las congregaciones ya establecidas de Roma, Corintio, Éfeso, Colosas y Tesalónica. Pablo mismo es un hombre de oración, pero sabe que también necesita de la intercesión de otros para que sus labores resulten fructíferas. En las cartas de Pablo a las iglesias, les pide una y otra vez: «Oren por nosotros...» (Romanos 15:30; 2 Corintios 1:11; Efesios 6:19-20; Colosenses 4:3-4; 2 Tesalonicenses 3:1-2).

Notamos esa importante interrelación también en la historia de la iglesia. Charles Spurgeon fue un predicador ungido de la Palabra, un «trabajador al estilo Josué». Era apoyado en sus labores por una multitud de intercesores que se reunían, muy apropiadamente, en el cuarto de calderas de la iglesia Metropolitan Tabernacle, en Londres. Sus oraciones le proveyeron un firme soporte espiritual que permitió que su ministerio fuera eficaz. Se recuerda el nombre de Charles Finney como el de un poderoso predicador de avivamiento que condujo a muchos a Cristo durante el siglo diecinueve en Norteamérica. Menos conocido es el hombre cuyo nombre la historia ha olvidado, pero que contribuyó tanto como Finney a la llegada del avivamiento. «Padre Nash» viajaba con Finney, llamado a prestar servicio como su intercesor, y mientras el predicador se paraba detrás del púlpito ante las multitudes, ese otro hombre se arrodillaba solitario delante de Dios, llevando a cabo un trabajo como el de «Moisés».

Resulta de vital importancia que tanto la tarea de Moisés como la de Josué se lleven a cabo dentro de la congregación. Cada líder y misionero de la iglesia necesita el apoyo de las oraciones intercesoras de otros, que lo capaciten para actuar de acuerdo con la agenda de Dios, con sus recursos, y realizando la obra de su reino. Ambas tareas juntas nos aseguran el poder funcionar en colaboración con el Espíritu Santo en lugar de depender de nuestro propio consejo y competencias.

Josué y Moisés en la Iglesia Presbiteriana Montreat

Los roles de Moisés y Josué suelen ser más fluidos que rígidos. En algunas ocasiones a alguien se lo llama a subir a la montaña a orar, en tanto que en otras circunstancias se lo llama al valle a trabajar. Con frecuencia los que sienten más agudamente esta tensiones son los que están en el liderazgo pastoral. Parte de su tarea consiste en interceder por la congregación, buscando provisión y guía para su ministerio. Sin embargo, a menudo deben dejar de lado el rol de Moisés para llevar a cabo la tarea de Josué, de predicar, enseñar y pastorear.

Richard White y yo (Brad) hemos compartido esta tensión durante muchos años dentro de nuestros roles en la Iglesia Presbiteriana Montreat y en PRMI. Cada lunes por la mañana nos encontramos y dedicamos tiempo a orar por nuestras familias, la congregación y las diversas obras de PRMI. Se trata de un hermoso tiempo en el que realizamos la tarea de Moisés, y durante el cual cada uno de nosotros actúa como Aaron y Jur para el otro. Es nuestro tiempo de compromiso con Dios, en el que lo invitamos a obrar y procuramos escuchar su guía acerca del modo en que nos llama a trabajar con él.

En cierta ocasión, mientras orábamos para que la predicación del evangelio en la iglesia se volviera más poderosa, el Espíritu Santo le dijo claramente a Richard: «Te estoy llamando a formar un "grupo de oración en el cuarto de calderas" que te apoye mientras predicas, tal como el que levanté a favor de Charles Spurgeon». Inmediatamente supe que eso era del Señor, porque escuché al Espíritu Santo decirme: «Y tú vas a ser el primer intercesor a favor de Richard. Tu única tarea en la Iglesia Montreat será realizar la tarea de oración que llevó a cabo Moisés».

Esa guía que recibimos nos condujo a llevar a cabo una reunión de oración que tenía lugar cada semana durante la hora de la Escuela Dominical. Dios inmediatamente hizo surgir otros intercesores, comenzando por la esposa de Richard, Portia. Durante una temporada, Richard se unió a nosotros para orar por la reunión y la predicación, por los maestros de la Escuela Dominical y para que en toda la congregación se manifestara su presencia. Esa era nuestra tarea al estilo de Moisés, en tanto que los maestros de la Escuela Dominical y Richard realizaban la tarea de Josué, a través de la predicación y el liderazgo de la adoración.

Se produjo un profundo cambio en la atmósfera del servicio de adoración y durante las clases de la Escuela Dominical como resultado de esta tarea de oración. Comenzamos a escuchar muchas historias acerca de la obra que Jesús realizaba en la vida de la gente, y la predicación de Richard adquirió un nuevo poder y eficacia. Los otros miembros de ese «grupo de oración de la sala de calderas» fueron llamados a asumir otras responsabilidades, pero el llamado que había sobre mí no se modificó. Cada domingo me siento en la parte de atrás de la iglesia, o camino por los pasillos, prestando un servicio como el de Moisés, intercediendo por mi hermano Richard mientras él lleva a cabo la labor de Josué a través de la predicación. Esta tarea de oración contribuye a que la danza de cooperación tenga lugar en la vida de la congregación, con el resultado de que toda la congregación está creciendo en número, en comunión y en obras de servicio, y haciendo que avance el reino de Dios.

Josué y Moisés en Corea

Cuando yo (Brad) volví a Corea en 2008, mi rol fue el de un obrero al estilo Josué. Se unieron a esa tarea Ben y Liz Torrey, John Chang y Peyton Johnson, y juntos compartimos de rol de dar inicio a la enseñanza de 150 pastores y líderes de la iglesia acerca del Espíritu Santo. También nos tomamos un tiempo para orar unos por otros y con cada uno de los demás durante esos días, pero no se trataba de la oración intercesora intensiva que necesitábamos para brindar la cobertura que el caso requería. Como Josué y su ejército, nuestra principal responsabilidad era involucrarnos con la multitud que teníamos frente a nosotros.

Pero, apoyándonos desde Inglaterra, Canadá y los Estados Unidos, había un equipo de obreros al estilo Moisés. Durante los diez días completos de nuestro viaje, alrededor de veinticinco personas se dedicaron a orar por nosotros, día y noche. Cindy estaba en Carolina del Norte, como «punta de lanza», y era a través de ella que el Espíritu Santo coordinaba este esfuerzo humano y divino. Dan, desde Oregon, movilizaba por Internet una red de intercesores y mantenía un frecuente contacto telefónico con Cindy, mientras procuraban discernir entre ellos las percepciones que manifestaba ese grupo. Denny, un miembro del comité de PRMI, desde Pennsylvania, parecía estar en una posición especial de autoridad espiritual y se ofreció a cubrirme. Richard White también entró en este rol al estilo Moisés para interceder por mí, y escuchaba mis confesiones cuando yo llamaba para hacérselas. Lan, en Alaska, Ruth, en Inglaterra y Sandy, en Canadá, recibieron visiones, imágenes y palabras de conocimiento que se combinaron para revelarnos lo que estaba sucediendo en la esfera del Espíritu. Toda esa información constituía la «inteligencia espiritual» que nosotros analizábamos, discerníamos y luego transmitíamos a una red más extensa de intercesores. Además, otros intercesores de la congregación de John, en la ciudad de Nueva York, y de la congregación de Peyton, en Florida, oraban también por esta obra.

Mientras enseñábamos, presenciamos un gran derramamiento del Espíritu Santo sobre los líderes, y a través de todo ese período fuimos absolutamente conscientes de la guerra espiritual que se había desatado furiosamente en torno a nosotros. Los intercesores se mantenían en contacto a través del correo electrónico, de los teléfonos celulares y de Skype, para comunicarnos su discernimiento, y nosotros podíamos proporcionarles una retroalimentación directa referida a lo que estaba sucediendo.

Una y otra vez la guía que ellos recibían se conectaba perfectamente con lo que nosotros necesitábamos en ese preciso momento. Para los intercesores de Canadá y los Estados Unidos, aquello fue físicamente desgastador, dado que la mayor parte de nuestra actividad (diurna) sucedía durante su tiempo paralelo nocturno. La diferencia horaria entre las zonas significó que muchos no consiguieran dormir mucho durante esos diez días, dado que la mayor parte de su actividad se desarrollaba de noche. Cindy nos informó: «Apenas he dormido en toda la semana y siento que este persistente llamado a implicarme en la batalla de oración me está resultando pesado. Mi hijo vino a casa para las vacaciones de primavera, y yo estaba "de guardia" día y noche, realizando un trabajo estilo Moisés a favor del equipo en Corea». Varios otros intercesores también nos informaron que se habían mantenido en estado de alerta día y noche al implicarse en la intensa guerra espiritual. En verdad creo que los obreros estilo Moisés quedaron más exhaustos que los obreros tipo Josué; por lo menos (gracias a la cobertura de oración), nosotros podíamos dormir de noche.

Hacia el final del evento, se produjeron algunos desacuerdos importantes dentro del equipo de liderazgo coreano. Satanás, con vehemencia, instigaba al conflicto, procurando revertir todas las bendiciones que acabábamos de ver. Habiendo ya enseñado durante más de una semana, yo me sentía completamente exhausto y, a pesar del conflicto y la guerra espiritual que sabía que estaban ocurriendo, tenía total paz y entendía que había sido liberado para descansar. Me acosté temprano y pronto me dormí profundamente.

Pero del otro lado del mundo los intercesores estaban bien despiertos y dedicados a una intensa lucha espiritual. Mi rol como Josué claramente le disgustaba al enemigo, que se había resentido a causa de ese importante avance del reino de Dios. Los intercesores eran conscientes de eso a través de un sentir compartido con respecto a la guía de Dios. Al darse cuenta de que yo estaba a punto de quedar bajo un grave ataque demoníaco que podía poner en peligro mi vida, redoblaron sus oraciones.

Me informaron que la batalla en oración alcanzó un punto de inflexión decisivo alrededor de las 4 de la tarde (hora del este de EE.UU.). En ese mismo momento (4 de la mañana en Corea), yo dormía distendido y feliz, cuando se encendió la luz y Liz Torrey entró corriendo a mi cuarto, se arrodilló junto a mi cama, y colocó sus manos sobre mí, orando en lenguas y en inglés por mi protección. Luego de unos pocos minutos, ella se levantó y se fue, y yo continué durmiendo tan apaciblemente como antes.

Más tarde Liz me dijo que había sido despertada una hora antes de eso para que fuera, impusiera manos y orara por mi protección. La guía del Espíritu se había vuelto cada vez más fuerte, así que ella despertó a Ben y le pidió que lo hiciera. Pero la guía recibida indicaba que debía ser ella. A la mañana siguiente recibimos noticias acerca de lo que había sucedido con los intercesores. Se nos hizo claro que el Espíritu

Santo había coordinado esa oración, llamando a Liz a cubrir la brecha física que había, y proveer oraciones de protección en forma local, las mismas oraciones que los intercesores elevaban a una vastísima distancia. Es este un ministerio extraño y maravilloso en el que, a través de la oración, logramos realizar la tarea de intercesión que invita a Dios a entrar en la situación, y luego él nos indica cómo bailar con él. El resultado es que el reino de Dios avanza y Jesús recibe la gloria. El equipo y yo salimos a salvo de Corea sin experimentar ningún tipo de ataques físicos ni espirituales, y el fruto de ese encuentro de enseñanza continúa creciendo para la gloria de Dios.

El rol de Moisés: Recibir visión para el pueblo de Dios

En la vida de Moisés vemos diversos aspectos de la tarea del intercesor que se relacionan directamente con la iglesia local. Está la esfera de guerra espiritual, en la que el intercesor se implica en una batalla de oración con las fuerzas del mal que buscan obstruir la misión de la iglesia. Está la tarea de «orar para que bajen» los recursos necesarios para la obra de Dios y su pueblo. También está el aspecto de buscar sabiduría, guía y dirección para las tareas que se nos llama a realizar. Cada una de estas cosas constituye una invitación a Dios para que obre en la congregación, proveyendo todo lo necesario para sustentar a su pueblo en medio de un testimonio al mundo. Pero hay un aspecto particular de la intercesión que distingue al intercesor tipo Moisés como un líder. De hecho, eso constituye un medio primordial de liderazgo espiritual. Se trata de la tarea de buscar la visión que Dios tiene de la realidad que su pueblo está llamado a crear.

Quiero ser claro con respecto a lo que queremos decir con esto (y a lo que no queremos significar). La versión King James de la Biblia (en inglés), traduce así Proverbios 29:18: «Donde no hay visión, el pueblo perece», de modo que insta a los equipos de liderazgo a detallar la visión sobre el futuro que planean para su congregación. Nos parece algo común y corriente hablar de un «liderazgo visionario» y de la necesidad de contar con una «declaración de visión». Pero esa manera de pensar nos confunde. La visión viene de Dios. Nos es *dada*; no se genera en nosotros. La nueva Versión Internacional presenta el mismo texto de este modo: «Donde no hay visión, el pueblo se extravía». La visión debe ser *revelada* por Dios. Sin esa conciencia que Dios da con respecto al futuro al que él nos llama, el pueblo se vuelve proclive a adoptar cualquier curso de acción.

La visión de Dios es la que le muestra a una congregación cuál es el rol particular que le permitirá convertir en realidad el reino de Dios. La visión global, o más amplia, de Jesús para todas las iglesias es que asuman su parte en el cumplimiento de la Gran Comisión y produzcan un avance del reino de Dios. Pero la visión particular es la que le da dirección a cada congregación, de modo que sepa de qué manera la está llamando Dios a tomar parte en su obra dentro de un tiempo y lugar específicos.

Recibir la visión de Dios fue lo que hizo de Moisés un intercesor y un líder. Cuando Moisés se acercó a mirar la zarza que ardía, quedó atrapado en un encuentro extraordinario con Dios. Se le dio la visión de liberar al pueblo de Israel de la esclavitud en Egipto y de introducirlo a la Tierra Prometida, en la que se convertiría en el propio pueblo de Dios, en un reino de sacerdotes (Éxodo 3:7-17; 19:3-6). En realidad eso fue una renovación de la visión que Dios ya le había dado a Abraham en cuanto a llamar de entre todos los pueblos de la tierra a un pueblo elegido a través del cual él pudiera derramar sus bendiciones sobre los demás pueblos del mundo (Génesis 12:1-3). Esa irresistible y tremenda visión de la realidad futura fue la que llevó a Moisés a confrontar al rey de Egipto con las palabras: «¡Deja ir a mi pueblo!» La misma visión fue la que los condujo durante los cuarenta años de vagar en el desierto en medio de distintas pruebas y peligros.

Después que Moisés murió en los umbrales de la Tierra Prometida, los que captaron la visión fueron Josué y un buen número de otros. En el desierto fueron formados como la comunidad del pueblo de Dios. Ahora Josué los conducía para introducirlos a la Tierra Prometida. Esa poderosa visión transformó las vidas y cambió la historia. El llamado a ser pueblo de Dios dio origen al medio de salvación, abarcador de toda la humanidad, en Jesucristo. Y ha persistido a través de los siglos, aun convocando a los judíos esparcidos por todo el mundo a regresar a su tierra para crear el moderno Estado de Israel. Y todavía continúa viva, dándole forma a la naturaleza de la iglesia como pueblo de Dios que aguarda el regreso de Cristo para crear un nuevo cielo y una nueva tierra en la que estará la nueva Jerusalén (Apocalipsis 21 y 22).

Esa visión vino por un encuentro con Dios en oración, y a través de los siglos se ha sostenido y renovado en oración. Y ha resultado en una obediencia que verdaderamente le ha dado forma a la historia y continúa dándole forma al futuro. Ese es el asombroso poder de la visión dada por Dios dentro del contexto de la oración. A través de la oración invitamos al Señor a intervenir en nuestra vida, y él responde dándonos visión profética; esa es su invitación a unirnos a él para crear su realidad sobre la tierra.

La visión de Dios para Lakeside: «Edifiquen discípulos y no edificios»

Peyton Johnson es el líder de la pujante iglesia Lakeside Community Church, en Florida, y la oración constituye una parte integral de su liderazgo. Es dentro del contexto de la oración que él recibe visión y dirección para la vida de la iglesia, y durante años ha tenido el hábito de «subir a la montaña» para desarrollar extensos períodos de oración. Las congregaciones han visto en su ministerio un modelo de liderazgo que se arraiga en la tarea de la oración.

En 1994 Peyton era ordenado por el presbiterio de Florida como un plantador de iglesias. En contraste con la gran congregación de California de la que había sido pastor asociado, en ese momento se encontraba frente a cuatro hectáreas de tierra y cero cantidad de personas. Se trataba de un escenario humanamente imposible, sin nada más que la visión de fundar una iglesia, y no podía hacer mucho más que caminar orando por la carretera pública que se extendía junto a esa tierra. Al hacerlo, el Señor dio origen en él a una visión sobre el tipo de congregación que iba a construir: una iglesia con la misma dinámica de obrar junto con el Espíritu Santo que se apreciaba en el libro de Los Hechos y que había experimentado personalmente en la Abadía de Jesús en Corea.

La primera respuesta a esas oraciones llegó cuando inesperadamente el rector de una iglesia episcopal lo llamó para ofrecerle un lugar en el que pudieran comenzar a tener un culto. Así que el domingo, después del mediodía, a las 12:30, un puñado de gente se congregó allí y nació una nueva iglesia. Bajo la unción del Espíritu Santo, los dones de predicación y pastoreo de Peyton se pusieron en funcionamiento para establecer el segundo fundamento de una congregación que fuera creciendo para alcanzar la plenitud de Cristo, y también comenzó a edificar a la gente con las Siete Dinámicas de cooperación con el Espíritu Santo.

Una vez más, de «sopetón» Peyton recibió el llamado de un promotor inmobiliario importante que le ofreció la donación de casi once hectáreas adyacentes a la primera parcela, las que incluían un hermoso lago de cuatro hectáreas. Un año y medio después de haber plantado la iglesia, levantaron la primera oficina y aulas de estructura modular, situadas junto al lago. La congregación seguía creciendo, y desbordando las instalaciones de esa iglesia episcopal, así que necesitaban con urgencia un lugar más amplio para los cultos y otras aulas. Peyton con frecuencia se dedicaba a orar sobre esa situación. Nos cuenta la forma en la que el Espíritu Santo engendró en él una visión poco convencional que afectaría profundamente el crecimiento de la iglesia.

Yo estaba solo en el pequeño módulo de mi oficina, mirando por la ventana mientras oraba preguntando cómo podría sacarle mejor partida a esas quince hectáreas. «No tenemos fondos para construir nada, Señor. ¿Qué vamos a hacer?» Entonces me vino un pensamiento a la mente: una tienda, justo al lado del lago. Esa fue la manera en que comenzó Israel. ¡Y fue la forma en que tanto mi tío como mi bisabuelo comenzaron en distintos sitios![3] Al hablar y orar con diferentes líderes, discernimos que esa era la visión de Dios para la congregación. Habíamos quedado tan atrapados por la idea de construir edificios que no podíamos ver aquella solución más simple. También luchábamos contra el deseo de construir un edificio de prestigio como lo hacían otras congregaciones prósperas de nuestra área, pero sentíamos que el Señor nos decía: «Edifiquen discípulos, y no edificios; los edificios vendrán a su tiempo».

Dos años más tarde, dado que la congregación había continuado creciendo, estábamos de nuevo con la misma preocupación: «¿Cómo podemos levantar algún edificio?» Y recibimos el mismo mensaje: «Edifiquen discípulos, y no edificios». Así que en lugar de ladrillos y mezcla, simplemente compramos una tienda más grande, en la que cabían más de cuatrocientas personas, y yo me concentré en desarrollar y dictar el «Curso sobre Hechos 1:8», como medio para edificar a los discípulos.[4] Comenzamos a ver que el Espíritu transformaba vidas y llevaba a la gente a crecer como discípulos de Jesús. La tienda en sí misma demostró ser toda una atracción que convocaba a mucha gente de nuestro medio que no solía concurrir a la iglesia previamente. Nuestro eslogan «Venga tal como usted es» y la atmósfera informal de la tienda resultaban confortables y no los intimidaban. ¡Resulta fácil escapar (tanto deslizarse hacia adentro como hacia fuera) cuando no existen paredes ni barreras! Nos llamábamos a nosotros mismos «Iglesia de la Cortina Abierta», un poco bromeando con el nombre de la Iglesia de la Puerta Abierta, que mi bisabuelo R. A. Torrey había fundado en Los Ángeles.

De una manera no planeada por nosotros, nuestro enfoque llegó a ser la transformación de la gente por el Espíritu, y no la construcción de edificios para la iglesia ni el desarrollo de programas. Al concentrarnos en transformar el discipulado en medio de un ambiente distendido en el que invitábamos: «Venga tal como usted es», el Señor cambió el ADN de la iglesia Lakeside. La visión de «edificar discípulos, y no edificios» se ha convertido en parte de lo que somos, aunque ahora tengamos construcciones maravillosas. Los edificios mismos han mantenido toda la apertura posible a los hermosos espacios que nos rodean, y aunque la «cortina abierta» ha sido reemplazada por una «puerta abierta», sigue estando abierta en invitación a las personas que no solían ir a la iglesia. La «visión de la tienda» le ha dado forma a lo que somos y a nuestra manera de funcionar.

Cultivar la oración intercesora en la congregación

Cultivar esta segunda dinámica depende mayormente del liderazgo de la iglesia. Si el pastor y los ancianos son personas de oración, su ejemplo y aliento animará a los demás a orar. Si no lo son, toda la congregación se infectará, creando una atmósfera de falta de oración y las oraciones de la gente permanecerán principalmente como algo personal e individual. Yo (Paul) he descubierto que es útil tener dentro del equipo de liderazgo varias personas para las que la oración constituya un enfoque significativo. Con certeza no serán los únicos que oren, pero sus prioridades y pasión asegurarán que la oración permanezca entretejida con la vida de la iglesia. Creo que todo equipo de liderazgo se beneficia al tener entre ellos a alguien que considera a la oración como un llamado significativo y como una unción.

Dentro de nuestra tradición reformada, atesoramos la convicción de que la oración no ha sido confinada al sacerdocio. Sin embargo, es fácil que la gente abdique a su privilegio de acceder al Padre y deje la práctica de la oración en manos del liderazgo. ¿Cómo podemos evitar esa actitud y cultivar la práctica de la oración intercesora en la vida de la congregación?

Enseñemos a la gente a orar

Tanto Jesús como Pablo enseñaron sobre la oración siendo un ejemplo de ella y enseñando a practicarla. Los discípulos fueron testigos de que Jesús se levantaba temprano y permanecía despierto hasta tarde, como también subir a la montaña a orar, práctica que los impulsó a pedirle: «Señor, enséñanos a orar» (Lucas 11:1). Así que Jesús les enseñó: «Ustedes deben orar así: "Padre nuestro que estás en el cielo..."» (Mateo 6:9), A medida que la gente veía la realidad de la oración en su vida, ellos mismos deseaban crecer en esa práctica. También Pablo fue un ejemplo de oración, sea que estuviera encadenado en la prisión, en un barco en medio de la tormenta, o practicándola, simplemente, como un hábito diario. Y él dio instrucciones específicas con respecto a la oración, tales como orar en toda ocasión (Efesios 6:18) y orar tanto en lenguas como en el propio idioma (1 Corintios 14:15). Esa combinación entre ser ejemplo y enseñar es la mejor manera en que un líder puede preparar a la congregación para la tarea de orar.

Hemos descubierto en repetidas ocasiones a través de las Siete Dinámicas que el aprendizaje no solo se produce a través de enseñar principios bíblicos, sino a través de cooperar con el Espíritu Santo en la práctica. En primer lugar, uno aprende a orar al pasar de la enseñanza a la práctica de la oración, y no por oír discursos sobre la oración o escuchar historias conmovedoras acerca de la experiencia de otros.

En cierta ocasión yo (Brad) fui invitado a enseñar sobre la oración en una clase de Escuela Dominical en la Iglesia Presbiteriana Montreat. Les conté algunas de mis propias experiencias en la oración intercesora y luego hice referencia a las enseñanzas de Jesús sobre pedir en oración. Podría haber seguido enseñando, pero uno de los hombres del grupo se veía muy estresado y como si tuviera necesidad de oración, así que le pregunté:

—¿Tiene usted algo en su corazón por lo que necesita que todo el grupo ore?

—¡Sí! —fue la respuesta inmediata—. A mi esposa acaban de diagnosticarle cáncer en un pecho. ¡Estoy en una verdadera lucha!

A esa altura, toda la clase realizó la transición hacia una aplicación práctica mientras nos reuníamos en torno al hermano y orábamos por él; y más tarde algunos de los de la clase fueron a buscar a su esposa y un grupo de mujeres le impusieron las manos en oración.

Al domingo siguiente mi clase sobre la oración quedó archivada. Enseñé solo durante diez minutos; el resto de la clase lo pasamos orando unos por otros. La tercera semana el pastor Richard habló acerca de su propia vida de oración y todos acabamos orando por él. La presencia del pastor era importante, porque reforzaba lo que todos ya sabíamos, que él era un hombre de oración y que la tarea de oración en la congregación era conducida por el Espíritu Santo y estaba bajo la autoridad del pastor. A través de la combinación de la enseñanza, el testimonio y de realizar la tarea en la práctica, la dinámica de la oración intercesora se fue edificando dentro de las prácticas generales de la congregación.

Ser lo suficientemente vulnerables como para pedirle a la gente que ore por nosotros y con nosotros

Jesús quería que sus discípulos permanecieran velando con él mientras luchaba en el Getsemaní. El apóstol Pablo cultivó la oración a través de pedirles a los demás que oraran por él y proveyéndoles temas específicos en los que centrarse.[5] A los cristianos en Roma, les escribió:

> Les ruego, hermanos, por nuestro Señor Jesucristo y por el amor del Espíritu, que se unan conmigo en esta lucha y que oren a Dios por mí. Pídanle que me libre de caer en manos de los incrédulos que están en Judea, y que los hermanos de Jerusalén reciban bien la ayuda que les llevo. De este modo, por la voluntad de Dios, llegaré a ustedes con alegría y podré descansar entre ustedes por algún tiempo (Romanos 15:30-32).

Pablo, valientemente y con persistencia pedía oración, y también deberíamos hacerlo nosotros. ¡Resultaría sorprendente que encontráramos alguien en nuestras iglesias que se opusiera a la idea de orar por sus líderes! Pero en tanto que unos pocos intercesores seguros de ellos mismos pueden seguir adelante, muchos otros apreciarían el recibir una guía específica y «permiso» para hacerlo. Al mostrar humildad y pedirle a la gente que ore por ellos, como lo hizo Pablo, los líderes le proporcionan a las personas motivación y dirección para sus oraciones. Esos pedidos abren la puerta para que el Espíritu Santo intervenga y lleve a otros a crecer en la tarea de la oración, conduciéndolos a la danza de cooperación.

Los líderes también deben mostrarse vulnerables, no solo en cuanto a pedirle a la gente que ore por ellos, sino que ministren a sus necesidades al orar *con* ellos. Si los líderes son los únicos que en realidad ministran a las personas de esta manera, refuerzan la percepción de que la oración es solo para los «expertos». Así que yo (Paul) me encuentro con otros para orar por un tiempo antes de dirigir la adoración y de predicar, y oramos por todos los que asumirán un rol activo durante los servicios de ese día, incluyéndome a mí mismo. Cuando yo estaba por tomar un tiempo sabático, le pedí a la congregación que se reuniera y orara por mí. En las conferencias yo normalmente llamo a algunas pocas personas para que oren por mí inmediatamente antes de dar la enseñanza y también pido que haya gente intercediendo por mí durante las sesiones. Al proveer oportunidades como estas, ayudamos a la gente a crecer en la práctica de la oración cooperativa, uniéndose a la actividad del Espíritu Santo.

Crear contextos y oportunidades para la oración

Para que la oración ocupe su lugar en la congregación, se le debe dedicar tiempo y espacio y proveer liderazgo. Distintas personas considerarán útiles diferentes enfoques. En la iglesia Plymstock United Church, yo (Paul) he procurado alentar a la gente a orar en una variedad de maneras. Las personas se encuentran para diversas reuniones de oración cada mes, y nosotros les animamos a estar atentos al enfoque de las oraciones de los demás y unirse a ellas sobre el mismo tema. Ocasionalmente algunos se encuentran inesperadamente cargados por alguna cuestión, o tal vez les viene a la mente alguna imagen o una convicción silenciosa acerca de lo que deben orar al respecto. Los alentamos a comunicar esas cosas y luego concentrar las oraciones en esos tópicos. A veces también le hago conocer al resto de la iglesia los puntos en los que nos hemos enfocado por medio de contar la historia en la revista mensual de la iglesia.

Entre los ancianos hemos llevado este proceso más allá, orando juntos al comienzo de nuestras reuniones y esperando para ver si el Espíritu Santo nos proporciona alguna guía específica. En algunas pocas ocasiones nuestra agenda resultó cambiada significativamente debido a la guía del Señor. Oportunidades de ese tipo ayudan a los líderes mismos a crecer en comprensión y perspicacia, equipándolos mejor para proporcionar una orientación semejante a las demás personas de la iglesia.

A través de eventos especiales del calendario de la iglesia, conducimos a la gente a la oración, con frecuencia produciendo señaladores para libros y listas de oración con sugerencias en cuanto al enfoque. También solemos alentar a la gente a comprometerse a orar por alguna actividad y considerar eso como su contribución primaria al evento. Al hacerlo, enfatizamos el significado de la oración, reafirmando a los que estén llamados a esta tarea, y proveyéndoles formas prácticas de comprometerse con ella. Mientras que algunas personas entregan folletos publicitarios puerta por puerta, otros se reúnen para orar en el mismo momento. Invitamos a la gente a reunirse de antemano los domingos para orar por el servicio y por los participantes. Una cadena de oración telefónica hace posible que se transmitan pedidos específicos de oración, y la publicación mensual incluye tópicos de oración para la vida de la iglesia.

Todo eso, unido a la enseñanza por medio de sermones y eventos especiales, ayudan a saturar de oración la vida y el carácter de la iglesia. Pero, en tanto que todos los cristianos tienen el privilegio de orar, algunos son llamados específicamente a una tarea de intercesión.

Identificar y equipar a los intercesores

Los intercesores constituyen una rica bendición. El líder que alimenta la dinámica de la oración debería pedirle al Señor que levante personas para la obra de intercesión. Se trata de cristianos con un don y una unción especial para la oración, con frecuencia tremendamente sensibles a la esfera espiritual, con una profunda relación personal con Jesús y dispuestos a pararse en la brecha cuando él los llama. Muchos están ocultos dentro de la congregación, sin ser reconocidos, y son poco utilizados a pesar de haber sido ungidos por el Espíritu para esa tarea en particular. A menudo no desean exponerse ante el público, conscientes de la enseñanza de Jesús con respecto a que la oración debe ser entre ellos y Dios y no para la vista y el aplauso de los demás (Mateo 6:6). Algunos descubren que tienen experiencias con Dios y con lo demoníaco que van más allá del ámbito normal de la experiencia humana, así que simplemente lo silencian.

Para otros el llamado a la oración intercesora está en una etapa embrionaria, esperando la oportunidad y el medioambiente que les permita crecer. Esta es la manera en la que Mary Ellen Conners (que ahora funciona como coordinadora de oración para PRMI) se comprometió con la oración intercesora dentro de su iglesia local.

Por mucho tiempo supe de la importancia de la oración pero nunca me consideré muy eficaz en ella. Mis primeros pasos reales hacia delante se produjeron cuando me uní a un grupo que se encontraba semanalmente para orar por los misioneros a los que apoyaba nuestra iglesia. En ese grupo conocí gente que en verdad creía que su oración cambiaba las cosas. Le hablaban a Dios recordándole sus promesas, y oraban con fe. Al escucharlos orar, me sentí alentada por la fe de ellos. Comencé a añadir tímidamente algunas pocas oraciones y gradualmente fui ganando confianza. Alrededor de ese tiempo, me uní a un equipo de oración por sanidad que se estaba formando en nuestra iglesia. Allí, mientras orábamos cara a cara con la gente, podíamos apreciar el efecto inmediato de nuestras oraciones. Los principios de intercesión que aprendimos orando por los individuos luego los aplicamos a la oración por los servicios de los domingos a la mañana y por otras reuniones de la iglesia.

La invitación a comprometerse con la oración y la oportunidad que se provea para ello debe ir acompañada por un apoyo, enseñanza y aliento, de modo que aquellos que muestren un particular interés en esa esfera sean equipados para la tarea. Eso puede incluir el ofrecerles material de lectura útil, tal como el de Brad, *Prayer That*

Shapes the Future[6] [Oración que le da forma al futuro], guiarlos a que asistan a conferencias y encuentros de enseñanza que alimentarán su vida de oración, o vincularlos con personas de mayor experiencia en la esfera de la intercesión, que pueden ser sus mentores y los apoyen a medida que van creciendo. A través del Proyecto Dunamis, al darle a la gente la oportunidad de comprometerse en la intercesión, hemos observado que muchas personas pasan de una participación tentativa a convertirse en maravillosos obreros de la oración. La seguridad que les provee el liderazgo y el apoyo de intercesores experimentados, los cambios que produce su oración y el análisis minucioso que se lleva a cabo con posterioridad los ayudan a equiparse para ese ministerio.

Cuando la gente aprende a comprometerse con un ministerio en particular, generalmente encuentra que le es útil contar con un marco de contención y recibir una guía básica acerca de cómo ejercer ese rol. Del mismo modo, dentro de la iglesia local la gente necesita que se la invite a comprometerse, y también contar con un contexto que permita una participación con sentido. Luego de que todo esto está en su lugar, entonces se hace necesario crear alguna manera en que los intercesores se puedan comunicar con los líderes y también ayudarlos a encontrar un equilibrio en aquello que están recibiendo.

¿De qué modo puede comprometerse la gente con la intercesión de un modo que les resulte útil a los líderes y al resto de la congregación?

- Formar grupos de oración en torno a algo por la que la gente muestra pasión. Por ejemplo, un campamento de la iglesia, o la enfermedad de un amado miembro de la congregación. Hacer que alguien más experimentado en la oración guíe a los que tienen menos experiencia.
- Ayudar a los que cuentan con menos experiencia, proveyéndoles un marco de referencia al comienzo como, por ejemplo, hacer que se enfoquen en los aspectos incluidos en algún acróstico.
- Tomar después el tiempo para analizar lo realizado, identificando la manera en que el Espíritu guió y motivó las oraciones.

Uno de los mayores desafíos para los líderes de la iglesia es aprender a trabajar con los intercesores. Cuando se desarrolla una relación del tipo de la que tenían Moisés y Josué con uno o más intercesores, resulta útil aclarar cuáles deben ser las expectativas. Por ejemplo, un pastor que invite a un grupo a orar por el servicio del domingo hará bien en aclarar lo siguiente:

- *¿Hasta qué punto interactuará con ellos?* ¿Desea orar con ellos antes del servicio, o necesita ese tiempo para prepararse mentalmente para conducir la adoración?

segunda dinámica: La oración intercesora invita a Dios a participar

- *¿Cuál será el proceso de retroalimentación?* Si ellos reciben discernimiento del Espíritu que consideran importante que él conozca, ¿de qué modo querría recibirlo? ¿En una conversación posterior al servicio? ¿Por una nota de correo o correo electrónico? ¿A través de una reunión mensual programada? Resulta mucho más fácil canalizar ese discernimiento haciéndolo a través de una persona en vez de intentar interactuar con todo el grupo.
- *Forma de mantener la relación.* Programar una reunión regularmente (quizá cada tres meses) para escuchar a los intercesores, alentarlos y ponerse de acuerdo sobre los cambios que resulten necesarios.

En este capítulo hemos visto que el amor que nos conduce a la danza de cooperación nos lleva a la oración. A través de la oración invitamos a Dios a participar con nosotros, y lo vemos responder. Su respuesta requiere una segunda respuesta de nuestra parte: fe y obediencia Y es a esa tercera dinámica que nos abocaremos ahora.

1. Juan Calvino *Institutes of the Christian Religion* [Institución de la religión cristiana], editado por John T. McNeill, Westminster, Filadelfia, 1960, 3.20.2.

2. La palabra hebrea que significa «ayudante» generalmente se usa con referencia a que Dios ayuda a su pueblo y de ninguna manera debería restringirse a la relación entre marido y mujer.

3. El tío de Peyton era el reverendo Archer Torrey, quien dio comienzo a la Abadía de Jesús montando una tienda en el valle de una apartada montaña de la costa este de Corea del Sur. Su bisabuelo fue R. A. Torrey, el colaborador de D. L Moody, que inició su ministerio internacional y su enseñanza sobre el Espíritu Santo en reuniones de avivamiento llevadas a cabo en tiendas.

4. El Curso sobre Hechos 1:8 desarrollado por Peyton Johnston es un curso de un año, para ser usado por las congregaciones locales, introductorio a la doctrina cristiana básica y a las enseñanzas bíblicas sobre la persona y obra del Espíritu Santo como clave de la vida cristiana. Ese material es muy similar al Proyecto Dunamis que yo (Brad) he desarrollado. Ambos provienen de la misma raíz, las enseñanzas de R. A. Torrey y Archer Torrey. El Curso sobre Hechos 1:8 se puede encargar a la Iglesia Lakeside en la página www.lakesidelife.com.

5. Para considerar ejemplos de pedidos de oración de este estilo, ver Efesios 6:19-20; Colosenses 4:3-4; 2 Tesalonicenses 3:1-2.

6. Brad Long y Doug McMurry, *Prayer That Shapes the Future*, Zondervan, Grand Rapids, 1999.

Capítulo 11

Tercera dinámica: La fe revestida de obediencia abre la puerta a la actividad de Dios

La fe es la convicción de que Dios puede actuar y lo hará, y se vuelve evidente a través de acciones fundadas en esa confianza. La fe expresada en acción es la que llevó a Pedro a caminar sobre el agua y lo convirtió en un participante activo en la sanidad del mendigo que estaba en las escalinatas del templo. La fe nos lleva a estar dispuestos a dar pasos de obediencia arriesgados, y nos introduce a la esfera de la dependencia de Dios en la que podemos obrar de un modo sobrenatural. Consideraremos ahora la manera en que los líderes pueden hacer que crezca esa fe capaz de mover montañas y la obediencia dentro de la congregación.

Hebreos 11:4-39 celebra de forma estupenda a los héroes de la fe, aquellos hombres y mujeres que vivieron con la convicción de que se debía confiar en Dios. Esa convicción es el don espiritual de la fe, «cuando uno sabe, sin lugar a dudas, que puede entregarle el control a Dios y estar seguro de que él sabe más y se encargará de proveer».[1] Es la certeza que tiene el alma de que Dios puede cumplir lo que dice, y que lo hará, y que luego se revela en las acciones que realizamos. Jesús lo describe como la fe que mueve montañas (Mateo 21:21), una firme confianza que convierte en realidad lo que se busca en oración (Marcos 11:24). Esta es nuestra tercera dinámica: la combinación entre la fe y la obediencia.

La fe y la obediencia fluyen naturalmente a partir de las dos dinámicas del amor y la oración intercesora. El amor que nos llama a la participación no solo nos conduce a la montaña a orar con Moisés sino que también nos lleva a la batalla con Josué. Por un lado, la oración intercesora invita a Dios a participar. Por el otro, crea un contexto en el que Dios nos da visión, dirige nuestra forma de participar y nos llama a entrar en acción. La fe obediente abre la puerta a la actividad de Dios en el mundo.

Abraham y María constituyen dos grandes paradigmas bíblicos de ese tipo de fe. Cada uno de ellos aparece en un momento de flexión dentro de la historia de la salvación. Los dos tuvieron el don de esa fe que se reviste de obediencia, una fe que abrió la puerta para una obra fundamental de Dios que trae bendición y salvación a toda la humanidad.

La fe abre la puerta a la actividad de Dios

María, la madre de Jesús, constituye una demostración de esta tercera dinámica de la fe que lleva a la obediencia, cuando le da respuesta al mensaje del ángel. Las profecías de las Escrituras convergen sobre la vida de esta virgen comprometida en matrimonio, y Gabriel le da una palabra acerca del rol determinado para ella como madre del heredero del rey David, explicándole así: «El Espíritu Santo vendrá sobre ti, y el poder del Altísimo te cubrirá con su sombra» (Lucas 1:35). El impacto de esas palabras ha perdido su filo para nosotros porque nos hemos familiarizado con ellas, pero para María el mensaje debe resultar algo escandaloso y absurdo. Se la llama a entrar en una situación físicamente imposible y socialmente comprometedora: embarazarse antes del matrimonio, contando una historia inverosímil acerca del padre del niño, y corriendo el riesgo de ser rechazada por su marido y condenada por la comunidad.

La fe de María es extraordinaria, porque despliega una confianza sin restricciones con respecto a que Dios puede hacer lo que el ángel le dice, y que lo hará. No extraña entonces que Elizabet exclame: «¡Dichosa tú que has creído, porque lo que el Señor te ha dicho se cumplirá!» (Lucas 1:45). La fe es una actitud del corazón que confía en Dios y espera que él obre. A esa actitud interior debemos también añadirle una expresión externa en la forma de obediencia. Como Santiago lo dice sin rodeos, «la fe sin obras está muerta» (Santiago 2:26). Cuando se la despoja de una obediencia activa, la fe queda desnuda, como un mero asentimiento intelectual que falla en conectarse con el Espíritu Santo en la danza de cooperación. Eso es lo que Santiago señala en sus reflexiones sobre Abraham: «Ya lo ves: Su fe y sus obras actuaban conjuntamente, *y su fe llegó a la perfección por las obras que hizo*» (versículo 22, itálicas añadidas). María completa su actitud interior de confianza con una rendición muy femenina al plan de Dios: «Aquí tienes a la sierva del Señor... Que él haga conmigo como me has dicho» (Lucas 1:38). Su fe, expresada en obediencia, cambia la historia de la humanidad. El Espíritu Santo viene sobre ella, y ella concibe, gesta y da a luz al Salvador del mundo. La fe de María abre la puerta a la actividad de Dios.

Esa dinámica de la fe revestida de obediencia se encuentra una y otra vez entre aquellos que trabajan en colaboración con Dios para darle forma a la historia. Para

Abraham significó desarraigar a su familia y viajar hacia un futuro incierto, para convertirse luego en el padre fundador del pueblo de Dios. Para Moisés incluyó el regresar a Egipto para sostener una confrontación de poderes con el Faraón. Ezequiel dio un paso aparentemente estúpido al proclamar la palabra de Dios en medio de un valle lleno de huesos secos. Rut, la extranjera moabita, se arriesgó a emigrar a Israel y se convirtió en la bisabuela del rey David. Pedro saltó fuera de la barca por invitación de Jesús y caminó sobre las olas. Marta y la gente que la acompañaba quitaron la piedra de la tumba de su hermano muerto y fueron testigos de su resurrección. Pablo se embarcó en un viaje a Jerusalén con riesgo de vida, y enfrentó el martirio por el Mesías.

Ese mismo fenómeno de la fe revestida de obediencia es parte integrante de todas las grandes obras del reino de Dios, y se extiende desde Pentecostés hasta el presente. Juan Calvino regresó a Ginebra cuando recién lo habían arrojado de allí para poder ser usado por Dios en el desarrollo de la Reforma. Hudson Taylor, sin apoyo alguno, viajó como misionero a la China. La madre Teresa, de Albania, derramó su vida en el cuidado de los pobres que agonizaban en las calles de Calcuta. Jane y Archer Torrey montaron una tienda en el valle de una montaña coreana, dando inicio a una comunidad de oración. Peyton Johnson estableció una tienda junto a un lago en Florida y desarrolló una congregación entre aquellos que no asistían a la iglesia. Hay multitud de historias en la misma línea, y detrás de todos esos avances del reino de Dios (sea en una escala global, dentro de la vida de una congregación, o solo en el corazón de algún individuo cristiano) siempre nos encontramos con el don de la fe revestida de obediencia.

La sorprendente auto limitación de Dios

En el milagro de la resurrección de Lázaro de entre los muertos, solemos centrar la atención en Jesús. Sin embargo, Marta también jugó un rol fundamental, al abrir la puerta de la dimensión de lo milagroso por su expresión de fe. Cuando Marta salió a encontrarse con Jesús en el momento en que él se acercaba a su hogar en Betania, él la confrontó con una elección: «Yo soy la resurrección y la vida. El que cree en mí vivirá, aunque muera; y todo el que vive y cree en mí no morirá jamás. *¿Crees esto?*» (Juan 11:25-26, itálicas añadidas).

Ante esa pregunta, la historia quedó como en suspenso, y dependía de su respuesta el que siguiera su curso. La fe es el conector entre la esfera del Espíritu y este mundo. El Señor todopoderoso, soberano de toda la creación, ha elegido obrar la mayoría de las veces a través de la fe humana.[2] Sin la puerta abierta de la fe en el corazón de Marta Jesús no hubiera podido avanzar en la danza de cooperación con el Padre y con el Espíritu Santo. Las Escrituras registran que la ausencia de fe en el pueblo de origen de Jesús fue lo que privó a sus ciudadanos de sus milagros. La gracia, amor y poder del Padre eran los mismos en Nazaret que en Betania, y Jesús tenía la misma unción del Espíritu Santo, pero las puertas estaban cerradas. Jesús no pudo realizar grandes obras allí, y se maravillo de la falta de fe de ellos (Marcos 6:1-6).

Marta tenía la genuina libertad de decir: «¡No, no lo creo!» Dios, que conoce todas las cosas y de quien no se pueden esconder secretos, ya sabía cual iba a ser su respuesta. Pero la elección siguió siendo de ella. Si no hubiera hallado dentro de ella misma la gracia como para decir: «Sí, Señor, yo creo», el poder de Dios hubiera sido bloqueado en Betania lo mismo que lo fue en Nazaret. Lázaro hubiera permanecido en su tumba. Aquí regresamos a la primera dinámica, porque fue el gran amor de Marta por Jesús y el amor de él por las hermanas y su hermano, lo que llevó a la posibilidad de la gran fe. Y vemos otra vez, como con la dinámica de la oración, que la sorprendente auto limitación que se impone el Señor nos incorpora a *nosotros* a sus planes y propósitos. Nuestras elecciones juegan un rol integral en cuanto a determinar lo que suceda (o no suceda).

Todavía lo vemos hoy en congregaciones que no creen en Jesucristo como el camino, la verdad y la vida, y el único camino al Padre. Allí, como en Nazaret, Jesús no puede realizar grandes obras, porque se necesita de la fe para abrir la puerta a la actividad dinámica del Espíritu Santo.

Fe revestida de obediencia

Una cosa es oír a Jesús preguntar: «¿Crees esto?», y hacer la afirmación verbal «Sí, Señor, yo creo», pero es una cuestión totalmente distinta el revestir la fe con obediencia, como lo hizo María (la madre de Jesús) rindiéndose y aceptando ser la que llevara en su seno al Mesías. Ese es el momento de la verdad en el que la fe demuestra que es auténtica. Cuando Jesús le dijo a Marta y a la multitud que lloraba: «Quiten la piedra», la realidad de su fe se hizo manifiesta por sus obras. Marta flaqueó por un momento, recordándole a Jesús que había mal olor porque Lázaro había estado muerto por cuatro días. Pero ya su fe había abierto la puerta para la actividad de Dios, y Jesús la volvió a llamar a un lugar de confianza al decirle: «¿No te dije que si crees verás la gloria de Dios?» Entonces quitaron la piedra. La fe se revistió de acción, y le extendió una bienvenida a la poderosa obra de Dios en medio de ellos, así que Jesús dio la orden: «Lázaro, sal fuera». La muerte fue superada por la vida, y Lázaro emergió de la tumba (Juan 11:38-43).

Nos equivocaríamos si consideráramos la danza de cooperación tan solo como un salto de fe gigante. A veces ese puede ser el caso, pero con frecuencia se trata de un pequeño paso, seguido por otro y otro, el que nos permite caminar por fe. Esos actos de obediencia graduales nos llevan a expresar nuestra confianza, y le permiten a Dios obrar mientras la fe va floreciendo de un paso a la vez. Por esa razón Marta, que amaba a Jesús, podía expresar verbalmente su confianza en él y, sin embargo, luchar con la idea de quitar la piedra. Todavía no había incorporado la posibilidad de que Jesús en realidad pudiera levantar de los muertos a su hermano allí y en ese momento. Pero quitar la piedra era el siguiente pequeño paso de fe, el próximo paso para entrar a la sorprendente realidad de que Jesús era la Resurrección y la Vida. Jesús establecía una conexión entre creer en él y la obediencia a sus mandatos. Una vez que se dio ese paso de fe, Marta y los demás vieron la gloria de Dios expresada en el milagro de la resurrección, y ese milagro a su vez fortaleció la fe de ellos.

Sucede lo mismo con nuestras vidas. Cuando damos un paso adelante en obediencia a un mandato de Jesús, nos colocamos dentro de la esfera de la fe, y le abrimos la puerta para que obre en medio de nosotros. Entonces, al ser testigos de su poder en acción entre nosotros, crece nuestra capacidad de poder confiar en él. Nos volvemos más listos y dispuestos a dar pasos de obediencia; podemos apreciar más la actividad del Espíritu Santo, ¡y así continúa la danza! El proceso de aprender a cooperar con el Espíritu puede incluir muchas de estas acciones graduales de obediencia que expresan nuestra fe y nos permiten andar por fe.

Esas acciones de obediencia pueden variar de una situación a otra. Pero la única forma universal de obediencia, y a veces la única manera en que podemos revestir nuestra fe, es ofrecer gratitud y alabanzas al Señor como una expresión de confianza. Pablo da esta instrucción: «No se inquieten por nada; más bien, en toda ocasión, con oración y ruego, presenten sus peticiones a Dios y denle gracias» (Filipenses 4:6). El llamado a ser agradecidos en toda situación puede sonarnos como completamente falto de realismo hasta que recordamos el catálogo de sufrimientos de la vida del propio Pablo: él fue azotado, apedreado, pasó por naufragios, fue dejado a la deriva en mar abierto, estuvo en peligro de bandidos y de falsos hermanos, fue enviado a prisión, pasó frío, desnudez y hambre (2 Corintios 11:23-28). Resulta sorprendente que pudiera seguir teniendo fe en Dios, y mucho más que mantuviera una actitud agradecida. ¿En cuántas ocasiones descubrió Pablo que la única manera en que su fe se podía expresar en obediencia era a través de ser agradecido y presentar sus alabanzas?

Habiendo viajado a Filipos en obediencia a la guía del Espíritu, Pablo ocasionó un tumulto al liberar a una muchacha esclava de la opresión de un espíritu maligno. Arrastrados hasta la autoridades, él y Silas fueron desnudados, golpeados, arrojados a una prisión y encerrados en el cepo. En esas circunstancias imposibles, su fe se expresó a través de que «se pusieron a orar y a cantar himnos a Dios». Tal expresión de fe luego le abrió la puerta a una intervención directa y sobrenatural de Dios, cuando él envió un terremoto. Finalmente, eso condujo a la conversión del carcelero y a la libertad de Pablo y Silas (Hechos 16:16-39).

Cuando Pablo insiste en que la fe debe revestirse de obediencia a través de una alabanza llena de gratitud, está hablando de su experiencia personal en medio de la adversidad. Él elige confiar en lugar de mostrarse ansioso, elevar oraciones junto con acción de gracias. Ha aprendido esta tercera dinámica y la aplica no solo a su propia vida sino a la vida de las congregaciones que funda. Consecuentemente, tanto Pablo como las congregaciones se vuelven participantes activos dentro de la danza de cooperación con el Espíritu Santo. En este caso, el fruto de su obediencia es ver que el evangelio de Jesucristo se extiende por todo lo que ahora se llama el mundo occidental, porque Filipo es la primera iglesia plantada en suelo europeo.

Un pastor que aprendió lecciones de fe revestidas de obediencia

Cuando John Chang fundó la iglesia Grace Christian Congregation, en Flushing, Nueva York, descubrió la realidad práctica de una fe revestida de obediencia. Luego de graduarse del Seminario Teológico Pinceton, John fue llamado a establecer una congregación de la Reformed Church of America en Staten Island, Nueva York. Él provenía de Taiwan, y su iglesia creció hasta convertirse en una congregación floreciente con servicios en idioma taiwanés, mandarín e inglés.

John fue bautizado con el Espíritu Santo unos pocos años después de establecer esa iglesia y fue tomado por la visión de alcanzar al mundo chino para Jesucristo. En una ocasión en que oraba, recibió un fuerte sentir de que el Espíritu Santo lo guiaba a comenzar una nueva congregación dentro de la vasta población de la etnia china que había en Flushing, Queens, a una hora de distancia. Algunos de los profesionales jóvenes de la congregación de Staten Island venían en automóvil desde Flushing todas las semanas, y John percibió que ellos podrían formar el núcleo de esa iglesia, que sería como una base de misiones para alcanzar toda esa área con el evangelio. Aquella sería una congregación que encarnara las Siete Dinámicas de la danza de cooperación con el Espíritu Santo, aunque él no utilizó este lenguaje. Todo lo que él sabía era que había sido llamado a levantar una congregación que funcionara como la iglesia que él veía en el libro de Hechos y en la primera carta de Pablo a la iglesia de los corintios.[3]

John compartió esta visión con el grupo de jóvenes profesionales que se trasladaban desde Flushing, y ellos se entusiasmaron inmediatamente con aquella visión, ¡mayormente porque les evitaría el largo viaje de los domingos por la mañana! (Gracias a Dios que el Espíritu Santo puede obrar aun cuando nuestros motivos de partida sean equivocados, transformando las actitudes de nuestro corazón de modo que la motivación correcta pueda brotar dentro de nosotros). Luego de transmitirle la visión a ese grupo y de orar con ellos, John les llevó la propuesta a los ancianos de la congregación y a su esposa, Su. La respuesta unánime fue un contundente «¡No!» Ninguno de los del liderazgo estaba a favor de agregar más carga de trabajo sobre su pastor, y ninguno podía ver el potencial de un ministerio en el área de Flushing ni compartía la visión de fundar una nueva congregación. Bajo la superficie también se anidaba el temor a dividir la congregación si es que los miembros más jóvenes eran los que darían comienzo a la adoración en otro lugar.

John quedó destrozado por la respuesta. Con su corazón cargado, llevó esa respuesta al pequeño y esperanzado grupo de los que se trasladaban los domingos, y también ellos quedaran profundamente decepcionados. Su pensamiento inicial, nacido de una personalidad pionera, fue continuar luchando y enfrentarse a todo el grupo, ¡y a su esposa también! Además, se sintió tentado a simplemente renunciar y comenzar esa nueva congregación por su cuenta. Pero luego de una lucha personal bastante considerable, John se sometió a la dirección de ellos como proveniente de Jesús. Tiempo después, reconoció: «En un momento estuve muy enojado con los líderes de la congregación ¡y también enojado con Dios! Pero durante ese tiempo mi propios planes murieron. Debo confesar que mi ego tuvo mucho que ver. Deseaba comenzar una congregación dinámica, en el poder del Espíritu Santo, que me volviera famoso dentro de la R.C.A. Tenía que morir a mí mismo para que realmente pudiera poner mi fe en Jesús y no en mis propias capacidades».

Habiendo aceptado el consejo del grupo de ancianos, John volvió a orar con un corazón sumiso, preguntando: «Bueno, Señor, ¿qué es lo que quiere que haga ahora?» La dirección le llegó clara: «Comienza a orar con ese grupo. Empieza a vivir con ellos el modelo de iglesia que ves en el libro de Hechos». John se tomó en serio esa revelación y comenzó a llevar a cabo reuniones semanales de oración con el grupo, así como también los tradicionales servicios semanales de oración en la iglesia. Esa fue la primera forma de ir revistiendo gradualmente su fe de obediencia, y continuó así por alrededor de un año, durante el cual muchos profesionales más comenzaron a participar. Varios de ellos no habían sido asistentes a ninguna iglesia con anterioridad, y muchos se acercaron a la fe en Cristo a través de ese grupo de oración y comunión.

Durante el segundo año, se añadieron el estudio bíblico y la enseñanza a la práctica de la oración y la comunión. John daba clases que comenzaban con la doctrina cristiana básica y avanzaban luego hacia un discipulado práctico. Se centraba en la enseñanza bíblica referida a los dones y el poder del Espíritu Santo y, al ir finalizando ese año, la mayoría dentro del grupo estaba profundamente fundamentado en las Escrituras y había sido bautizada con el Espíritu. La obra de investir a esa gente de poder, realizada por el Espíritu Santo, condujo a un crecimiento en todas las esferas, inclusive el ministerio de oración por sanidad y el de la evangelización. También comenzaron a desarrollar bastante el ministerio de liberación (o sea, el de echar fuera los espíritus malignos), debido a que la gente provenía de un trasfondo pagano, y al volverse cristiana y comenzar a crecer en la obra del Espíritu Santo, era frecuente que diera muestras de manifestaciones demoníacas. Su y John, que estaban creciendo en los dones y el poder del Espíritu Santo, constituían el modelo para el ministerio de sanidad y liberación.

Esa actividad causaba un efecto de desborde sobre toda la congregación de Staten Island. Ellos también estaban creciendo en profundidad en el ministerio, en la comunión y en número, y entonces John pasó por la tentación de sentirse satisfecho con esa floreciente congregación. Pero la visión de comenzar una nueva congregación en Flushing aun persistía, y finalmente volvió a presentársela a los ancianos. En esta ocasión la reacción fue muy diferente. Los ancianos habían aprendido más acerca de escuchar al Espíritu Santo, y la congregación había crecido tanto que ya no sentían como una amenaza la perspectiva de que unas pocas personas salieran para formar una nueva iglesia. Con gusto confirmaron la visión, y un pequeño equipo de quince personas de Staten Island salió para formar el núcleo de la congregación en el barrio chino de Flushing, Queens.

Esa nueva iglesia tuvo sus orígenes en la visión que había recibido del Espíritu Santo el pastor John mientras oraba. Y se convirtió en una realidad cuando el Espíritu primero atrajo a John y luego a los ancianos de Staten Island y al pequeño grupo de los intercesores a la danza de cooperación. John recibió el don de fe para creer que Jesús realmente deseaba formar una nueva congregación que fuera como aquella ejemplificada en el libro de Hechos. No se trataba de fe en su propia visión, sino de fe en que solo Jesucristo concibe y da a luz todas las nuevas obras que constituyen una verdadera expresión del reino de Dios.

Luego se produjeron los sucesivos pasos de obediencia que pusieron a la fe en acción, primero sometiéndose a la conducción del liderazgo de la iglesia, al no irse por su cuenta; luego a través de continuar orando, enseñando la Biblia, enseñando sobre la obra del Espíritu Santo, orando por la gente para que recibiera el bautismo del Espíritu Santo y avanzando en el ministerio. Lo que John no captó en ese momento, pero reconoció después de buen grado al mirar en retrospectiva, era que Dios había comenzado su obra dentro del espacio seguro de la congregación de Staten Island. Allí él pudo colocar el primer y segundo fundamentos, y llevarlos a un crecimiento que luego se convertiría en la semilla de la nueva congregación, programando así el ADN de una iglesia en la que la danza de cooperación con el Espíritu Santo estaba pronta a tener lugar. Las experiencias de la gente en torno a la oración, a crecer en los dones del Espíritu Santo, a observar el desarrollo de un ministerio de sanidad, y a ver que las personas se acercaban a la fe en Cristo y eran liberadas de malos espíritus, todas ellas construyeron un fundamento de fe en el grupo que constituía el núcleo y también en toda la comunidad de Staten Island. Dios fue entonces mejor recibido a obrar que nunca antes.

Luego de dos años de preparación, desarrollando una fe que se revestía de obediencia, arribaron al punto de partida. Un domingo en particular, dieron el gran salto y comenzaron en verdad. Nadie en Flushing los había invitado a ir y comenzar allí una congregación. Simplemente tenían que revestir de obras su fe a través de la acción de dar comienzo a un servicio de adoración. Uno de los que solían viajar desde Flushing les había provisto un pequeño cuarto en el subsuelo de un edificio de apartamentos. El momento había sido anunciado de antemano a la congregación y se habían colocado carteles en inglés y chino alrededor de la ciudad. Todos oraban para que eso funcionara. Pero cuando llegó el domingo, John tuvo que actuar en fe, subirse al automóvil, conducir hasta Flushing, y dirigir el servicio. Una pequeña cantidad de otras personas (lo que resultaba desalentador) habían hecho lo mismo, y a la hora señalada, John se paró delante de un pequeño grupo de diez personas y condujo la adoración. La nueva iglesia había dado comienzo.

Cinco años después esa era una poderosa congregación de cerca de cien personas. Las siete dinámicas de cooperación con el Espíritu Santo se habían integrado a la vida de la iglesia Grace Christian Congregation. Cuando Cindy y yo (Brad) llegamos al grupo de oración del miércoles por la noche, encontramos el lugar lleno de gente, bullendo con una fe eléctrica y la expectativa de lo que Dios iba a hacer, y encantados con lo que ya estaba haciendo. Hoy es una iglesia viva a través del ministerio de la oración y de la sanidad, con gente que llega a la fe, y demuestra gran generosidad en sus ofrendas para las misiones. Constituyen una base de envío de misioneros dinámica, investida de poder y conducida por el Espíritu Santo. Están alcanzando con el evangelio no solo a Flushing, sino que, a través del apoyo que le prestan a PRMI, están haciendo posible que esa obra se lleve a cabo en el interior de la China y alrededor del mundo. La iglesia auspicia un circuito del Proyecto Dunamis desarrollado en chino para toda el área. Son una congregación sorprendente, imperfecta como cualquier otra iglesia; sin embargo, reflejan el modelo que podemos ver en el libro de Hechos de una iglesia que danza en asociación con el Espíritu Santo.

Alimentar una fe obediente en la congregación

Si es verdad que nuestra fe y obediencia de veras cuentan, y que Dios en realidad no puede obrar sin la puerta abierta de nuestra fe revestida de obediencia, entonces nosotros cargamos con una tremenda responsabilidad. Jesús quiere que en su iglesia seamos más que simples marionetas en las manos de una deidad dictatorial y absolutamente soberana, y el Padre desea asumir un riesgo mayúsculo al incorporarnos a nosotros en su obra y limitarse él mismo a nuestra fe y obediencia. Nuestra falta de fe y obediencia en verdad puede frustrar sus propósitos. Esta tercera dinámica de la fe revestida de obediencia conduce a la congregación al misterio y responsabilidad que implica el ser verdaderos amigos y colaboradores de Dios el Padre, el Hijo y el Espíritu Santo. Para hacer posible que las congregaciones participen de la danza de cooperación, resulta vital que alimentemos la fe obediente.

1. Comenzar en el lugar de oración

Antes de elegir doce discípulos y designarlos como «apóstoles», Jesús pasó la noche en oración (Marcos 3:13-14); Lucas 6:12-13). La visión de John Chang de establecer una iglesia en Flushing nació dentro del contexto de la oración, y a medida que él se encontraba con el pequeño grupo de profesionales, también ellos comenzaron a realizar la tarea de la oración. A través de una oración decidida y regular, le estaban dando la bienvenida a la obra de Dios en la congregación, buscaban su guía, y se preparaban para actuar en fe. El Señor respondió a esa invitación a través de una visión que le proporcionó un rumbo a su trabajo y les dio una fe de esas que mueven montañas.

Sin el punto de inicio de la oración, enfrentamos el peligro de una «credulidad» super espiritual, el «poder de un pensamiento positivo» cristianizado, en el que nuestras propias aspiraciones se revisten de declaraciones entusiastas que nos suenan piadosas. Pero dentro del contexto de la oración, Dios nos lleva al límite de lo que resulta humanamente posible, nos invita a entrar a un futuro que solo es posible a través de su poder en operación, y nos llama a dar el peligroso siguiente paso de obediencia. Esto no tiene nada que ver con una espiritualidad superficial. En lugar de eso, con frecuencia resulta algo lleno de desafíos profundos, hasta atemorizantes, y siempre dirigidos a darle gloria a Dios a medida que él cumple con lo que desea hacer a través de la congregación. Si hemos de conducir a una iglesia a revestir su fe de obediencia, primero debemos conducirla al lugar de oración.

2. Contar historias sobre la fe obediente

Las Escrituras están llenas de testimonios de una fe viva en un Dios que «puede obrar», y libra a su pueblo de la boca de los leones, las conspiraciones de los déspotas y los hornos de fuego. Él es aquel que provee comida en el desierto, junto a los arroyos y en las colinas; es el Señor que levanta a los muertos, limpia totalmente a los leprosos, hace que los paralíticos salten y les da libertad a los oprimidos por el diablo. La Biblia está repleta de historias de fe obediente pues «todo lo que se escribió en el pasado se escribió para enseñarnos, a fin de que, alentados por las Escrituras, perseveremos en mantener nuestra esperanza» (Romanos 15:4). Sea desde el púlpito o en el contexto de un grupo pequeño de estudio bíblico, los líderes deben volver a narrar esos ejemplos de una confianza que se vive, y exhortar a la gente a seguir sus pisadas.

Enseñar y predicar la palabra de Dios en el poder del Espíritu Santo edificará la fe y la confianza en Jesucristo.

Para complementar la enseñanza bíblica hace falta el testimonio personal. Mientras John y Su Chang trabajaban por edificar la fe en Dios, ya sea de manera formal o informal, hubo muchas ocasiones en las que la gente transmitió sus experiencias sobre lo que Dios estaba haciendo en sus vidas. Eran historias acerca de una fe viva y obediente. Servían de ejemplo y aliento a otros, y hacían crecer las expectativas con respecto a lo que el Espíritu Santo podría hacer a través de ellos también.

Se precisa ser cuidadoso al contar esas historias porque resulta peligrosamente fácil enfocarnos en lo que estamos haciendo, en lo importante de nuestro programa, o en lo que hicimos para llevar alivio en medio del desastre. Lamentablemente, eso solo crea en nosotros orgullo en cuanto a nuestros propios logros. En lugar de ello nuestra meta debe ser glorificar al Padre y alimentar la fe en él al describir la obra que él ha hecho en nuestro medio y la forma en la que tuvimos que cooperar con ello. Eso requiere de un equilibrio esmerado, teniendo cuidado de no concentrarnos en la soberanía de Dios de tal manera que perdamos el elemento humano y por lo tanto acabemos en una pasividad, o nos enfoquemos en nuestra propia obra de forma tal que perdamos el elemento divino y acabemos en un activismo sin fe. Cuando contamos historias acerca de la fe obediente y testificamos acerca de lo que Dios está haciendo y del rol significativo que juega nuestro amor, oración, fe y obediencia dentro de esta danza, el Espíritu Santo edifica la confianza de la gente en lo que Dios puede hacer y aumenta su disposición a confiar en él de una manera práctica.

3. Conducir a la gente fuera de su propio ambiente

Los discípulos de Jesús aprendieron a desarrollar una fe obediente al ser empujados fuera de su propio ambiente; los doce fueron enviados de a dos para sanar a los enfermos y arrojar fuera a los espíritus malvados (Marcos 6:7-13; Lucas 9:1-6). A setenta y dos de ellos se los instó a orar por maravillas en los campos de cosecha de Dios y luego se vieron enviados, con recursos mínimos, a evangelizar y llevar sanidad (Lucas 10:1-17). Tal como lo escribe John Ortberg: «Si quieres caminar sobre las aguas, tienes que salir de la barca».[4]

En noviembre de 2003, yo (Paul) me paré delante de un grupo de personas en un evento de Dunamis para equipar gente, les recordé la promesa de Jesús acerca del bautismo del Espíritu Santo, y luego los conduje en oración para pedirle al Señor que derramara su Espíritu sobre nosotros. Fue ese uno de los momentos límites de mi vida, de los que me causaron más ansiedad, parado allí en el borde entre la fe y el temor. Yo estaba fuera de mi ámbito, sin poder controlar para nada el hecho de que el Señor fuera fiel a su palabra. El futuro descansaba totalmente en sus manos. Yo había conducido a la gente al borde del abismo y simplemente tenía que confiar en que Dios nos sostendría a salvo y nos mostraría su poder cuando nosotros nos arrojáramos confiando en su providencia y en sus promesas. Para mí fue un momento de crisis, un paso de fe cruda y obediente, ejerciendo el liderazgo entre algunos de los santos de Dios.

Mientras John y Su Chang lideraban a la gente en el ministerio de oración, en especial en lo tocante a la sanidad y a la liberación, se producía una combinación en la que se integraban la guía que recibían, el pedir el don de fe y, luego, revestir la fe de una acción obediente. Al principio esto se centraba en ellos, pues eran los únicos que habían sido bautizados con el Espíritu Santo. A medida que otros fueron llenos del Espíritu Santo, ellos también pudieron incorporarse a la danza. La fe crecía en medio de aquellas vívidas experiencias personales de ver al Espíritu Santo sanar a la gente de sus heridas emocionales y de sus enfermedades físicas, arrojar fuera demonios, y conducir a la gente a aceptar a Jesucristo como Señor y Salvador. Edificamos la fe de la congregación al dar un paso de obediencia y los ayudamos a ellos a hacer lo mismo.

Cuando nuestra fe se reviste de acción, Dios se mueve en nuestro medio. Eso nos provee una confirmación por la experiencia acerca de la existencia de Dios y su actividad entre nosotros, lo que a su vez lleva a que crezca nuestra fe en Dios. El liderazgo necesita alimentar este ciclo en el que la fe crece al compartir testimonios acerca de lo que Dios está haciendo y en el que se invita a una oración continua y a la obediencia.

La fe es la disposición a tomarle la palabra a Dios y a actuar en base a ella, lo que explica por qué Jesús preguntó: «¿Por qué me llaman ustedes "Señor, Señor", *y no hacen lo que les digo?*» (Lucas 6:46, itálicas añadidas). Por supuesto, eso demanda tener claridad con respecto a *qué* es lo que Dios nos está llamando a hacer. Así que esta tercera dinámica nos conduce inexorablemente a la cuarta, a saber, recibir la guía divina para cooperar con el Espíritu Santo.

---

1. Esta descripción de la fe proviene de Charlotte Mackie, una adolescente de la iglesia Plymstock United Church, y fue dada durante un sermón que ella predicó mientras escribíamos el borrador de este capítulo.

2. Decimos «la mayoría de las veces», porque evidentemente Dios es soberano y puede obrar de cualquier manera en que elija hacerlo (por ejemplo, como lo hizo con la creación del mundo). Pero fundados en muchos ejemplos de las Escrituras y de la historia de la iglesia, parecería que como regla general Dios ha elegido obrar dentro de las limitaciones de la fe y la obediencia humanas. Esto encaja con el extenso marco que nos provee la Biblia sobre Dios haciendo pactos con los seres humanos, que implica la participación de ellos en sus planes.

3. Específicamente, 1 Corintios 12—14.

4. John Ortberg, *If You Want to Walk on Water, You Have to Get Out of the Boat* [Si quieres caminar sobre las aguas, tienes que salir de la barca], Zondervan, Grand Rapids, 2003.

Las siete dinámicas

Capítulo 12

Cuarta dinámica: Recibir la guía divina para colaborar con el Espíritu Santo

Recibir la guía divina nos asegura poder sumarnos a la agenda de Dios y no salir con nuestras propias buenas ideas. Esa es la clave de nuestra cooperación con el Padre, el Hijo y el Espíritu Santo. La visita de Pablo a Filipos y la de Pedro a la casa de Cornelio se iniciaron con una guía reveladora del Espíritu Santo. Las Escrituras nos proporcionan la revelación fundacional e inmutable de Dios, pero también dan testimonio de la dinámica del Espíritu que habla en medio de las situaciones cotidianas, tanto para aplicar la doctrina como para dirigirnos en la acción. Los individuos y las congregaciones deben estar atentos para entrar en la disciplina de escuchar la guía del Espíritu Santo de Jesús.

Cada paso de la danza de colaboración con el Padre, el Hijo y el Espíritu Santo depende de que recibamos una guía a la que podamos responder con fe obediente. Cuando mi esposa Cynthia y yo (Paul) danzamos en un salón de baile, ella busca constantemente mi guía sobre cuál será la siguiente secuencia de pasos que seguiremos. Es esta una interacción compleja, pluri sensorial, que incluye lenguaje corporal, equilibrio, ocasionalmente un contacto visual, conocimiento el uno del otro, y el susurro de palabras de instrucción. Mi falibilidad humana se hace evidente en muchas ocasiones, cuando a ella solo le queda adivinar lo que haremos, o cuando le piso los pies, y agradezco que el amor cubra multitud de pecados (1 Pedro 4:8). Pero en nuestros mejores momentos, la guía resulta lo suficientemente clara, nuestra interacción se vuelve natural e intuitiva, y la danza se hace fluida, espontánea, libre, y nace de la gracia del amor y del conocimiento que tenemos el uno del otro.

He descubierto que la situación es semejante en la danza de cooperación con el Espíritu Santo. La guía nos llega en una diversidad de maneras, en una compleja interacción de la razón humana con las circunstancias que observa, los mandatos

169

de la Escritura y la revelación directa del Espíritu Santo. El amor por el Señor y su pueblo nos motiva a buscar su guía; a menudo es dentro del contexto de la oración intercesora que recibimos guía específica y visión; y la fe nos lleva a responder en obediencia a la guía que hemos recibido. Y podemos ver que las Siete Dinámicas se corresponden entre sí, y se mezclan en una sinergia vibrante que muestra la realidad del reino de Dios en nuestro medio. La guía divina también juega un papel crucial en lo que hace a las restantes tres dinámicas: poder discernir, acoger con agrado los dones del Espíritu y responder a los momentos *kairós*. Sin la guía no tenemos una base para la cooperación con el Espíritu Santo, ni una manera de poder vivir de acuerdo con la voluntad de Dios.

Guía a través de las Escrituras y a través del Espíritu

La voz de la creación declara la gloria de Dios, testimonio global de la obra de sus manos (Salmo 19:1-4). Al mirar hacia las profundidades de nuestra alma o explorar el espacio hasta los últimos límites conocidos, descubrimos que nuestro Creador soberano ha dejado su marca por todas partes. Sin embargo, él es un Dios personal y no meramente la «Fuerza» cósmica que apreciamos desde el marco de la Guerra de las Galaxias, de modo que nuestra consideración del trabajo de sus manos nos permite captar apenas un leve vislumbre de su verdadera naturaleza. Él es el Dios que habla, y a través de su propia Palabra nosotros alcanzamos alguna perspectiva y comprensión de su persona y propósito. La Creación nos da testimonio, pero son las Escrituras las que nos proporcionan instrucción y una comprensión correcta (Salmo 19:7-11). Juan Calvino subraya la distinción entre los «mudos maestros» de la creación y la revelación hecha por Dios mismo a través de la Biblia:

> Al igual que los ancianos o las personas de ojos llorosos o de visión débil, que cuando las colocamos ante el más bello de los libros, aun cuando lo reconocen como algún tipo de escrito, sin embargo, apenas pueden unir dos palabras, pero que con la ayuda de un par de anteojos pueden comenzar a leer con claridad, de ese mismo modo las Escrituras recomponen el confuso conocimiento acerca de Dios que de otro modo tendríamos en nuestra mente, luego de dispersar la neblina, y nos muestran con claridad al Dios verdadero. Ese es, por lo tanto, un don especial a través del que Dios, para instruir a la iglesia, no usa simplemente maestros mudos sino que abre sus propios labios muy santos. No solo les enseña a los elegidos a mirar a un dios, sino que se muestra él mismo como el Dios al que ellos deben mirar.[1]

En las páginas de las Escrituras Dios ha revelado su propia naturaleza y sus propósitos con respecto a la raza humana. Se trata de la revelación fidedigna hecha por él, dada una vez y para siempre, de la verdadera e inmutable doctrina cristiana y de los imperativos éticos universales. Reafirmamos aquella convicción evangélica y ortodoxa que señala que de tapa a tapa la Biblia ha sido inspirada por Dios y es útil fundamentalmente para moldear nuestras creencias y nuestra vida (2 Timoteo 3:16-17). Es la Palabra escrita de Dios, su revelación dada por escrito.

Las Escrituras, el Hijo y el Espíritu

El autor de Hebreos llama nuestra atención hacia Jesús, la Palabra viviente y la revelación encarnada: «Dios, que muchas veces y de varias maneras habló a nuestros antepasados en otras épocas por medio de los profetas, en estos días finales nos ha hablado por medio de su Hijo. A éste lo designó heredero de todo, y por medio de él hizo el universo» (Hebreos 1:1-2). Por lo tanto, a través de la vida, enseñanzas, obras y persona de Jesús tenemos la revelación completa que Dios nos da acerca de sí mismo, porque «el Hijo es el resplandor de la gloria de Dios, la fiel imagen de lo que él es, y el que sostiene todas las cosas con su palabra poderosa» (v. 3). Pablo afirma que «toda la divinidad habita en forma corporal en Cristo» (Colosenses 2:9), y Juan se refiere a él como «el Verbo [que] se hizo hombre y habitó entre nosotros» (Juan 1:14).

El Padre habló en general a través de la creación; explícitamente, a través de las Escrituras; y finalmente por medio de su Hijo. Él aún continúa hablando a través de su Espíritu Santo, y esta verdad fue afirmada tanto por Jesús como por las Escrituras. El Espíritu Santo no solo condujo la redacción de las Escrituras, sino que también le proporciona una guía directa al pueblo de Dios hoy. Él sigue hablando permanentemente en referencia a algunas situaciones específicas, y nos enseña la manera de poder vivir cooperando con él momento a momento, como amigos de Jesús y colaboradores en la obra del reino de Dios. A los discípulos Jesús les aseguró que en los momentos de dificultad «el Espíritu Santo les enseñará lo que deben responder» (Lucas 12:12), y les prometió que «el Espíritu tomará de lo mío y se los dará a conocer a ustedes» (Juan 16:15). Lucas registra la manera en que el Espíritu les proporcionó guía a las personas (Hechos 8:29; 11:12). Pablo señala que el Espíritu les dio la capacidad de hablar las palabras de Dios dentro de alguna situación en particular (1 Corintios 12:8). A través de todas las Escrituras encontramos ejemplos referidos a que el Padre habló a través del Espíritu Santo de formas que en verdad no tenían que ver con revelar doctrina. Él confirma la doctrina que ya ha sido revelada por las Escrituras, nos guía a través de la aplicación práctica de la palabra de Dios a situaciones contemporáneas, o nos conduce a dar ciertos pasos específicos de colaboración con él en cuanto a edificar la iglesia y a cumplir con la Gran Comisión.

Aquí queremos hacer una afirmación y también transmitir una advertencia. Algunos han enseñado que Dios habla solo a través de la Santa Biblia y que los dones del Espíritu han cesado. Eso ha desalentado a muchos cristianos en cuanto a esperar y recibir lo que el Espíritu tiene para ellos, incluyendo una guía específica de Dios. Sin embargo, tenemos que reafirmar la enseñanza de Jesús y de las Escrituras (juntamente con la experiencia y el testimonio de la iglesia a través de los pasados dos mil años) acerca de que el Espíritu Santo no se ha jubilado prematuramente, sino que continúa hablando.

Junto con eso, aquí va la advertencia. Las Escrituras, que son la revelación escrita de Dios, constituyen el patrón por el que debemos medir toda otra revelación. De modo que cualquier cosa que el Espíritu Santo nos diga hoy debe ser consistente con las Escrituras y con la naturaleza y la obra de Jesucristo que nos han sido reveladas en la Biblia. Nuevamente, los comentarios de Calvino resultan útiles:

> Por lo tanto, el Espíritu que nos ha sido prometido no tiene como tarea el inventar nuevas revelaciones que nunca hayan sido oídas antes, o forjar una nueva clase de doctrina que nos aparte de la doctrina del evangelio que hemos recibido, sino de sellar en nuestra mente precisamente esa doctrina que se nos ha encomendado a través del evangelio...
>
> Pero, a menos que por debajo se deslice el espíritu de Satanás, él nos llevará a reconocerlo según su propia imagen, que ha quedado estampada en las Escrituras. Él es el Autor de las Escrituras; no puede variar ni diferir de sí mismo.[2]

La práctica indispensable del discernimiento espiritual es nuestra quinta dinámica y será considerada en detalle en el próximo capítulo. Aquí nuestro enfoque se dirige a la dinámica de recibir guía para la cooperación con el Espíritu como, por ejemplo, la que recibió Felipe para su obra de evangelización, que lo llevó a conducir a un oficial etíope a la fe salvadora de Jesucristo.

La revelación inmediata de Dios a través de la actividad de su Espíritu

Durante la persecución que se desató luego de que Esteban fue apedreado, Felipe se dirigió a Samaria. Allí él llevó a cabo un ministerio evangelístico fructífero en el que muchas personas se sanaron o se liberaron de espíritus malignos, se produjeron señales milagrosas, y los hombres y mujeres se bautizaron luego de poner su fe en Jesús (Hechos 8:4-25). En medio de esa obra tan eficaz, se produjo una intervención divina cuando «un ángel del Señor le dijo a Felipe: "Ponte en marcha hacia el sur, por el camino del desierto que baja de Jerusalén a Gaza"» (v.26). Lucas no dice si esa visitación angélica llegó en forma de sueño, de visión o de un encuentro físico, y podríamos hacernos preguntas acerca de la reacción inicial de Felipe: ¿Acaso se sentiría frustrado por haber tenido que alejarse de un campo misionero fructífero? Pero él había aprendido a identificar la guía del Espíritu Santo y a responder a ella, así que actuó en base a una fe obediente y abandonó ese pueblo para seguir tomando parte en la danza de cooperación en la siguiente fase de la obra a la que había sido llamado.

En este punto los cuadros tradicionales que aparecen en las Biblias para niños no nos son útiles, ya que generalmente presentan un único carro haciendo un recorrido solitario camino a una distante nación africana. Pero aquella era la ruta principal entre dos ciudades, una carretera interestatal por la que circulaba el tránsito comercial, los peregrinos y los diplomáticos. Al llegar al borde del camino, Felipe debe haberse encontrado con una auténtica selección de caravanas de camellos, asnos trasladando cargas, y peatones como él mismo. ¿Qué era lo que debía hacer a continuación y cuánto debería esperar para ello? Entonces «el Espíritu le dijo a Felipe: "Acércate y júntate a ese carro"» (Hechos 8:29). Otra vez Lucas no nos ofrece indicación alguna de la forma en que el Espíritu proveyó esa guía. Puede haber sido a través de palabras audibles, o quizá simplemente por un «codazo» interno, un sentir de que eso era lo que el Señor deseaba que hiciera. Y una vez más Felipe respondió con una fe obediente.

Al acercarse al carro, escuchó al etíope leer en voz alta el rollo del profeta Isaías, discernió que esa era su oportunidad, y le preguntó: «¿Acaso entiende usted lo que está leyendo? ¿Y cómo voy a entenderlo —contestó— si nadie me lo explica? Así que invitó a Felipe a subir y sentarse con él» (Hechos 8:30-32). Esa frase final puede también haber sido la guía del Espíritu, dicha en esta ocasión por los labios de un hombre.

En este ejemplo, cuando Dios le habló a Felipe, no fue con el propósito de revelarle alguna verdad doctrinal. En vez de eso, el Espíritu Santo lo condujo y lo colocó dentro de un contexto en el que podría cooperar para llevar a un hombre a la fe en Cristo Jesús. En su conversación con el etíope, Felipe fue el que le comunicó la verdadera doctrina acerca de Jesús, dejando en claro que él era el Hijo de Dios y el camino a la salvación. Pero a través del encuentro con un ángel, de algunas palabras directas y de una pregunta hecha por un ser humano, el Espíritu Santo le habló a Felipe para brindarle la guía divina sobre los siguientes pasos de la danza de cooperación.

Felipe no era el único en experimentar esta clase de guía. A Ananías se le instruyó que visitara a Saulo, un nuevo convertido, que le impusiera las manos para sanarlo de su ceguera, y que le diera palabra de Dios con respecto a su misión y llamado (Hechos 9:10-19). El Espíritu instruyó a Cornelio para que enviara a buscar a Pedro y le dijo a Pedro que viajara con aquellos enviados (10:1-23). Pablo fue dirigido por el Espíritu a visitar Macedonia para proclamar el evangelio allí (16:9-10) y luego, en cambio, fue guiado a permanecer en Corinto a pesar de las amenazas de muerte en contra de él (18:9-11).

En todas esas historias el Espíritu Santo dirige a las personas de variadas maneras: hablándoles directamente, dándoles visiones, enviándoles ángeles y obrando a través de otras personas que escuchan y obedecen, y también a través de las circunstancias. Un estudio completo de todas esas formas de hablar va más allá del ámbito de este libro, pero no necesitamos incluirlas para llegar a la firme comprensión y aplicación de esta cuarta dinámica. El punto clave que deseamos mostrar aquí es que el Espíritu Santo realmente continúa guiándonos en la danza de cooperación del mismo modo en que guió a la gente que encontramos en la Biblia. Esa guía puede tener un gran alcance, como el de instarnos a proclamar el evangelio a toda una nación, o puede llevarnos a participar con Dios cuando él alcanza a alguien a través de su amor y lo toca en su necesidad para reconfortarlo con su gracia.

La pastora Laura Long se encontró inmersa en uno de esos momentos de gracia cuando el Espíritu la invitó a cooperar con la obra que estaba haciendo en la vida de una mujer de nombre Betty. Poco después de que el marido de Betty murió, Laura predicó un sermón acerca de la manera en que Dios nos habla hoy. Luego del servicio, Betty descubrió que había cerrado su automóvil con las llaves adentro. En el pasado, Don, su marido, hubiera estado allí para ayudarla, pero ahora él se había ido, y ella se sentía como desbordada por una ola de dolor y soledad. Le dijo a Laura: «Si Don estuviera aquí, él sabría qué hacer», y luego estalló en lágrimas. Mientras los ancianos intentaban infructuosamente abrir la puerta del automóvil, Laura sintió un «codazo» de parte del Espíritu, un pensamiento simple y loco: «Intenta usar tu propia llave en la puerta de ese automóvil; va a funcionar».

Ella luchó con la cuestión de si en realidad eso era del Espíritu Santo, y subrepticiamente probó abrir el baúl con su llave. No funcionó. Pero le vino esto al pensamiento: «No. Yo no dije el baúl sino la puerta». Con reticencia se deslizó hasta el otro costado del automóvil, donde nadie pudiera verla, y probó la llave. Sin ningún esfuerzo la llave funcionó y la puerta se abrió. Cuando en gesto triunfal le alcanzó las llaves a Betty, tanto ella como toda la iglesia se mostraron muy sorprendidas.

Laura les contó que había recibido un toquecito para hacer lo que hizo y les dijo: «Creo que fue el Espíritu Santo el que me lo dijo». Entonces Betty comenzó a llorar otra vez y señaló: «Bueno, eso nos muestra que Dios es real. Él me ama, y ese sermón acerca de que habla hoy es verdad».

Condiciones requeridas para recibir la guía del Espíritu

Cualquiera que tenga un teléfono celular sabe lo que es estar en una «zona muerta», o sin señal, cuando la única manera de hacer o recibir una llamada implica movilizarse a otro lugar. Del mismo modo, para recibir la guía del Espíritu Santo, necesitamos condiciones que nos permitan «captar la señal». Esas condiciones no tienen que ver con una lista de logros espirituales sino más bien con ciertos aspectos de una relación activa con el Dios viviente.

Esas condiciones son los fundamentos con los que dimos comienzo a este libro (incorporación, información, transformación e investidura de poder) y resultan cruciales para poder escuchar a Dios de una manera dinámica, como sus amigos y colaboradores. La *incorporación*, o sea el haber nacido de nuevo en el reino de Dios, nos introduce a una relación que permite una comunicación con nuestro Padre celestial. La *información* nos asegura que estamos fundamentados en las Escrituras como Palabra de Dios, la revelación de la verdadera doctrina que tiene que ver con la naturaleza de Dios y su manera de obrar con respecto a nosotros. La *transformación* por el Espíritu va creciendo dentro de los corazones que buscan hacer la voluntad de Dios y desean conformar sus caminos a los del Señor. La *investidura de poder* nos llega cuando el Espíritu Santo desciende sobre nosotros y a través de dones espirituales, como sabiduría, profecía y conocimiento, nos provee su guía en medio de las situaciones que enfrentamos.

Tenemos que dejar en claro que estas no son reglas rígidas. Más bien constituyen una descripción de nuestra relación de amor con el Padre, el Hijo y el Espíritu Santo, que hacen que sea posible un diálogo genuino. Conforman el contexto de la conversación, haciendo que se pueda dar la danza de cooperación.

En mi propia vida, yo (Brad) he descubierto que cuanto más crezco en lo que se refiere a amar y seguir a Jesús, más claramente escucho su voz conduciéndome en los pasos de la danza. Eso me ha requerido llevar una vida sostenida de oración, y confesar regularmente mis pecados. También me demanda someterme a la disciplina de una obediencia radical, y hacer todo lo que Jesús me manda cuando él desea que lo lleve a cabo. Aun mientras escribo este capítulo siento que me debato entre varias opciones atractivas, pero solo una de ellas es el llamado del Espíritu para mi vida en este momento.

En junio de 2008 luchaba interiormente con respecto a si ir o no a la asamblea general de la Iglesia Presbiteriana (de los Estados Unidos) que se realizó en California. Ese año mi esposa Laura era miembro de la comisión, de modo que yo tenía razones obvias para estar allí apoyándola. Pero más allá de eso, durante los últimos dieciocho años había asistido a las asambleas para conducir los servicios de oración y alabanza, que han sido tiempos de adoración para exaltar a Jesucristo durante los cuales hemos orado para que muchos recibieran la investidura de poder del Espíritu Santo y pudieran ser testigos fieles en medio de severas luchas que se daban dentro de la denominación. Me sentía fuertemente atraído por la posibilidad de concurrir, pero la guía recibida por el comité del PRMI y por el equipo de liderazgo era que yo no había sido llamado a cumplir con ese rol en esta ocasión y que Allen y Debbie Kemp eran los que debían ir y dirigir los servicios de PRMI. Yo anhelaba fervientemente poder ir, pero Jesús me decía: «¡No! Tú no has sido llamado ni ungido para hacerlo; obedéceme. Has sido llamado a quedarte en casa y escribir este libro». ¡De haber ido, hubiera contradicho la misma verdad sobre la que estaba escribiendo!

Pero las cosas se pusieron aun más difíciles, porque esa guía se contraponía a otro fuerte deseo que yo tenía: ir a Inglaterra para reunirme con la Confraternidad Dunamis de Gran Bretaña e Irlanda. Sin embargo, el Señor me habló otra vez, mayormente a través de sentir inquietud en mi corazón. «No has sido llamado a hacer eso. Se trata de una obra que ya ha sido creada y otros han sido ungidos para conducir ese encuentro. Te estoy llamando y ungiendo para que te quedes en casa y escribas este libro, que sentará bases para un futuro ministerio relacionado con edificar a las congregaciones». Eso constituyó un verdadero conflicto para mí, porque me encanta ir a Inglaterra y disfrutar participando con esa confraternidad.

Además de todo eso, también recibí una guía en cuanto a que necesitaba quedarme en casa por causa de nuestro hijo Stephen, que había estado en la base de Juventud con una Misión, en Denver, justo cuando allí tuvo lugar una balacera, y todavía experimentaba un estrés postraumático.[3] Realmente debía estar en casa para ser padre durante su tiempo de necesidad. Mientras todos estos factores clamaban por mi atención, enfrenté una importante crisis de obediencia. Les pedí a otros que oraran para que recibiese guía, y yo mismo intenté escuchar lo que el Espíritu Santo me decía. Coloqué estas distintas opciones ante las personas a cuyo discernimiento me sujeto. Laura, que realmente había sido llamada a alejarse de casa durante esa semana para asistir a la asamblea general, agregó un elemento a la mezcla al expresar su recelo en cuanto a estar los dos fuera de casa durante tanto tiempo. Yo me sentía tironeado por obligaciones conflictivas entre sí y me debatía en la búsqueda de saber qué hacer. Pero la guía, confirmada por muchos otros y por mi propio corazón, fue que no debería asistir a la asamblea general ni ir a Inglaterra sino quedarme en casa, escribir, y proporcionarle apoyo emocional a mi hijo. Al actuar en obediencia, descubrí que mi capacidad espiritual de escuchar comenzaba a mejorar. Se me hizo claro que tenía que escribir, y también comencé a discernir los próximos pasos a través de diversas directivas referidas al ministerio. Nuestra habilidad para escuchar al Espíritu Santo está condicionada por la capacidad de amar a Jesús con todo el corazón y estar dispuestos a seguirlo.

Edificar a las congregaciones en lo que hace a recibir la guía divina

La práctica de recibir guía es más bien un arte que se aprende que una ciencia programática, y tiene que ver con la comunicación dinámica y no con fórmulas y leyes. Aprender a escuchar la voz de Dios apropiadamente por uno mismo puede resultar difícil, pero hacerlo como grupo puede serlo aun más. Le llevó al joven Samuel un tiempo aprender a identificar el sonido de la voz del Señor cuando le hablaba, y necesitó la ayuda de otro durante ese proceso (1 Samuel 3:1-18). Sin embargo, el esfuerzo de escuchar al Espíritu y prestar cuidadosa atención cuando él obra para transmitirle a la iglesia la guía de Jesús («tomará de lo mío y se los hará conocer a ustedes», Juan 16:14), es un proceso esencialmente lleno de esperanzas.

Resulta esencial que las iglesias desarrollen esta dinámica esencial; de otro modo, las congregaciones no llegarán a conocer su rol particular dentro de la obra de Dios en el mundo. En especial los grupos de misiones que buscan ser conducidos por el Espíritu Santo en el cumplimiento de la Gran Comisión necesitan desarrollar su habilidad de recibir la guía divina. Cuando buscamos integrar esta cuarta dinámica a la vida de la Confraternidad Dunamis, emergieron algunos de sus componentes claves.

1. La necesidad de líderes que escuchen al Espíritu

Pablo exhortaba a la iglesia de Filipos a aprender de sus propios líderes: «Hermanos, sigan todos mi ejemplo, y fíjense en los que se comportan conforme al modelo que les hemos dado» (Filipenses 3:17). Los que habían acompañado a Pablo en su viaje inicial a Filipos habían tenido oportunidad de ser testigos de cómo él, buscando la guía del Espíritu, fue alejado de Asia y Bitinia y luego llamado específicamente a dirigirse a Macedonia (Hechos 16:6-7). Los de nosotros que hemos sido llamados a conducir a la gente a la nueva realidad del gobierno de Dios, necesitamos encarnar ese gobierno en nuestras propias vidas, para proporcionar un modelo en funcionamiento del que otros puedan aprender para luego copiar. Si no lo estamos haciendo, nuestros esfuerzos sinceros y bien intencionados de liderar la iglesia serán moldeados por una agenda diferente de la del Señor.

Yo (Brad) aprendí mucho con respecto a recibir la guía del Espíritu Santo al observar a mi mentor, Archer Torrey, y hablar con él. Cuando él desnudaba su alma y me participaba aquellos pensamientos e impresiones que formaban parte del proceso de escuchar al Espíritu, me estaba proveyendo un modelo de lo que era ser guiado. Las congregaciones locales deben poder aprender estas cosas del pastor y de los ancianos que los lideran, buscando escuchar a Dios y mostrándose abiertos y vulnerables a través de las complejidades y complicaciones que ofrece el proceso. Por ejemplo, durante una gran controversia en la congregación con respecto a la ordenación de mujeres, el reverendo Richard White asumió el riesgo de compartir desde el púlpito los esfuerzos que él mismo realizaba para escuchar al Espíritu Santo a través de estudiar cuidadosamente las Escrituras, buscar sabiduría en otros líderes, y dedicar tiempo a la oración. No solo nos transmitió sus conclusiones, sino también el *proceso* de escuchar al Espíritu Santo al tratar de arribar a esas conclusiones. Al hacerlo, le dio a la congregación un ejemplo vivo de lo que es un líder que genuinamente procura la guía del Espíritu y luego actúa con una fe obediente.

2. Enseñarle a la gente a percibir la guía del Espíritu

A partir de las descripciones que encontramos en la Biblia, resulta claro que el Espíritu Santo ha utilizado una diversidad de medios para hablarnos. En algunas ocasiones las personas «vieron» una imagen o un cuadro y, junto con eso se les despertó una conciencia de lo que Dios deseaba que ellos dijeran o hicieran, tal como en los casos de Jeremías, Amós y Zacarías (se nos habla en Jeremías 1:11 de la rama de almendro; en 1:13, de una olla que hierve; en 24:1-3, de higos; en Amós 7:7-8, de una cuerda de plomada; en 8:1-2, de fruta; en Zacarías 4:2, de un candelabro; en 5:1-2, de un rollo que volaba), y quizá también sea el caso de Ezequiel en el valle de los huesos secos (Ezequiel 37:1-14). Lo más frecuente es que encontremos que la gente simplemente «escuchaba» a Dios hablar. Puede haber sido de forma audible (como cuando el Padre le habló a Jesús y la multitud lo oyó, Juan 12:27-30) o en la forma de una comunicación verbal interna, como una conciencia del mensaje del Señor impreso en la mente de la persona; el hecho es que la Biblia está repleta de afirmaciones acerca de que vino «palabra del Señor» a toda una serie de individuos.[4] Ocasionalmente, el mensaje de Dios llegaba por medio de una visitación de ángeles, fuera a través de un encuentro físico,[5] o en una visión o sueño.[6]

Los líderes deben proveer tanto la enseñanza que clarifique la comprensión de la gente[7] como el contexto dentro del que puedan aprender a través de la experiencia práctica. Una de las maneras en las que yo (Paul) he llevado a cabo esto ha sido por medio de un modelo que descubrí en un evento de capacitación de Dunamis y que tenía que ver con la oración. Luego de darles algunas enseñanzas introductorias acerca de las formas en que el Espíritu Santo nos guía, les pido a los participantes que formen grupos de a tres (preferentemente con personas que no conocen) y que elijan a alguno del grupo que tenga una necesidad real por la que los otros puedan orar. Sin embargo, en lugar de contarles a los demás acerca de esa necesidad, invitamos al Espíritu a que nos hable y dedicamos cinco minutos a escuchar en silencio. Seguidamente, pasamos otros cinco minutos participando al grupo pequeño lo que creemos que el Señor está diciendo. Entonces nos tomamos un tiempo para orar por la persona según la guía que hemos recibido. Al finalizar este experimento de oración, les doy a los grupos la oportunidad de contarnos lo que les ha sucedido (no acerca de las particularidades de la oración, que con frecuencia son personales, sino acerca de cómo les habló Dios y si eso tenía relación con las necesidades de la persona).

Repetidamente, he notado que la gente queda sorprendida por haber recibido guía acerca de situaciones sobre las que no sabían nada, y en toda una diversidad de formas. En un grupo recibieron guía con respecto a orar por un ministro que había llegado con una honda preocupación por un colega. En otro de los grupos alguien «vio» simplemente una palabra que describía los sentimientos de la persona con respecto a la obra de su iglesia. Una persona recibió guía con respecto a algunas cuestiones de salud de un individuo, pero se mostró reticente a manifestarlo porque conocía a la persona y sabía que no tenía nada. Pero Dios sabía más y, gracias a la guía del Espíritu Santo, ese individuo recibió oración por algo que él no había pedido.

Esas revelaciones han llegado de diversas maneras. A veces las personas encuentran que les vienen a la mente unas pocas palabras de las Escrituras, o alguna referencia bíblica que, cuando la buscan, enfoca la situación de la persona. A otros les viene un cuadro visual o mental y posiblemente también una idea de lo que significa. Algunos tienen conciencia de que deben decir ciertas palabras en particular, palabras que han oído o que les han venido a la mente y les vuelven vez tras vez. Ocasionalmente, la gente recibe un «dolor espiritual de empatía» (una sensación física que les llega al buscar la guía de Dios para ministrar y que se relaciona con la necesidad de la otra persona). A veces es solo una conciencia interior que se despierta, o un «codazo» con respecto a lo próximo que tenemos que decir o hacer. En muchos casos la guía completa solo llega cuando se reúnen los diversos mensajes, combinándolos para dar un sentido más claro de guía y dirección. Una y otra vez he sido testigo de personas que descubren que en verdad pueden oír a Dios. Todo lo que necesitan es enseñanza, aliento y un contexto seguro en el que aprender y reflexionar acerca de sus experiencias. Lo que aprenden en el laboratorio, son capaces de llevarlo a la práctica en situaciones cotidianas cuando oran y se ministran unos a otros.

3. Proveer oportunidades de practicar en la vida real

Hace algunos años yo (Paul) tuve que presidir una reunión (potencialmente divisiva) de miembros de la iglesia Plymstock United Church. La discusión tenía que ver con el apoyo financiero para la construcción de uno de nuestros edificios, y se daba una división equilibrada entre tres tipos de opiniones. Algunos, entre los que me incluía, creíamos que estaba bien ir adelante con una financiación compartida. Otros estaban convencidos de que era decididamente erróneo el hacerlo. Y el último tercio de las personas se mostraban sinceramente vacilantes con respecto al curso de acción a tomar. El solo votar dentro de esa situación hubiera resultado desastroso, pero mientras el debate continuaba, uno de los miembros, una mujer, sugirió que nos detuviéramos, oráramos y la pidiéramos dirección a Dios. Ella estaba completamente en lo cierto, ¡aunque me sentí decepcionado por no haber sido yo el que lo sugiriera!

Así que conduje la reunión hacia la oración, y nos detuvimos a escuchar, pidiéndole al Señor que nos hiciera clara su voluntad. Luego de un período de espera aceptable en silencio, invité a la gente a manifestar su sensación con respecto a la guía que habían recibido de parte de Dios. En mi propia mente había aparecido la escena de una autopista con un cartel que indicaba detenerse, y todos los que hablaron dijeron tener un sentir de que Dios nos estaba diciendo que no a la financiación compartida. Pudimos tomar una decisión unánime en esa reunión, convencidos de que el Espíritu Santo había hablado en medio de nosotros y de que Dios estaba estableciendo nuestra agenda. Habiendo buscado y recibido la guía, la fe entonces se revistió de obediencia; dejamos de procurar construir en ese tiempo.

Resulta de vital importancia que todos los seguidores de Jesús tengan libertad y oportunidad de expresarse con respecto a la guía que puedan haber recibido. Con frecuencia falta esa libertad, y nosotros presuponemos que a los pastores profesionales o a los líderes de avanzada les corresponde el rol de oír a Dios. Sin embargo, las Escrituras nos recuerdan que el Espíritu iba a ser derramado tanto sobre hombres como sobre mujeres, sin que importara la edad o la posición social, permitiéndoles ver, conocer y hablar las palabras que recibieran de Dios (Hechos 2:17-18). Una de las responsabilidades del liderazgo es honrar esa obra del Espíritu. Cuando los creyentes escuchan a Dios, necesitan tener la oportunidad de expresar lo que Dios les está diciendo.

En la iglesia Montreat Presbyterian Church, el reverendo Richard White ha estado integrando esta teología a la vida de la iglesia durante varios años. Él admite lo siguiente:

Me di cuenta de que deseaba que la gente compartiera este enfoque, al menos en teoría. Pero en realidad temía que si ellos lo hacían yo perdería mi particular puesto de autoridad como el «predicador de la palabra de Dios». Brad y yo oramos al respecto, luchando juntos por deshacernos de ese temor, y luego comencé a enseñar en las clases de Escuela Dominical sobre el recibir esta guía en la congregación local. Descubrí que una vez más tenía que entregar mi necesidad de controlar hasta al Espíritu Santo.

Un domingo sentí que el Espíritu Santo me decía: «Ahora es el tiempo de darles a otros la oportunidad de recibir la guía durante el período de adoración». Eso me asustó mucho, pero sentí que el momento adecuado para hacerlo era durante la oración pastoral. Así que ese domingo, luego de elevar una palabra de oración, invité a la congregación a escuchar al Espíritu Santo y luego a orar según él los dirigiera. Se oye como algo muy simple, pero yo lo percibía como un terrible riesgo, al no saber qué sucedería. No solo tenía que entregar el control al Espíritu Santo sino que, lo que me parecía aun más difícil, tenía que confiar en que la gente escucharía verdaderamente al Espíritu Santo y no haría un uso abusivo del privilegio que le acababa de otorgar.

Lo que sucedió fue muy ilustrativo para mí y liberador para las trescientas personas reunidas ese domingo en adoración. La gente comenzó a pararse y a orar, y nos encontramos llevando adelante un verdadero servicio de oración conducido por el Espíritu Santo. Las oraciones se entretejían unas con las otras formando un todo maravilloso, y fuimos llevados a interceder por algunas preocupaciones muy especiales que tenía la congregación. Hubo algunas personas que casi lo descarrilaron todo, al utilizar esa oportunidad para predicarles a los demás en lugar de verdaderamente orar a Dios. Eso es parte del riesgo que incluye el darle a la gente la oportunidad de aprender y practicar de veras. Pero en rasgos generales, ese tiempo fue conducido por el Espíritu Santo.

Concederle a la gente el permiso de ser conducida por el Espíritu Santo y recibir su guía ha resultado muy útil para la congregación entera. Ahora, por ejemplo, la gente tiene una mayor libertad para acercarse a mí y transmitirme la guía que han recibido, y toda la iglesia está aprendiendo a escuchar mejor y a oír lo que el Espíritu nos dice.

¿No es peligroso?

El Espíritu Santo nos habla para guiarnos, no para entretenernos. La mejor manera de aprender a recibir palabra de Dios es comenzar a hacer lo que él nos dice en las Escrituras y a través del Espíritu, porque «todo el que me oye estas palabras y las pone en práctica es como un hombre prudente que construyó su casa sobre la roca» (Mateo 7:24). El actuar en base a su guía es el mismo caso de la fe: cuanto más la seguimos, más nos habla él. Por otro lado, si elegimos ignorarlo, no es de sorprender que el cielo parezca haberse vuelto mudo.

Pero también este es un territorio peligroso. Si vamos a buscar la guía del Espíritu y obedecerlo a él con fidelidad, necesitamos estar seguros de que lo que «oímos» viene en verdad de Dios y no de ninguna otra fuente. Debido a nuestra imaginación humana, a nuestras quimeras, al condicionamiento cultural, y al engaño de Satanás, necesitamos que la protección o resguardo espiritual esté en su lugar. Por lo tanto, avanzamos desde esta dinámica de recibir la guía divina para cooperar con el Espíritu Santo hacia la quinta dinámica: ejercer el discernimiento espiritual.

---

1. Juan Calvino, *Institutes of the Christian Religion* [Institución de la religión cristiana], editor John T. McNeill, Westminster, Filadelfia, 1960, 1.6.1.

2. Calvino, *Institutes*, 1.9.1-2.

3. En diciembre de 2007 un hombre armado entró en los dormitorios y abrió fuego, matando a dos estudiantes e hiriendo a otros dos. Stephen estaba en el corredor y presenció los disparos. Milagrosamente, no resultó herido. En el verano de 2008 todavía no se había recuperado totalmente, y la cuestión de su bienestar me pesaba adentro mientras buscaba oír lo que Jesús deseaba que yo hiciera.

4. Al tener más de doscientas instancias, resulta impráctico hacer una lista de ellas aquí, pero alentamos a los lectores a que busquen en las Escrituras, con la ayuda de una concordancia. Jeremías, Ezequiel y Zacarías están repletos de comentarios de ese tipo.

5. Además de una multitud de ejemplos del Antiguo Testamento, el Nuevo Testamento menciona en Mateo 28:5 a las mujeres junto a la tumba; en Lucas 1:11, a Zacarías; en 1:28, a María; en Hechos 10:3-4, a Cornelio; en 12:7, a Pedro.

6. Por ejemplo, en Mateo 1:20-21, a José; y en el libro de Apocalipsis, a Juan.

7. La enseñanza sistemática con respecto a escuchar la guía del Espíritu Santo y la experiencia práctica que la acompaña constituyen componentes integrales de los eventos de capacitación del Proyecto Dunamis; buscar más detalles en www.prmi.org. *Can You Hear God?*, de Joyce Sibthorpe, Exposure, Glendale, AZ, 2006, brinda ayuda práctica e individual en cuanto a aprender a escuchar a Dios.

Capítulo 13

Quinta dinámica: El discernimiento espiritual logra que tanto el escuchar como el obedecer resulten algo seguro

El discernimiento hace que nos resulte seguro darle la bienvenida a la guía y a los dones del Espíritu Santo en la danza de cooperación con Dios. El discernimiento es la red práctica de protección teológica que nos permite evitar los extremos de una credulidad o candidez irreflexiva y un escepticismo obstructivo, y poder, en cambio, identificar y reafirmar lo que viene auténticamente de Dios. Sin eso, las iglesias pueden descarriarse o temer darle la bienvenida a la actividad sobrenatural de Dios. Más adelante en el capítulo presentaremos cuatro pautas de discernimiento del auténtico obrar del Espíritu Santo, y una mención acerca de lo práctico y valioso que resulta preparar y dar informes posteriores para educar y a la vez proporcionar seguridad.

Para algunos de nosotros el escuchar constituye un problema. En mi temprana infancia (soy Paul) me diagnosticaron una pérdida de la audición y desde la adolescencia he usado un auxilio auditivo en mi oído izquierdo. La discapacidad a veces causa frustración, ocasionalmente resulta divertida, y generalmente es ignorada. Yo no siempre escucho cuando otros me hablan, especialmente cuando hay mucho ruido de fondo, así que tengo que pedir que me repitan lo que me han dicho. Las ocasiones divertidas son cuan oigo lo que me dicen pero «escucho» las palabras equivocadas, como me sucedió mientras escribía este párrafo. La pregunta de mi esposa: «¿Quieres algunos caramelos de toffee?» en realidad había sido «¿Quieres una taza de café?», lo que realmente me dejó un poco decepcionado por el resultado de mi respuesta. Lo peor es que puede resultar bastante embarazoso cuando escucho un ruido y presupongo que me perdí algún comentario de alguien, pero cuando pido que me lo repitan, descubro que en realidad había sido el crujido de una puerta o un automóvil que pasaba. Afortunadamente, escucho la mayor parte de lo que se dice, pero a través de los años he aprendido a ser cuidadoso con respecto a lo que oigo, constatando que lo he recibido bien.

Cuando nos referimos a escuchar al Espíritu Santo, necesitamos tener esa misma precaución. Sería erróneo presuponer que todo lo que *pensamos* que Dios nos dice, *es* en realidad lo que él nos está diciendo. En ciertas ocasiones escuchamos con claridad, ocasionalmente simplemente no captamos su guía, y a veces creemos equivocadamente que el Espíritu nos está hablando cuando en realidad la fuente de la que nos llega es otra.

En cierta ocasión estuve orando por una mujer, acompañado de mi amiga Annie Lewis. Mientras procurábamos escuchar lo que Dios tenía para decirnos, yo tuve el sentir de que él quería trasmitirle una palabra de paz en medio de su situación, asegurándole que no era necesario que estuviera ansiosa. Le manifesté eso a la mujer, preguntándole si hallaba eco en ella, pero lo negó con la cabeza, así que continuamos orando, y pidiéndole al Espíritu que hablara a su vida. Entonces Annie describió una imagen que le había venido a la mente, de un padre cuidando a su hijo y cargándolo en brazos. Inmediatamente se percibieron alivio y gozo en el rostro de la mujer, y ella comenzó a agradecer al Padre celestial por su revelación, reafirmando su confianza en él. Me telefoneó pocos días después para decirme que Dios había sido fiel a su palabra y la había llevado a través de la situación por la que ella había pedido oración. En esa ocasión yo me equivoqué, pero Annie escuchó correctamente lo que el Espíritu le decía.

Peligros gemelos que debemos evitar

Hemos presentado muchos testimonios en este libro y señalamos que Jesús nos ha hablado a través de su Espíritu. Es correcto preguntarnos acerca de cada una de estas historias: «¿Cómo puedo estar seguro de que fue el Espíritu Santo el que me habló?» Creemos que esa es una pregunta fundamental cada vez que consideramos la guía de Dios, porque existen dos extremos, opuestos pero semejantes, en los que la iglesia puede caer en lo que hace a este tema. Uno es la credulidad irreflexiva que lo incluye todo, y el otro es el escepticismo obstructivo que lo rechaza todo. Ambas perspectivas son peligrosas, y ambas van en contra de las Escrituras.

Al decir «credulidad» nos referimos a una actitud que simplemente supone que todo lo que se *declara* como proveniente de Dios en verdad *es* de él. Ciertamente no siempre es el caso (como, por ejemplo, en la historia de Paul y Annie narrada anteriormente). Así que si obedecemos con diligencia a lo que consideramos una «guía» que hemos recibido, habrá ocasiones en que actuaremos en base a una guía no auténtica, iremos tras agendas equivocadas y hablaremos palabras inapropiadas y hasta dañinas. Del mismo modo, si fallamos en poder discernir críticamente, nos colocamos en un sitio que queda a la merced de cualquiera que declare tener una palabra del Señor, y permitimos que la iglesia se vuelva vulnerable a los caprichos de individuos manipuladores. Esta actitud de recibirlo todo con facilidad abre el camino a poner el énfasis en el emocionalismo (en contraste con la libertad legítima de permitir que se manifiesten las emociones como aspecto auténtico de la adoración de la persona total).[1] Y lo que es aun más dañino, este enfoque puede desacreditar a Jesús cuando la supuesta «guía» se abraza con candidez pero resulta ser falsa. No llama la atención, entonces, que la Biblia nos instruya: «Sométanlo todo a prueba» (1 Tesalonicenses 5:21) y «No crean a cualquiera que pretenda estar inspirado por el Espíritu, sino sométanlo a prueba para ver si es de Dios» (1 Juan 4:1).

Al decir «escepticismo» nos referimos a la actitud que presupone que Dios ya no habla y que cada pretendida palabra del Señor no es real, o que no podemos tener certeza y por lo tanto vamos a andar mejor evitando la cuestión. Esos enfoques en ocasiones hacen su aparición como una manera bien intencionada de proteger a la iglesia de los peligros del engaño y los abusos; sin embargo, son peligrosos, debido a que nos colocan en oposición a la actividad que lleva a cabo en el presente el Espíritu Santo en cuanto a distribuir dones espirituales y volver real el señorío y liderazgo de Jesucristo. El escepticismo puede dar lugar a un intelectualismo soberbio que exalte la razón humana por encima de la soberanía divina. También frustra la eficacia del cuerpo de Cristo al privar a la iglesia precisamente de los recursos que Jesús determinó que tuviésemos. Por lo tanto, la Biblia nos instruye así: «No apaguen el Espíritu, no desprecien las profecías, sométanlo todo a prueba, aférrense a lo bueno» (1 Tesalonicenses 5:19-20). Del mismo modo, nos dice: «Ambicionen el don de profetizar, y no prohíban que se hable en lenguas» (1 Corintios 14:39).

Ni el escepticismo ni la credulidad honra a la tercera persona de la Trinidad. Uno le da la bienvenida a más de lo que Dios envía, en tanto que el otro rechaza lo que Dios envía. Menos mal que hay un camino que corre entre esos dos extremos, aquel que reconoce la verdad del ministerio del Espíritu Santo en medio de los seres humanos que aún están en vías de ser perfeccionados. Pero antes de considerar los aspectos prácticos del discernimiento, resultará útil apreciar algunas de las raíces que dan origen al problema espiritual.

¿Por qué puede haber una «guía» que no sea del Espíritu?

Cuando Jesús les indicó a los discípulos que necesitaba viajar a Jerusalén, morir y resucitar de los muertos, Pedro lo tomó aparte para convencerlo de desechar la idea. La reprensión de Jesús fue esta: «¡Aléjate de mí, Satanás! Quieres hacerme tropezar; no piensas en las cosas de Dios sino en las de los hombres» (Mateo 16:23). Él percibió que la guía que le brindaba Pedro en realidad tenía su origen en una obra de Satanás y en una preocupación humana y, por lo tanto, la dejó de lado. En otra conversación, Jesús describe al diablo como «el padre de la mentira» (Juan 8:44). Y Pablo nos recuerda que «Satanás mismo se disfraza de ángel de luz» (1 Corintios 11:14) para desviar a la gente.

Juntamente con los esfuerzos de Satanás por engañarnos, también enfrentamos las presiones y prioridades que surgen de las preocupaciones corrientes que tienen los seres humanos, las «cosas del hombre» que afectan nuestras actitudes y perspectivas. Los presupuestos de la sociedad pueden moldear con facilidad nuestro pensamiento y colorear nuestras percepciones, haciendo que de un modo inconsciente lleguemos a la conclusión de que las cosas que la sociedad acepta son las que Dios desea. Por eso Pablo nos exhorta: «No se amolden al mundo actual, sino sean transformados mediante la renovación de su mente» (Romanos 12:2). Él está muy consciente de ese peligro y desea que podamos discernir cuál es la voluntad de Dios.

No muy lejos de esto, tenemos la falta de fiabilidad de nuestro propio interior, que llevó a Jeremías a lamentarse: «Nada hay tan engañoso como el corazón. No tiene remedio» (Jeremías 17:9). La vivacidad de nuestra imaginación y nuestras actitudes bondadosas y bien intencionadas pueden considerarse erróneamente como la guía del Espíritu Santo. O, lo que es menos inocente, podemos sentirnos orgullosos de nuestra propia espiritualidad y desear parecer espirituales delante de los ojos de los demás («¡Noten que yo soy alguien que escucha a Dios!»), y por lo tanto caer en la trampa de «inventar» una guía en nuestro afán por dar una buena imagen.

Juntas, estas tres cosas forman una trinidad alternativa, descrita por ciertas liturgias bautismales como «el mundo, la carne y el diablo». Cuando yo (Brad) fui lleno del Espíritu Santo y estaba creciendo en Cristo, supuse que sería inmune a estos peligros. Y Jesús me inquietó con una fuerte advertencia: «Tengan cuidado de que nadie los engañe... Vendrán muchos que, usando mi nombre, dirán: "Yo soy el Cristo", y engañarán a muchos» (Mateo 24:4-5). Debo admitir que con frecuencia he pensado que Jesús les estaba hablando a algunas otras personas, pero cuanto más me conozco a mí mismo, más me doy cuenta de que el peligro del engaño está dentro de mí. Las advertencias de Jesús van dirigidas en especial a la gente como yo que está creciendo en un liderazgo espiritual y en la danza de cooperación con el Espíritu Santo en su obra de hacer avanzar el reino de Dios.

Esas dificultades pueden causarnos desaliento. Pero en la Biblia la presunción vigente es que el Espíritu Santo está vivo y activo, distribuyendo sus dones en medio del pueblo de Dios y equipándonos para dar testimonio de Jesucristo. Tenemos una esperanza bien fundamentada en que nuestro Señor es más que poderoso para superar esos problemas de comunicación, y que la guía del Espíritu puede discernirse correctamente para poder unirnos a la danza de cooperación.

Cuando observamos alguna conducta en particular, tal como sacudidas o caídas al piso, profecías o palabras dichas en lenguas, enseñanzas o guía dada por una persona o por el consejo de la iglesia, el discernimiento nos ayuda a identificar si eso viene del Espíritu Santo, de un espíritu maligno o de la mente humana. La enseñanza puede provenir de algún individuo muy respetado, o de una comisión (quizá de la asamblea nacional de la denominación, o del papa, o de un predicador bien conocido), pero no debe recibirse a ciegas solo porque aquellos que la emiten tienen autoridad o son personas buenas y sinceras. Las manifestaciones particulares pueden ir más allá de lo que es una experiencia normal para nosotros, o pueden resultarnos muy familiares; pero en ninguno de los dos casos son necesariamente genuinas, ni tampoco automáticamente sospechosas. Somos llamados a ejercer el discernimiento para poder descartar los errores y abrazar la obra auténtica del Espíritu.

Cuatro preguntas vitales que nos ayudan a tener discernimiento

El discernimiento es el acto de probar o examinar algo para poder concluir si eso es genuino. Cuando la iglesia de Corinto debió enfrentar el desafío de manejarse con la profecía, las lenguas, y otras manifestaciones de la actividad del Espíritu, Pablo les dijo: «En cuanto a los profetas, que hablen dos o tres, y que los demás *examinen con cuidado* lo dicho» (1 Corintios 14:29, itálicas añadidas). Juan les recordaba a sus iglesias: «No crean a cualquiera que pretenda estar inspirado por el Espíritu, sino *sométanlo a prueba* para ver si es de Dios, porque han salido por el mundo muchos falsos profetas» (1 Juan 4:1, itálicas añadidas). Pablo señalaba que «lo que procede del Espíritu de Dios... hay que *discernirlo espiritualmente*» (1 Corintios 2:14, itálicas añadidas) e instó así a los tesalonicenses: «*Sométanlo todo a prueba*, aférrense a lo bueno» (1 Tesalonicenses 5:21, itálicas añadidas).

Este proceso puede resultar complejo, y hemos descubierto cuatro preguntas clave que resultan vitales para ejercer el discernimiento. Las hemos tomado de las Escrituras y de la experiencia práctica acumulada al buscar discernir lo que verdaderamente procede del Espíritu Santo. Son estas:

1. ¿Le da la gloria a Jesucristo en el presente y en el futuro?
2. ¿Es congruente con las intenciones y el carácter de Dios tal como nos son revelados por las Escrituras?
3. ¿Otras personas que han nacido de nuevo y están llenas del Espíritu Santo dan un testimonio de confirmación?
4. ¿Existe confirmación a través de hechos o sucesos objetivamente verificables?

1. ¿Le da la gloria a Jesucristo en el presente y en el futuro?

Jesús dijo: «Pero cuando venga el Espíritu de la verdad, él los guiará a toda la verdad, porque no hablará por su propia cuenta sino que dirá solo lo que oiga, y les anunciará las cosas por venir. Él me glorificará porque tomará de lo mío y se los dará a conocer a ustedes» (Juan 16:13-14). Hemos colocado esta pregunta en primer lugar porque le da la supremacía a Jesús, y nos asegura que él sea levantado, honrado y reconocido. Juan el Bautista declaró con humildad: «A él le toca crecer, y a mí menguar» (Juan 3:30). Todo lo que en verdad viene del Espíritu Santo le dará gloria a Jesucristo tanto dentro de las circunstancias presentes como en las consecuencias que produzca en el futuro. El Espíritu nos señala solo a Jesús y nos trae solo las palabras de Jesús y de nadie más. El Espíritu enfoca el reflector en Jesús.

El Espíritu Santo se enfoca resueltamente en Jesucristo como la verdad que se ha encarnado. Juan les enseña a sus lectores: «En esto conocí el Espíritu de Dios: Todo espíritu que confiesa que Jesucristo ha venido en carne, es de Dios; y todo espíritu que no confiesa que Jesucristo ha venido en carne, no es de Dios» (1 Juan 4:2-3, RVR1960). En el nebuloso mar de la «espiritualidad» del movimiento de la Nueva Era, muchos hablan de un Cristo o de un Cristo Espíritu. Pero esa fantasía mítica dista de la revelación bíblica acerca de que Jesús es una persona real que murió en la cruz por nuestros pecados. El Jesús al que el Espíritu señala, y a favor de quien habla, es el histórico carpintero de Nazaret que caminó sobre la tierra, fue crucificado, murió y resucitó tal como lo registran las Escrituras.

En uno de los eventos de Dunamis, cuando oraron por mí (Paul), me encontré imposibilitado de mantenerme en pie y caí al piso. Mientras descansaba allí, me vi como un bebé reposando en los brazos de su Padre celestial, mirando su rostro y consciente de su tierno amor hacia él. Lo único que vieron los otros que estaban en ese salón fue un líder de la iglesia que colapsaba y luego yacía muy quieto en tanto que otras dos personas se arrodillaban y oraban. Los sucesos físicos no tuvieron mayor significado y agradezco que no fueran tan faltos de dignidad como la danza de adoración del rey David (2 Samuel 6:1-22). Pero el encuentro en sí me trajo una nueva seguridad en mi relación con el Dios a quién Jesús nos enseñó a llamar «Abba». Jesús señaló una de las formas en que el Espíritu le daría gloria: «Tomará de lo mío y se los dará a conocer a ustedes» (Juan 16:14). En esa ocasión él tomó lo que Jesús había revelado sobre Abba y lo convirtió en una realidad experimental en mi propia vida.

2. ¿Es congruente con las intenciones y el carácter de Dios tal como nos son revelados por las Escrituras?

Cuando Pablo visitó a la comunidad judía de Berea y les explicó el mensaje del evangelio, ellos se mostraron entusiastas y cautos a la vez. «Recibieron el mensaje con toda avidez y todos los días examinaban las Escrituras para ver si era verdad lo que se les anunciaba» (Hechos 17:11). Las palabras del evangelista eran confrontadas con las palabras de las Escrituras, y él mismo enfatiza más tarde el valor fundamental de las Escrituras como medida de prevenir errores y promover la verdad: «Toda la Escritura es inspirada por Dios y útil para enseñar, para reprender, para corregir y para instruir en la justicia, a fin de que el siervo de Dios esté enteramente capacitado para toda buena obra» (2 Timoteo 3:16-17).

En las páginas de la Biblia, mientras el Espíritu Santo dirigía la comprensión de los autores humanos (2 Pedro 1:20-21), Dios hablaba para revelar su carácter, su voluntad, y sus intenciones. Debido a que la Biblia es la auto revelación de Dios, sus palabras constituyen el cimiento, las normas objetivas a través de las cuales se deben medir todas las otras revelaciones. Por eso los de Berea las examinaban para ver si el mensaje de Pablo con respecto a Jesús era congruente con la revelación de Dios que ya existía, y también fue por eso que Juan Calvino dijo con respecto a la obra del Espíritu Santo: «Pero, a menos que por debajo se deslice el espíritu de Satanás, él nos llevará a reconocerlo según su propia imagen, que ha quedado estampada en las Escrituras. Él es el autor de las Escrituras; no puede variar ni diferir de sí mismo.[2]

Cuando el Espíritu habla directa y personalmente a su pueblo hoy, esta guía tal vez no sea *al pie de la letra* con respecto a las Escrituras, pero siempre estará *en concordancia con* las enseñanzas de las Escrituras y será congruente con el carácter de Dios, según ha sido revelado en las Escrituras. Por ejemplo, no existe un capítulo o versículo que diga: «Estoy llamando a Cindy Strickler a convertirse en la directora de la Confraternidad Dunamis de PRMI», o «Paul Stokes, tú debes servir dentro de la congregación URC de Plymouth». No hay un pasaje de la Biblia que diga: «Estoy llamando a Brad y Laura Long como misioneros en Taiwan». Pero todo eso, con seguridad, es *congruente con el carácter y las intenciones* de Dios reveladas en las Escrituras cuando el Espíritu Santo llamaba y equipaba a la gente para asumir roles apostólicos, pastorales y evangelísticos (Efesios 4:11) o los llamaba a ir a lugares específicos (Hechos 16:10).

3. ¿Otras personas que han nacido de nuevo y están llenas del Espíritu Santo dan un testimonio de confirmación?

Para asegurarse de que el don espiritual de la profecía fuera manejado correctamente en Corinto, Pablo dio instrucciones que señalaban: «En cuanto a los profetas, que hablen dos o tres, y que los demás examinen con cuidado lo dicho» (1 Corintios 14:29). La tarea de «examinar» no tiene que ver con el proceso democrático de votar y permitir que la mayoría gobierne, y ni siquiera tratar de lograr consenso dentro de un grupo, o mayoría de opinión. Más bien, lo que llega es un testimonio interior de parte del Espíritu Santo, un «amén» divino, una sensación de paz que nace de haber recibido correctamente el mensaje como proveniente de Dios. Lucas nos dice que luego de la visión nocturna que tuvo Pablo de un hombre de Macedonia, ellos, en conjunto,[3] llegaron a la conclusión de que se trataba de una indicación de parte de Dios. Si la guía, enseñanza o manifestación es del Espíritu Santo, el mismo Espíritu la confirmará en el corazón de otros. Es muy simple: «El Espíritu reconoce al Espíritu».[4]

Algunas personas comprenden los pasajes de las Escrituras con mayor rapidez que otras, tal vez debido a un mayor conocimiento de la Biblia. De un modo similar, algunos disciernen con mayor rapidez cuándo es el Espíritu Santo el que obra. Y en un nivel muy básico encontramos que «el que no tiene el Espíritu no acepta lo que procede del Espíritu de Dios, pues para él es locura. No puede entenderlo, porque hay que discernirlo espiritualmente» (1 Corintios 2:14). El discernimiento de la realidad espiritual es ejercido por aquellos que caminan con Jesús, gente que ha nacido de nuevo y que se llena del Espíritu Santo continuamente.

Yo (Paul) ya les he contado la historia acerca de cómo fue llamada Tracy para pertenecer al grupo de ancianos. Varias personas de la iglesia tuvieron el mismo sentir en cuanto a la guía, y algunas de ellas en diferentes entornos, algunos bastante inesperados. Tanto como entre estos testigos comunes, hubo un «amén» conjunto entre los ancianos ya existentes y también por parte de los miembros de la iglesia. De un modo semejante, cuando buscamos la guía del Señor en la reunión de iglesia referida al apoyo a una cierta financiación y la gente mencionó que Dios decía que no, hubo una sensación de paz dentro del conjunto y un sentir de que la decisión era la «correcta». En otra ocasión, mientras conducía a un pequeño grupo de personas comprometidas con un ministerio de liberación[5], me detuve a consultar al resto del equipo sobre si alguien tenía un sentir con respecto a la guía de Dios. Una persona dijo que ella creía que estábamos tratando con «muchos», y otras dos confirmaron eso al decir simultáneamente: «Diez». La confirmación de esos testigos nos ayudó a saber de qué manera proseguir y cuál era el progreso que habíamos realizado.

4. ¿Existe confirmación a través de hechos o sucesos objetivamente verificables?

Cuando Dios dijo: «Sea la luz», la luz hizo su aparición. Sus palabras producen resultados objetivos y verificables que pueden observarse y estudiarse, porque cuando Dios habla, las cosas suceden. «Así es también la palabra que sale de mi boca: No volverá a mí vacía, sino que hará lo que yo deseo y cumplirá con mis propósitos» (Isaías 55:11). Así que cuando se nos presenta alguna guía que creemos que puede ser una palabra del Señor, debemos procurar ver si produce resultados verificables. Moisés tuvo que lidiar con esta cuestión y por eso enseñó: «Tal vez te preguntes:

"¿Cómo podré reconocer un mensaje que no provenga del Señor?" Si lo que el profeta proclama en nombre del Señor no se cumple ni se realiza, será señal de que su mensaje no proviene del Señor. Ese profeta habrá hablado con presunción. No le temas» (Deuteronomio 18:21-22).

Este concepto de la verificación objetiva resulta extremadamente importante. Hay ocasiones en que el Espíritu habla de cosas que no sucederán inmediatamente. Algunas de las profecías bíblicas tardaron cientos de años en cumplirse, y también nosotros podemos experimentar demoras entre el momento de recibir visiones o palabras proféticas y verlas volverse realidad. En esas ocasiones, entramos en un tiempo detenido de espera hasta que en verdad haya una confirmación.

Pero muchas palabras del Señor simplemente tienen la posibilidad de una verificación objetiva inmediata. Cuando oramos por alguien, una palabra de conocimiento nos conectará con hechos reales de la vida de la persona. Una palabra profética dada en la gracia y el amor de Jesucristo se podrá distinguir de una simple crítica o juicio porque en realidad edificará a la gente en el discipulado, ya que «el que profetiza habla a los demás para edificarlos, animarlos y consolarlos» (1 Corintios 14:3).

A veces cuando oramos por sanidad puede haber manifestaciones físicas, pero si existe una sanidad genuina, esta será confirmada por un médico y no meramente a través de un entusiasmo emocional. Al ser guiados por el Espíritu Santo y discernir lo que él hace y dice, uno no solo debe tener fe, sino un firme compromiso con la realidad. Les abrimos la puerta a los problemas cuando, en nombre de la fe, intentamos falsificar la realidad para que se adapte a nuestros objetivos o preconceptos.

Cuando a Steve, el marido de Cindy, le diagnosticaron un tumor cerebral a comienzos de 2004, el doctor lo describió como un tumor no maligno, del tamaño de una pelota de golf, encapsulado y operable. Pocos días antes de la cirugía, varios de nosotros nos encontramos con Steve y oramos por él. Yo (Brad) sentí que calor y poder emanaban de mis manos y pasaban a la cabeza de Steve. De pronto se presentó una imagen en mi mente: mostraba al tumor no como la nítida pequeña pelota que podía removerse fácilmente, sino como una masa maligna de tentáculos ensortijados que salían del cerebro de Steve. En ese cuadro vi una luz que se movía a través de su cabeza y junto con eso la directiva: «Ordena a esos tentáculos que se retiren del cerebro de mi siervo y que se retraigan sobre ellos mismos». Al orar así, estaba consciente del poder, la autoridad y la luz que pasaban a través de mí a Steve, y de un modo disparatado sentí que Jesús realmente estaba llegando a su cerebro, y arrancando el tumor. Todo eso me llegó a través de una serie de imágenes mentales vívidas y espontáneas. Luego de un tiempo, el Espíritu Santo se levantó de sobre mí. La corriente de imágenes se detuvo abruptamente, y también la sensación de calor y poder que tenía en mis manos. Supe que podía dejar de orar.

El informe del cirujano, y el de patología que llegó unos días después, indicaron que el tumor no era benigno sino un *anaplastic astrocytoma* maligno en una etapa tres. «Astro» significa «estrella», y ese cáncer tiene tentáculos que crecen hacia otras partes del cerebro. El doctor dijo que estaba contenido y que pensaba que lo había quitado todo. ¡Obviamente, esa fue una gran noticia! También constituía una confirmación objetiva de que la guía que yo había recibido en forma de imágenes realmente estaba en línea con la realidad. El cáncer de Steve no ha regresado, y con cada año que pasa, su reaparición resulta menos probable.

Cómo aplicar las cuatro preguntas: una profecía para Plymstock

Durante mi primer año como ministro (soy Paul), me entregaron una nota de parte de un muy amado miembro de la iglesia que creía que eso era un mensaje profético de Dios para nosotros. Decía:

> Ustedes, gente de Plymstock, aman sus casas cálidas y confortables. Pero han descuidado su lugar central de adoración: mi templo. Este es frío y poco acogedor. ¿No ven lo que sucede? Esperaban una gran cosecha pero han obtenido solo una pequeña. Y lo que ustedes han reunido yo lo he esparcido con el viento. Hagan provisión para restaurar la calidez de mi templo, y yo, el Señor, estaré con ustedes.
>
> Para recibir confirmación, por favor leer el corto libro de Hageo (tiene solo una página y media).

¡Esa fue la primera vez que tuve que resolver qué hacer con una palabra profética! Les llevé la nota a los ancianos y les pregunté si había un sentir compartido sobre si el mensaje fuera auténtico, y casi de inmediato hubo un «sí» como respuesta unánime. Me pareció demasiado rápido, como si la mención de la referencia bíblica lo hubiera vuelto «correcto» automáticamente, y me sentí incómodo. Así que más tarde esa noche di unas vueltas por las calles de la localidad, inicialmente orando sobre la palabra profética pero luego en referencia a otros aspectos de la vida de la iglesia también. Casi había llegado a casa y ya no estaba considerando la palabra profética cuando escuché a Dios decir: «Fui yo». No creo que haya sido una voz audible, pero las palabras resultaron claras e inesperadas. En ese momento, sentí paz en mi propio espíritu, un testimonio de confirmación junto con el de los otros ancianos.

Las palabras y la fuerza del mensaje mismo claramente eran un eco de la palabra de Dios dada a través de Hageo. El Espíritu a veces toma porciones de las Escrituras históricamente arraigadas y declara que son su mensaje *presente* para alguna situación nuestra en particular. Eso sucedió cuando Pedro citó al profeta Joel en Hechos 2 y cuando la iglesia consideró la cuestión de que los gentiles se convirtieran en cristianos, en Hechos 15. Así que pude ver que ese mensaje en particular era congruente con el carácter y las intenciones de Dios reveladas en las Escrituras.

¿Esa palabra profética le traía gloria a Jesús? La respuesta, con toda seguridad, era un sí. Al igual que las cartas dirigidas a las iglesias locales en el Apocalipsis, esta palabra nos llamaba a ser transformados, a buscar primero el reino de Dios, a hacer nuestra prioridad el honrarlo a él a través de acciones prácticas.

¿Y qué acerca de la confirmación a través de sucesos o hechos objetivamente verificables? Durante los siguientes años les dimos la bienvenida a muchas nuevas personas dentro de la membresía y vimos aun más gente salir y dejarnos. La cantidad de gente cayó en alrededor del 25 % mientras el Señor «soplaba» sobre aquello que habíamos reunido. Durante ese período, la fe se revistió de obediencia mientras la pequeña iglesia comenzaba a realizar cambios en las instalaciones, colocando una nueva calefacción, nuevas ventanas bien aisladas, asientos confortables, nuevo equipo audio-visual, y realizando reformas en uno de los principales salones de reunión y en la cocina. También tuvieron lugar otros cambios: en la esfera de la oración, de la comunión, y de la evangelización, y se dio un crecimiento en cuanto al Espíritu Santo. Durante los últimos cinco años hemos estado cada vez más conscientes de la presencia del Señor y hemos visto a la iglesia crecer en cantidad en más de un 60 %.

Las cuatro preguntas de discernimiento obtuvieron una respuesta positiva, confirmando que ese mensaje presentado con cautela en verdad era una palabra profética dada bajo la guía del Espíritu Santo. Entonces, ¿cómo podemos integrar esta práctica del discernimiento a la vida de una iglesia local?

Cómo cultivar el discernimiento espiritual en la congregación

1. La necesidad de enseñar sobre el discernimiento

La gente debe saber que no solo está permitido, sino que en realidad es correcto ejercer discernimiento. En ocasiones yo (Paul) he elegido enseñar a través de estas cuatro pruebas; también le hemos provisto a la gente señaladores para colocar en la Biblia con esas pruebas y textos impresos en ellos para facilitar el uso de referencias. Además de la enseñanza sistemática, también se puede llamar la atención sobre el discernimiento cuando resulte apropiado durante el curso de la predicación, en las clases de Escuela Dominical, o en los grupos de estudio bíblico y conversación. Esas constituyen ocasiones «adicionales» que «alimentan por goteo», introduciendo el concepto en la conciencia de la gente. Los pasajes de las Escrituras que tienen que ver con la guía o con alguna manifestación de la obra del Espíritu Santo, por ejemplo, proporcionan invalorables oportunidades para destacar la necesidad de la práctica del discernimiento.

Poco después de que fui ordenado para el ministerio, los medios, tanto seculares como cristianos, comenzaron a publicar nuevas historias acerca del fenómeno al que etiquetaron como «la bendición de Toronto». En tiempos más recientes, las historias se han enfocado en Lakeland, Florida. Ellas llevan inevitablemente a mantener con la gente conversaciones que incluyen una mezcla de temor y fascinación, curiosidad y críticas, y nos proveen oportunidades informales para ayudarlos a aprender a discernir en lugar de meramente reaccionar en un nivel emocional. No implica demasiado esfuerzo plantear la pregunta: «¿Y cómo podríamos llegar a entender si eso tiene que ver con una obra genuina del Espíritu Santo?»

2. Aprender a través de ejercer discernimiento

Cuando se trata del discernimiento, el laboratorio constituye un mejor ambiente para el aprendizaje que el salón de conferencias. Aquellas ocasiones en las que el Espíritu Santo parece estar obrando ofrecen excelentes oportunidades para aprender a ejercer discernimiento. Yo (Paul) pasé un día enseñando a un pequeño grupo de gente sobre la persona y obra del Espíritu Santo, y a la tarde apartamos un tiempo para la adoración, para estar quietos en la presencia de Dios y para orar unos por otros. Como siempre, la gente respondió en una diversidad de maneras, y yo tuve el privilegio de orar por varias personas. Al finalizar el día, mientras estábamos sentados tomando café con galletas, les di la oportunidad de hablar acerca de sus experiencias y de hacer preguntas. A medida que hablábamos, me aseguré de que fueran mencionadas las pruebas de discernimiento. No se trataba de un enfoque para controlar si se había cumplido con la «lista», sino de una conversación sencilla en la que pude decir cosas como: «Sé que esta no ha sido una experiencia "normal" para ustedes, pero es el tipo de cosas que aparecen en la Biblia, como cuando Pablo se encontró con Jesús. Encaja con lo que Dios ha revelado sobre él mismo en la Biblia».

En otra ocasión un pequeño grupo de personas había estado orando por mí en la iglesia. Nos reímos cuando, una vez terminada la oración, comencé a hacerles preguntas acerca de cómo habían recibido la guía del Espíritu, forzándolos a reflexionar críticamente sobre lo que había sucedido. También pude hablar sobre lo que el Señor había hecho en mi corazón y acerca de la manera en que sus oraciones habían ido por buen camino (o no, según fuera el caso). Al hacer un análisis juntos, pudimos aprender más sobre el ejercicio del discernimiento.

Sea el grupo grande o chico, los líderes pueden ayudar a los demás a discernir al asegurarse de que se lleve a cabo realmente un análisis reflexivo. He descubierto que este tipo de preguntas resultan útiles en ese proceso:

- ¿De qué manera guió el Espíritu a la gente?
- ¿Qué fue lo que nos persuadió de que era el Espíritu Santo y no alguna otra influencia?
- ¿Alguno pensó que el Señor nos estaba guiando pero se mantuvo en silencio? ¿Qué fue lo que percibió?
- ¿Anduvimos a la deriva o mal encaminados en algún momento?
- ¿Hay alguien que quiera hablar sobre lo que el Espíritu está haciendo en su vida?
- ¿De qué forma esto le trae gloria a Jesús?
- ¿De qué manera resulta congruente con el carácter e intenciones de Dios, según lo revelan las Escrituras?
- ¿Hay un sentir, un testimonio de confirmación en otras personas? ¿Qué provocó esa respuesta?
- ¿Qué «fruto» podemos identificar? ¿Encontramos algún hecho objetivo que confirme que esa es una obra auténtica del Espíritu Santo?

3. Someternos nosotros mismos al proceso de discernimiento

Los que somos líderes no estamos exentos de la necesidad de pasar por un discernimiento. Al asegurarnos de estar nosotros mismos bajo de la lupa, ayudamos a otros a sentirse cómodos cuando es la contribución que ellos hacen la que se somete a discernimiento. Durante un servicio nocturno, yo (Paul) conduje a la gente del sermón a un período de oración reflexiva. Era consciente de que el Espíritu Santo estaba inquietando a algunas personas pero no estaba seguro en cuanto a que fuera el tiempo de avanzar más profundamente como para ofrecerles la oportunidad de orar para que recibieran el bautismo del Espíritu. Más tarde elegí no continuar en esa dirección, pero no tenía certeza de haber hecho la elección correcta. Inmediatamente después del servicio, reuní a un par de ancianos y a un visitante del que sabía que tenía experiencia previa en cuanto a ejercer discernimiento y les pregunté si es que yo había fallado en seguir la conducción del Espíritu. Además de hacerme responsable, el análisis también les dio a los ancianos la oportunidad de aprender más acerca de ejercitar el discernimiento.

Cuando capacitamos a otros, puede resultarles difícil a ellos poder discernir genuinamente en sus etapas tempranas, porque tal vez se sientan tentados a presuponer que su amado líder «debe» estar en lo correcto. También existe el riesgo opuesto: que la gente por rencor o envidia haga un uso abusivo de la oportunidad para poder ser crítica. Así que, siempre que sea posible (y para ser sinceros, no siempre es posible), debemos asegurarnos de estar sujetos a otros líderes con madurez espiritual para rendir cuentas ante ellos. Lo hacemos para que Jesús sea glorificado en nuestro liderazgo y para proteger a la iglesia de nuestras imperfecciones humanas.

Abrirle la puerta al Espíritu

Al aprender el arte de ejercer un discernimiento espiritual, las congregaciones tendrán mejores oportunidades de abrirle la puerta al Espíritu Santo, pudiendo identificar las cosas y actuar bajo su guía. Sin embargo, el cuadro es más amplio que eso, y hemos dado ejemplos en este capítulo que no tenían que ver específicamente con la guía. El ejercicio del discernimiento nos ayuda a crear un contexto «seguro» desde lo pastoral para nuestra sexta dinámica, en el que la iglesia le da la bienvenida a toda una variedad de manifestaciones y dones del Espíritu Santo y lo hace de un modo que honra a Jesucristo.

---

1. En Lucas 10:27, Jesús nos manda que amemos a Dios con el cien por ciento de nuestro ser, lo que incluye las emociones.

2. Juan Calvino, *Institutes of the Chrisian Religion* [Institución de la religión cristiana], editor John T. McNeill, Westminster, Filadelfia, 1960, 1.9.2.

3. En Hechos 16:10, el verbo en griego está en el plural, indicando que no se trataba solo de la conclusión de Pablo, sino de la de todo el grupo.

4. Arnold Bittlinger, *Gifts and Graces: A Commentary on 1 Corinthians 12—14.* Traducción al inglés, Eerdmans, Grand Rapids, 1967, p. 121.

5. Eso es orar con otros para que ellos puedan ser liberados de la opresión de espíritus malignos.

Las siete dinámicas

Sexta dinámica: Darle la bienvenida a los dones y a las manifestaciones del Espíritu Santo

Los dones y manifestaciones del Espíritu Santo son expresiones normales y esenciales del poder y de la presencia del Espíritu Santo que nos han sido dadas para ayudarnos en la práctica de colaborar con el Espíritu. En la adoración congregacional de Corinto, la fe cristiana incluía de un modo manifiesto un componente sobrenatural, y Pablo proveyó orientación acerca de cómo se debería entender y manejar eso. Los líderes y las congregaciones precisan desarrollar una comprensión de los dones espirituales y de la manera en que pueden ser expresados dentro de la adoración y el testimonio de la iglesia.

Los constructores necesitan herramientas. Yo (Brad) recientemente estuve observando a un equipo construir una terraza de madera en la Comunidad de la Cruz, de PRMI, en Carolina del Norte. Sumándolos a todos, ese equipo de carpinteros maduros, de cabellos blancos, contaban con una experiencia de construcción de más de dos siglos. Llevaban herramientas en su cintura, en sus cajas de herramientas, y tenían enchufados y listos para su uso algunos aparatos eléctricos. No se movían con rapidez sino que sus movimientos eran pausados, tomando la herramienta precisa y adecuada para cada tarea. Justo en el momento en que lo necesitaban (como si se tratara de algún tipo de danza), extendían la mano en procura de un elemento que tuviera la potencia y capacidad que les permitiera darle forma a la madera, a la piedra y al acero, y adaptarlos a una nueva realidad. Para mis manos poco entrenadas, hubieran sido meros martillos para machacar clavos y serruchos para cortar la madera. Pero para esos artesanos, las herramientas eran el medio de expresar dominio sobre el mundo creado, de darle forma a la realidad según una visión que tenían clara en su mente.

Jesús le dio forma a la realidad: él era el maestro artesano que contaba con una visión del reino de Dios y con las herramientas provistas por el Espíritu Santo. Los dones espirituales expresaron el poder y la autoridad del Espíritu en el momento adecuado y de la manera exacta. En medio del fluir de una conversación junto a un pozo en Samaria, él recibió el don de conocimiento sobre los cincos maridos que había tenido una mujer y el actual amante con el que vivía (Juan 4:4-42). La conversación se proyectó con una nueva profundidad, y ella regresó a su pueblo diciendo: «Vengan a ver a un hombre que me ha dicho todo lo que he hecho. ¿No será este el Cristo?» (v. 29). Muchos de aquellos habitantes pusieron su fe en Jesús debido a que Jesús había recibido las herramientas que necesitaba para dar expresión al reino de Dios.

Cuando arrastraron a una mujer adúltera delante de él para que la juzgara, Jesús recibió palabras de sabiduría para manejar la situación (Juan 8:1-11). Pudo arrojar fuera a los espíritus inmundos porque el Espíritu Santo le dio esa capacidad (Mateo 12:28). Recibió conocimiento de lo que había en el corazón crítico de Simón y en el corazón penitente de la mujer pecadora (Lucas 7:36-50). En cada ocasión, al ver lo que el Padre hacía, Jesús llevó a cabo su parte en la danza de cooperación, bajo la unción del Espíritu. Habló palabras proféticas dirigidas a la vida de la gente, proclamo las buenas nuevas, y llamó las personas a su reino. Sanó a los que estaban enfermos y levantó a los muertos. Les dio capacidad de liderazgo a sus seguidores, suplió sus necesidades y les enseñó los caminos y la verdad de Dios. Todo eso ha sido descrito por las Escrituras como dones y manifestaciones del Espíritu Santo, y están disponibles para expresar y construir el reino de Dios.

Imaginemos que el equipo de carpinteros que construía esa terraza simplemente se hubiera sentado a discutir con respecto a las herramientas que cada uno tenía en su maletín: ¿Cuáles eran las más útiles? ¿No deberían dejar de usar algunas de ellas? ¿Qué herramientas resultaban más impactantes? Y así, mientras se disputaba sobre el contenido de las cajas de herramientas, no se adelantaba en la construcción de la terraza. Se trata de una escena ridícula y, sin embargo, este es el modo en que se comporta la iglesia a menudo con respecto a los dones del Espíritu. Discutimos sobre si aún siguen en funciones o si la profecía es más importante que las lenguas. Algunos se sienten fascinados por ellos en tanto que a otros los asustan; algunos se gozan, en tanto que otros los resisten. Y en el ínterin se logra muy poco progreso en cuanto a realizar la obra.

Pero Jesús nos ha llamado a trabajar junto con él para construir el reino de Dios en la tierra, para cumplir con esa comisión global de hacer converger gente de todas las naciones en su reino. Es allí donde la danza de cooperación encuentra su propósito: nos mantenemos al paso del Espíritu mientras él edifica el reino del Padre. Nuestro foco no se centra en los dones y las manifestaciones (por ellos mismos) sino en la gran tarea a la que hemos sido convocados y en el Señor que eligió incluirnos en ella. El Espíritu Santo distribuye toda una variedad de dones entre nosotros para que podamos agregarnos de una manera productiva a ese proyecto de construcción. Fundamentalmente, esos dones son simples «herramientas». Incorporamos a nuestra tarea las habilidades naturales que tenemos como personas creadas a la imagen de Dios: nuestra capacidad de imaginar, de organizar y de manejar las cosas. También necesitamos de las capacidades sobrenaturales que nos llegan como dones del Espíritu Santo. Las herramientas humanas y espirituales se corresponden, en una amalgama de lo mundanal y lo trascendente para poder crear la nueva realidad del reino de Dios.

Los peligros de apagar al Espíritu

¿Qué sucede cuando los aspectos espirituales de esta obra se ven restringidos? En una ocasión yo (Brad) fui invitado por una congregación conservadora muy grande de Canadá para predicar un sermón evangelístico e invitar a la gente a aceptar a Jesucristo como Señor de su vida. Me encontré con los líderes por anticipado, y les compartí la experiencia recogida alrededor del mundo (incluyendo el Canadá) acerca de lo que sucede cuando la gente se acerca a la fe en Cristo. Con frecuencia nos encontramos con respuestas emocionales a medida que el Espíritu Santo comienza a sanar heridas profundas, y a veces se manifiestan espíritus malignos cuando Jesús reafirma su santa autoridad y su presencia. Así que pedí que todos los equipos de oración con los que contaran estuvieran dispuestos a ministrar a las personas luego de que se hubieran entregado a Cristo. El pastor saltó de inmediato y dijo que tales expresiones emocionales estaban absolutamente prohibidas en su iglesia y que yo no debía mencionar ni la sanidad, ni los espíritus inmundos, ni ninguna otra cosa con respecto al Espíritu Santo. Me sujeté a él y le dije: «Sí, señor. Usted es el pastor y yo estoy debajo de su autoridad en tanto que esté en su congregación como invitado». Obviamente, él sentía temor de cualquier manifestación del Espíritu Santo y no tenía idea de qué hacer con ellas. Descubrí más tarde que el liderazgo estaba bajo la influencia de la enseñanza dispensacionalista que señala que los dones del Espíritu Santo cesaron al completarse el canon bíblico.

Esa noche el templo se llenó de la presencia de Dios, y el Espíritu Santo cayó sobre mí con gran poder y autoridad. Prediqué un sermón evangelístico y luego invité a la gente a pasar a hacer una entrega a Jesucristo, o a renovarla. Alrededor de trescientas personas (la mitad de la congregación) pasó adelante para arrodillarse y orar, en una silenciosa confesión de fe. Entre ellos había una mujer anciana, muy distinguida, cuyo rostro comenzaba a desfigurarse con lo que parecía una manifestación demoníaca. Fui hacia ella para orar y silenciar al demonio que se estaba manifestando, pero antes de llegar allí, ella de repente convulsionó y dio un alarido, retorciéndose en el piso, tomada por un espíritu demoníaco muy poderoso.

El pastor se precipitó hacia allá inmediatamente, demandándome que le dijera qué era lo que había hecho, y yo le respondí: «No he hecho nada, señor, pero creo que Jesús está liberando a esta dama de espíritus malignos, precisamente porque ella le entregó su vida para seguirlo». El pastor, frenético, ordenó a los ancianos que sacaran a la mujer, y cinco hombres se apresuraron a llevarse a la mujer fuera del templo, hacia un cuarto trasero. Una ola de temor y confusión se abatió sobre muchas de las personas de la congregación, mientras otras se llenaban de gozo y asombro por el obrar poderoso de Dios. Me ofrecí a explicarle a la iglesia qué era lo que sucedía, pero fui rechazado. Le rogué al pastor que me permitiera salir y echar fuera los demonios, pero él me lo prohibió. Así que simplemente me mantuve a un costado mientras el pastor instruía a la gente que se calmara, pero sin darle explicación alguna de lo que sucedía.

El impacto de esa decisión resultó doloroso. Durante la siguiente hora, los alaridos de la mujer y los gritos de los hombres que intentaban sujetarla resultaban claramente audibles, perturbando el desarrollo de todo el servicio. No se le ministró a ella y se la dejó profundamente herida. La congregación no recibió explicación alguna y quedó confundida y temerosa. Se me dijo a mí que no sería bienvenido si alguna otra vez ponía los pies en esa iglesia. El episodio causó un gran escándalo dentro de la iglesia y trajo como resultado una tremenda división. Lo peor de esta tragedia fue que esa manifestación de un espíritu maligno sucedió debido a un mover de la gracia de Dios. Jesús estaba obrando activamente en la congregación; su reino avanzaba y el dominio de Satanás era obligado a retroceder. Se trataba de una puerta abierta, un maravilloso momento de oportunidad, un momento *kairós* en el que Dios comenzaba a llevar a la iglesia a la danza de cooperación con él. Las profundas heridas y la oportunidad perdida se produjeron porque el pastor y los líderes no estaban dispuestos a darle la bienvenida a los dones y a las manifestaciones del Espíritu.

Sucesos semejantes se desarrollan en muchas congregaciones cuando los líderes que no saben reaccionar ante la actividad del Espíritu Santo apagan su obra y siembran semillas de conflicto dentro del pueblo. Estamos convencidos de que resulta vital que los líderes desarrollen una comprensión práctica de las distintas maneras en las que la presencia del Espíritu Santo se hace manifiesta, incluyendo toda la variedad de dones mencionados en las Escrituras. No es nuestra intención en este breve capítulo realizar una consideración exhaustiva de todos los dones del Espíritu. Nuestra preocupación es más sencilla: para que la congregación pueda participar de la danza de cooperación con el Espíritu Santo, debe haber una actitud, una comprensión y una práctica que acoja los dones y las manifestaciones del Espíritu Santo. Esta es nuestra sexta dinámica.

Tener una actitud bíblica:
Cuatro claves para el uso de los dones

En cuatro pasajes clave, el Nuevo Testamento nos brinda un catálogo de las diferentes expresiones del poder del Espíritu, y en cada uno de esos contextos se menciona la necesidad del *amor*. La realidad es que si el amor queda fuera de la ecuación, la gente no solo permite que los dones espirituales causen división y heridas, sino que deshonran al Señor que los otorga. Así, pues, encontramos en Romanos que «el amor debe ser sincero», junto con la instrucción de vivir «en armonía los unos con los otros», y la amonestación: «No sean arrogantes... No se crean los únicos que saben» (12:9, 16). A los corintios se les recuerda que, sin que importe qué dones espirituales ejerciten, están vacíos y no son nada sin el amor. Pablo describe el amor como paciente, bondadoso y lleno de esperanza; señala que no tiene envidia, que no es egocéntrico, ni jactancioso ni orgulloso; que se preocupa por la verdad y está dispuesto a ofrecer protección (1 Corintios 13:1-7). Y en Efesios encontramos esta instrucción: «[Sean] siempre humildes y amables, pacientes, tolerantes unos con otros en amor. Esfuércense por mantener la unidad del Espíritu». Necesitamos «vivir la verdad con amor» porque así la iglesia «crece y se edifica en amor» (4:2, 15, 16).

Una actitud de amor y armonía establece el contexto en el que los dones espirituales pueden funcionar. La gente necesita tener la libertad de aprender a usar sus dones rodeados de amor y también gozar de la libertad de cometer errores y aprender de ellos sin el temor a ser condenados por sus compañeros cristianos.

Hay otras tres actitudes clave.

La primera es *la actitud de mantenernos informados*, o sea, la disposición a crecer en la comprensión que uno tiene de las cosas espirituales. Cuando Pablo dice «En cuanto a los dones espirituales, hermanos, quiero que entiendan bien este asunto» (1 Corintios 12:1), nos llama a que adquiramos una conciencia más profunda y plena del lugar que ocupan y acerca de su función en la vida cristiana.

Lo siguiente es la necesidad de *una actitud inclusiva* que esté dispuesta a darle la bienvenida a cualquier don que el Espíritu Santo elija distribuir, sin intentar ejercer censura sobre su soberanía (1 Corintios 12:11). Por lo tanto se nos instruye específicamente: «No apaguen el Espíritu, no desprecien las profecías» (1 Tesalonicenses 5:19-20), y «No prohíban que se hable en lenguas» (1 Corintios 14:39). En lugar de eso se espera que le demos la bienvenida a la actividad del Espíritu cuando concede dones, y que abracemos de buena gana la maravillosa variedad de formas en que él nos equipa para llevar adelante la obra que Jesús le ha confiado a su iglesia.

Finalmente, necesitamos tener *una actitud de hambre* con respecto a los dones espirituales, un anhelo personal de recibir cualquier herramienta espiritual que el Espíritu Santo quiera darnos, y que también nos ocupemos de ver que otros sean equipados. Se nos dice: «Empéñense en seguir el amor y ambicionen los dones espirituales, sobre todo el de profecía» (1 Corintios 14:1). Debemos ambicionar «el don de profetizar» (v. 39) y también «los mejores dones» (12:31).

¿Qué dones nos proporciona el Espíritu Santo?

Sería bueno examinar cada don del espíritu en profundidad, y alentamos a los lectores a hacerlo. Pero para el propósito que perseguimos con este libro, será suficiente con una «breve reseña».

Dones funcionales: Romanos 12:6-8

Los dones que Pablo cubre en Romanos 12:6-8 describen los distintos roles o maneras en los que funcionamos dentro del cuerpo de Cristo.[1] Se trata de expresiones concretas de la gracia de Dios en operación en la vida de los creyentes para el bien de otros.

A través de la *profecía*, el mensaje de Dios entra al corazón y brinda consuelo, orientación y convicción. El *servicio* pone de manifiesto el amor al suplir las necesidades prácticas de otros. Aquellos que tienen el don de la *enseñanza* pueden clarificar la verdad y hacer que los demás la comprendan. A través del don del *aliento* la gente se siente motivada y exhortada a crecer en su fe en medio de los vaivenes de la vida. El *dar* es la capacidad de contribuir generosamente utilizando los recursos materiales para el avance del reino de Dios. El *liderazgo* es la función de coordinar tanto a la gente como los recursos y las actividades para alcanzar una meta. El don espiritual de mostrar *misericordia* es la habilidad de identificarse con la gente que sufre o está en necesidad y reconfortarla.

Dones de liderazgo: Efesios 4:11-13

Los cinco dones que Pablo enumera en Efesios 4:11-13 nos permiten tener una perspectiva de cuál es el liderazgo que Jesús le ha concedido a su iglesia. Los dones son personas más que actividades en sí, y han sido dispuestas para equipar al cuerpo de los creyentes de modo que puedan llevar a cabo la obra del ministerio. El propósito conjunto de todos ellos es producir cristianos maduros y eficaces dentro de una iglesia madura y eficaz.

La obra de un *apóstol* (literalmente, «uno que ha sido enviado») es la de colocar los fundamentos, establecer a los nuevos líderes, ministerios y congregaciones.[2] Un *profeta* es alguien que le comunica a la gente el mensaje «presente» de Dios. Los *evangelistas* son los que actúan como parteras espirituales, ayudando a que la gente nazca de nuevo dentro de la familia del Padre. Los *pastores* son los que cuidan y alimentan al rebaño de Jesús, proveyéndole protección y guía. Los *maestros* se aseguran de que la fe esté arraigada en la verdad bíblica.

Dones de manifestación: 1 Corintios 12:7-10

Los dones enumerados en 1 Corintios 12:7-10 resultan más notablemente sobrenaturales y son las distintas maneras en que el Espíritu Santo ha elegido expresar, «manifestar» o «hacer visible» su poder a través de los seres humanos.

El don de *sabiduría* nos muestra la forma de manejar algunas situaciones espirituales en particular. Una *palabra de conocimiento* a menudo resulta ser la clave para desentrañar ciertas cuestiones. La *fe*, en este contexto, no tiene que ver con la fe salvadora que ponemos en Cristo, sino con una confianza extraordinaria en Dios en medio de una situación aparentemente imposible. La *sanidad* incluye el restaurar la integridad física, espiritual o emocional de las personas a través del poder del Espíritu más que a través de una intervención médica. El *poder de hacer milagros* proporciona ayuda a los que están en necesidad, quita los obstáculos que impiden que el evangelio se extienda, y muestra tanto la misericordia como el juicio de Dios. La *profecía* hace llegar el mensaje que Dios tiene ahora para el pueblo. El *discernimiento* nos permite saber si algo tiene sus orígenes en el Espíritu Santo, en un espíritu humano, o en un espíritu maligno. El don de *lenguas* incluye la oración en un idioma que no hemos aprendido. Si llega como un mensaje para el pueblo, necesita ir acompañado por el don de *interpretación* de modo que la gente pueda comprender lo que se dice.

Los dones de manifestación constituyen solo parte de una categoría mayor, que incluye las diversas expresiones del poder, la presencia y la actividad del Espíritu Santo. Ese estallido de inspiración por el que uno comprende el sentido de las Escrituras constituye una manifestación de la actividad del Espíritu. Cuando el corazón de Juan Wesley percibió una «extraña calidez» y Juan Calvino se sintió «inmensamente feliz»,[3] fue porque estaban experimentando manifestaciones del Espíritu Santo, por ser seres emocionales. Hoy las manifestaciones que ocasionan más controversia son aquellas que tienen que ver con la totalidad de nuestro ser, con lo emocional y con lo físico. Por ejemplo, como cuando una persona es tomada por una «risa santa», y comienza a temblar o se cae al piso. Esos no son dones específicos del Espíritu sino expresiones perceptibles de su presencia.

Una miscelánea de dones: 1 Corintios 12:27-31

En 1 Corintios 12:27-31 encontramos una combinación de los dones que aparecen en las otras tres listas. Aparentemente, el único recién llegado es el de *administración*, que no debe ser confundido con la idea occidental de un empleado de oficina, sino por el contrario, ha de ser considerado como el rol de un «timonel», semejante al don de liderazgo.[4] Esta diversidad de manifestaciones, ministerios y dones del Espíritu Santo conforman la realidad que encontramos dentro de una congregación que le da la bienvenida al Espíritu Santo, porque todos ellos son necesarios en la iglesia y nos han sido dados por el Señor.

¿Cuál es el propósito de esos dones y manifestaciones?

El poder del Espíritu Santo nos es dado a fin de que la iglesia pueda dar testimonio de Jesucristo, y juega un papel integral en la extensión del evangelio a nivel mundial (Hechos 1:8). El autor de Hebreos escribe: «Esta salvación fue anunciada primeramente por el Señor, y los que la oyeron nos la confirmaron. A la vez, Dios ratificó su testimonio acerca de ella con señales, prodigios, diversos milagros y dones distribuidos por el Espíritu Santo según su voluntad» (2:3-4). A la proclamación de Jesús y de los testigos humanos se agrega este testimonio sobrenatural experimentado por la iglesia, según vemos en el libro de los Hechos.[5] Pedro lo explicó así: «Jesús de Nazaret fue un hombre acreditado por Dios ante ustedes con milagros, señales y prodigios, los cuales realizó Dios entre ustedes por medio de él» (Hechos 2:22), y Pablo pudo afirmar: «No les hablé ni les prediqué con palabras sabias y elocuentes sino con demostración del poder del Espíritu, para que la fe de ustedes no dependiera de la sabiduría humana sino del poder de Dios» (1 Corintios 2:4-5).

Durante un Upward Challenge[6] en la Comunidad de la Cruz, cincuenta jóvenes estuvieron aprendiendo acerca de los dones del Espíritu Santo a través de enseñanzas y algunos ejercicios de oración en pequeños grupos dentro del contexto de la adoración. El viernes por la tarde, luego de un programa de toda una semana, salieron en un viaje misionero a la cercana ciudad de Asheville, donde se llevaba a cabo un gran festival de folklore. Antes de salir, esos jóvenes formaron grupos de a tres y dedicaron un tiempo a preguntarle al Espíritu Santo dónde deberían ir y a quiénes hablar. Algunos recibieron una guía clara de que tendrían que permanecer en el campamento y orar por aquellos que salieran. Otros recibieron imágenes de aquellos a los que debían testificarles, o simplemente tuvieron la certeza de que si seguían la dirección del Espíritu Santo sabrían qué hacer.

Esa noche los equipos regresaron con un gran entusiasmo. Muchos habían tenido experiencias sorprendentes en cuanto a recibir una guía, y al actuar en base a ella, llegaron a establecer relaciones profundas con la gente que asistía a aquel festival, muchas veces tocando sus corazones y viendo los cambios que se producían en las vidas. Un grupo recibió como guía el simplemente ir a algunas personas en particular, mirarlas a los ojos y decirles: «¡Sólo deseo que sepa usted que Jesucristo la ama!» Cada vez que el Espíritu los instaba a ello, el efecto que se producía era notable; la mayoría solo se mostraba agradecida, pero una joven mujer aceptó a Jesucristo como su Señor y Salvador allí mismo.

Otro grupo, formado únicamente por muchachas, se sintió guiado a prestarle atención a un anciano de cabellos blancos que vagaba por las calles y se veía confuso y perdido. Ellas nos dieron este informe: «El Espíritu Santo nos dijo que nos acercáramos a él. Mientras nos dirigíamos hacia allí, el Señor nos dio una palabra de conocimiento con respecto a que su esposa y su hija se acababan de matar en un accidente automovilístico». Las muchachas se mostraron vacilantes, pero se acercaron al hombre y le preguntaron si estaba bien. «No. En realidad, no.», les respondió él. Entonces una de las chicas se animó a decirle: «Señor, usted parece estar sufriendo. ¿Ha perdido a su esposa y a su hija?» El hombre comenzó a llorar, porque eso era exactamente lo que había sucedido unos pocos días antes. Ellos habían venido siempre juntos al festival, pero ahora él vagaba por las calles solo. Las muchachas se reunieron a su alrededor y oraron; y cuando él les preguntó como habían llegado a saberlo, pudieron decirle que Jesucristo, que conoce nuestras heridas, las había enviado a reconfortarlo.

El propósito fundamental de los dones y las manifestaciones del Espíritu es permitirle a la iglesia de Jesucristo dedicarse a la evangelización y expresar la misericordia y el amor del Padre. Nos son dados para el bien común, para la edificación del cuerpo de Cristo y para inspirar a la adoración, de modo que la iglesia pueda realizar todo lo que Jesús la llama a hacer.

Una iglesia que aprende a darle la bienvenida a lo que el Espíritu Santo hace

Durante los pasados veinte años, la Iglesia Presbiteriana Montreat ha sido un laboratorio viviente para corroborar la mayor parte de los conceptos que aparecen en este libro. En todos los niveles de la vida de la iglesia, desde las reuniones de oración a las conferencias, desde el ministerio de oración personal a la adoración pública y a la predicación, los dones y manifestaciones del Espíritu Santo son bienvenidos y forman parte integral de la danza de cooperación. La iglesia cuenta con un activo ministerio de oración por sanidad, que tiene diversas expresiones. Hay equipos de personas dispuestas a orar cuando resulta necesario dentro del contexto del culto; otros equipos están preparados para unirse al pastor y orar por casos particulares, como liberación o sanidad interior, y también se lleva a cabo un servicio de oración mensual por sanidad.

Pero no siempre ha sido así, y son diversos los factores que han hecho posible la transición. Para comenzar, el primero y el segundo fundamentos estaban en su lugar: el pastor y muchos en la congregación eran nacidos de nuevo y habían sido bautizados con el Espíritu Santo. Un buen número ya tenía alguna experiencia con los dones y las manifestaciones del Espíritu Santo, aunque principalmente en la esfera de la experiencia privada y no se habían integrado aún a la vida pública de la congregación. Esa escisión entre lo que uno experimenta en una reunión de oración de pequeñas dimensiones, o en la oración personal, y lo que sucede en la vida pública de la congregación no es algo fuera de lo común. Existe, por ejemplo, una notable diferencia entre el orar personalmente en lenguas y el expresar ese don en público durante un servicio de sanidad. Muchos en la iglesia, incluyendo al pastor y a mí mismo (Brad), habíamos orado durante años para que el Espíritu Santo investiera de poder cada aspecto de la vida de la congregación. En última instancia, esa es una obra soberana de Dios y no algo que nosotros pudiéramos manipular para que sucediera. Solo podíamos orar para que Dios obrara y nos asegurábamos de estar listos para responder cuando él actuara.

La oportunidad se presentó mientas yo enseñaba en una clase de Escuela Dominical acerca del ministerio de sanidad de Jesús. Había unas veinte personas en la clase, mayormente matrimonios jóvenes con hijos, todos ansiosos por explorar ese tópico. Mientras les explicaba sobre la amplitud del ministerio de sanidad, que abarca desde la sanidad espiritual hasta la liberación, tuve conciencia de que el Espíritu Santo se movía sobre el grupo. Sin embargo, no tenía una guía específica, así que simplemente continué enseñando. A medida que hablaba sobre la forma en que Jesús había echado afuera demonios, Dana, que visitaba nuestra iglesia por primera vez, comenzó a llorar y a temblar de pies a cabeza. A esa altura yo no sabía si el temblor se debía a una obra del Espíritu Santo, si era causado por un espíritu maligno, o por ambas cosas. Mi rol consistía en darle la bienvenida a lo que estaba sucediendo a través de no acallarlo, discernir qué estaba pasando y continuar cooperando con el Espíritu Santo.

Todo el grupo era consciente de que sucedía algo. Algunos parecían atemorizados, pero la mayoría solo sentía curiosidad y entendía que algo espiritual estaba ocurriendo, y que eso se relacionaba directamente con lo que yo había enseñado. Era importante que yo permaneciera en mi rol de liderazgo general; abandonar esa posición de autoridad podría haber abierto la puerta a la confusión o a alguna interferencia demoníaca. Así que le pedí a Portia White, la esposa de nuestro pastor, que fuera a orar por Dana. Portia era la única otra persona en aquel salón que contaba con alguna experiencia anterior en el área del ministerio de oración, y mientras ella oraba, yo le expliqué al grupo que el Espíritu Santo estaba obrando, que quizá había tocado heridas profundas de Dana, o que tal vez algún espíritu satánico estaba interfiriendo. A esa altura, se hizo la hora de que la gente recogiera a sus niños, o que se dirigiera al servicio de las once de la mañana, así que les pedí a todos que oraran por Dana, por Portia y por mí mismo, mientras nosotros intentábamos discernir lo que sucedía para luego cooperar con el Espíritu Santo. Esa simple explicación calmó los temores de la gente y además los invitó a participar de la danza.

Más tarde ese día, Portia y yo continuamos con aquel ministerio. El marido de Dana y varios amigos cercanos se unieron a ella, y pudimos presenciar su experiencia de liberación de los malos espíritus, y la vimos recibir una profunda sanidad interior de heridas que habían sido causadas años atrás. Su marido también quedó atrapado en esa maravillosa obra del Espíritu Santo, confesó algunos pecados específicos y experimentó liberación.

Se corrió la voz en la iglesia, y al domingo siguiente mi clase desbordaba de gente ansiosa por saber lo que estaba pasando. Dedicamos toda la sesión a «analizar» el ministerio y a clarificar todo aquello que había sucedido en la clase. Dana explicaba lo que había pasado dentro de ella también. Richard White, el pastor, se unió a nuestra reunión y nos habló sobre la ministración que había tenido lugar en su casa más tarde aquel día. Esa sesión de evaluación nos dio la oportunidad de aclarar algunas cuestiones y malos entendidos, y de dar algo de enseñanza acerca de la manera en que obra en Espíritu Santo en cuanto a la sanidad interior y a la liberación. Explicamos que las reacciones emocionales de Dana no se debían simplemente al mover del Espíritu Santo en ella, ni a que fuera hostigada por los demonios. Más bien se produjeron como consecuencia de que el Espíritu Santo sacó a la luz algunas heridas profundas, las que, como bolsones de infección, estaban llenos de angustia, la que comenzó a expresarse. Esa clase de Escuela Dominical, con el amor de Jesucristo llenando los corazones y el Espíritu Santo moviéndose entre nosotros, se había convertido en un lugar seguro para recordar esas heridas y expresarlas.

Aquel evento catalítico comenzó un proceso que continuaría en la vida de la iglesia. Richard y varios de los ancianos de la iglesia empezaron a formar parte de la clase para poder colocar ese mover del Espíritu Santo bajo la supervisión del liderazgo de la iglesia. Yo continué con la clase, en medio de una asistencia creciente, y para cuando acabamos con aquella unidad de seis semanas, todo el grupo había comenzado a integrarse al ministerio de oración por sanidad, y muchos ya habían recibido oración por ellos mismos. Ahora tenemos en la iglesia un grupo de gente ansiosa por seguir creciendo en el ministerio del Espíritu Santo.

Los cambios también comenzaron a ocurrir en el servicio de adoración de la iglesia. Luego de predicar, Richard invitaba a pasar al frente a los que deseaban recibir oración por alguna circunstancia; allí los esperaban los ancianos para orar con ellos. La gente comenzó a pedir que se programara un servicio regular de sanidad. Los ancianos descubrieron lo poco que sabían sobre el ministerio de oración, y al crecer la cantidad de pedidos de oración, vieron que resultaba necesario que más gente se involucrara en esa esfera y le pidieron a PRMI que brindara un mayor entrenamiento y capacitación. Ese se convirtió en un punto de crecimiento significativo para la historia de la iglesia, en el que se combinaron varios factores que nos permitieron entrar en la danza de cooperación. El Espíritu eligió moverse, por su gracia soberana, en la vida de Dana; el liderazgo estaba listo para darle la bienvenida a los dones y manifestaciones del Espíritu Santo en lugar de sofocarlos, y había personas presentes que sabían cómo proveer liderazgo en esa clase de situación. En lugar de causar división y heridas (como sucedió en la iglesia que visité en el Canadá), esta se convirtió en una oportunidad ministerial que trajo gran gloria a Jesucristo y produjo el crecimiento de su iglesia. El fruto maravilloso de todo eso fue que la familia de Dana se unió a la iglesia, que todos ellos son miembros activos en la iglesia, muy dotados y llenos de amor, y que llevan a cabo un discipulado de otros en la fe.

Desarrollar una congregación que le da la bienvenida a los dones y manifestaciones del Espíritu

1. La necesidad de líderes que están dispuestos a cooperar con el Espíritu

La tarea de los líderes es «capacitar al pueblo de Dios para la obra de servicio» (Efesios 4:12), y eso presupone que ellos mismo hayan sido preparados adecuadamente. El equipo de liderazgo que yo (Brad) encontré en el Canadá no tenía una comprensión referida a cómo involucrarse con lo que el Espíritu Santo estaba haciendo, y tampoco parecía dispuesto a aprender. Su propia falta de disposición privaba a la iglesia de poder unirse a la danza de cooperación.

Cuando yo (Paul) terminé mi capacitación teológica, visité una Iglesia Reformada Unida en Warrington (Reino Unido) para considerar la posibilidad de servir como ministro en ella. Se trataba de una congregación que ya había experimentado los dones y manifestaciones del Espíritu pero, aunque compartía su teología, me faltaba experiencia personal en el liderazgo de un contexto de ese tipo. Afortunadamente, coincidimos en que no sería oportuno para mí convertirme en ministro de esa iglesia. En los años que siguieron, yo mismo tuve que aprender y prepararme mejor para liderar dentro de una cooperación con el Espíritu Santo. Al crecer (en particular a través de una participación en los eventos de capacitación de Dunamis), me encontré más capacitado para conducir a otros a una participación activa en esta danza con el Espíritu.

Los líderes necesitan desarrollar tanto *una actitud dispuesta* en sus propios corazones como una *disposición práctica* para entrar en acción cuando el Espíritu los conduce. Las dos cosas estaban presentes en la Iglesia Presbiteriana Montreat, lo que proveyó una puerta abierta que le daba la bienvenida al obrar poderoso del Espíritu Santo, primero a una clase de Escuela Dominical y luego a toda la congregación.

2. La necesidad de enseñanza práctica

En Plymstock, yo (Paul) he buscado ante todo llegar a un estado de «normalidad» con respecto a las personas y la obra de la Trinidad completa. A través de hablar del Padre, del Hijo y del Espíritu Santo en lugar de utilizar el término menos personalizado de *Dios*, y de «alimentar por goteo», usando historias y testimonios acerca de cómo se llega a experimentar los dones del Espíritu, la gente fue aprendiendo a ver la obra del Espíritu Santo como algo normal (¡como en realidad debería verse!). Una extensa serie de sermones me dio la oportunidad de tratar acerca de los dones, de a uno por vez, y un par de retiros de un día me brindaron la oportunidad de enseñar sobre los dones, primero basándome en Romanos 12 y luego en 1 Corintios 12. Lo que me ayudó a pasar de la enseñanza a la práctica fue contar con un día de entrenamiento introductorio acerca del ministerio de oración personal; luego brindamos un entrenamiento más profundo y extenso a través de una participación en los eventos de capacitación del Proyecto Dunamis y por medio de cursos de entrenamiento llevados a cabo por una iglesia metodista local. Esta ha sido una evolución gradual a través de los años, a medida que trasformamos la cultura y el carácter distintivo de la congregación, pero también hemos tenido algunos períodos clave de transición, de oportunidades que se presentaron, y de que el Espíritu introdujera a algunos líderes y otras personas a esta tarea.

En Montreat el desarrollo se produjo más rápidamente. Al crecer la demanda de un ministerio de sanidad, Richard se vio desbordado por la tarea y necesitó un equipo de gente que pudiera trabajar junto con él en el ministerio de la oración. Un creciente número de personas se mostraba ansiosa de descubrir más acerca de los dones del Espíritu, y por lo tanto los ancianos programaron algunos eventos de capacitación. Cindy fue la principal encargada de transmitir la enseñanza, y Richard tomó parte en cada sesión, haciendo el resumen, respondiendo las preguntas, aplicando la enseñanza a nuestra iglesia, y compartiendo ese ministerio. Lo hicimos intencionalmente así, porque deseábamos que la gente tuviera como referencia de guía y oración a su pastor y no a mí (Brad) ya que eso podía causar una potencial división dentro de la congregación. Una buena cantidad de gente asistió a ese curso corto, incluyendo la mayoría de los ancianos. Por lo tanto, logramos obtener no solo un equipo que centralizara el ministerio de la oración, sino también líderes que acogieron los dones y las manifestaciones del Espíritu Santo y mostraron una comprensión personal en cuanto a darles la bienvenida y alentar que se expresaran dentro de la congregación.

En lo referido a estos dos ejemplos, nos hemos concentrado principalmente en los dones de manifestación del Espíritu. Creemos que, independientemente de su enseñanza teórica, la mayoría de las iglesias gustosamente ya les ha dado la bienvenida a una buena cantidad de los dones espirituales. Pocas cuestionarían el lugar que tienen los dones de generosidad, enseñanza, misericordia, liderazgo, servicio o aliento, pero eso solo constituye una pequeña selección dentro de la variedad completa de los dones del Espíritu. Pueden ser un valioso punto de comienzo, pero no deben convertirse en el límite de lo que la gente comprenda o espere.

3. La necesidad de crear oportunidades para que se expresen los dones

A medida que la gente aprende a expresar los dones del Espíritu Santo, necesitamos de contextos en los que se los pueda poner en funcionamiento. Esos dones no son diplomas de excelencia espiritual que se deban colgar en la pared; constituyen herramientas para el ministerio, y deben utilizarse para *llevar a cabo* el ministerio, si es que queremos continuar creciendo en ellos. La adoración congregacional y otros encuentros de la iglesia constituyen el contexto principal, porque proporcionan un medioambiente seguro de amor y discernimiento[7] en el que las personas pueden ejercer los dones espirituales, sabiendo que cuentan con una «red de seguridad» que está en su lugar y se hará cargo de los errores genuinos y de cualquier abuso de los dones que se produzca. A la congregación de los corintios se le dijo: «Bien, hermanos míos, resumamos lo que vengo diciendo. Cuando se reúnan, unos canten, otros enseñen o comuniquen lo que Dios les haya revelado o hablen en lenguas extrañas o interpreten lo que los otros dijeron en lenguas extrañas; pero que todo sirva para la edificación de la iglesia en el Señor» (1 Corintios 14:26, Biblia al Día).

A medida que la Iglesia Presbiteriana Montreat proveyó oportunidades para la oración luego de los sermones, e inició servicios de sanidad, se creó un contexto en el que la gente fue experimentando una creciente libertad para hacer uso de una variedad de dones espirituales. Eso hizo de los servicios de adoración un lugar en el que Jesucristo podía obrar maravillosa y libremente. La gente creció en experiencia y comprensión y se volvió útil al comprometerse con los equipos ministeriales de oración o actuando como intercesores.

Yo (Paul) me sentí muy animado porque recientemente dos miembros de Plymstock brindaron una cobertura de oración intercesora en un evento de capacitación local. En distintos momentos del día ellos recibieron visiones, palabras de conocimiento, y profecías que se relacionaban con la oración que tenía lugar en diversos grupos dentro del salón. Al transmitírselas a los grupos, ellos mismos vieron crecer su confianza y percepción, y los que estaban siendo capacitados recibieron ayuda y aliento al descubrir que el Señor les había dado la misma guía a otras personas.

Otro de los principales contextos para la práctica de los dones del Espíritu Santo, y para darle la bienvenida a sus manifestaciones, es el del testimonio público y la extensión evangelística. Pedro y Juan iban hacia el lugar de la adoración cuando se encontraron con un hombre que había nacido inválido. Ejercieron públicamente los dones de fe y sanidad por el poder del Espíritu Santo y luego, cuando se les preguntó con respecto a esa sanidad, el Espíritu manifestó su poder al capacitarlos para la proclamación evangelística (Hechos 3—4).

Si los viajes misioneros y los ministerios de compasión van a lograr su propósito de testificar acerca de Jesucristo y hacer que avance su reino, la iglesia de hoy debe contar con ocasiones en las que el Espíritu Santo sea bienvenido para darse a conocer a través de los dones espirituales y las manifestaciones de poder. Sin esas ocasiones, la gente verá nuestras buenas obras pero no experimentará el poder transformador del evangelio.

Cómo reconocer el momento para actuar

Cuando se alimenta en la congregación esta sexta dinámica, o sea, darle la bienvenida a los dones del Espíritu Santo, la danza de cooperación ya comienza y el ministerio empezará a desplegar una nueva profundidad y amplitud. La razón es que se dispone entonces de «herramientas poderosas» para que tenga lugar una verdadera obra del reino. Con frecuencia ese es el punto en el que una congregación comienza a crecer en profundidad y en cantidad de personas. También es posible que se empiece a experimentar un nivel más intenso de guerra espiritual, porque Satanás intentará evitar ese crecimiento que implica mayor utilidad para el reino. Retomaremos este tópico más adelante, pero primero debemos tratar la última de las Siete Dinámicas: cómo reaccionar ante un momento *kairós*, un momento de oportunidad.

---

1. Romanos 12:4 nos hace notar acerca de los distintos miembros del cuerpo que «no todos… desempeñan la misma función» y coloca el énfasis en lo que cada parte *hace* o en cuál es su *función*.

2. Más allá del grupo de los doce apóstoles, al que se suma Pablo, el Nuevo Testamento se refiere a un segundo cuerpo de personas que ejercieron un ministerio apostólico (Hechos 14:14; Romanos 16:7; 1 Corintios 15:5-8; Gálatas 1:18-19).

3. Juan Calvino, *Institutes of the Christian Religion* [Institución de la religión cristiana], editor, John McNeill, Westminster, Filadelfia, 1960, 1.13.17.

4. Del griego *kubernesis*, que se refiere al arte de pilotear o conducir un bote.

5. Así como vemos sucesos milagrosos en Hechos 2:43-47; 3:6-7; y 5:12-16, también está la proclama evangelística ungida en Hechos 2:1-41 y 4:4, y la guía divina de Hechos 10—11 y 13:1-3.

6. Upward Challenge es un programa de capacitación para jóvenes que se ubica dentro del contexto de un campamento, patrocinado por PRMI. El propósito de estos eventos de una semana de duración es llevar a la gente joven a una relación más profunda con Jesucristo y orar por ellos para que sean llenos del Espíritu Santo y crezcan en su cooperación con el Espíritu Santo en el ministerio.

7. Este es el contexto indicado en 1 Corintios 13:1-7 y 14:29.

Las siete dinámicas

Capítulo 15

Séptima dinámica:
Ver y responder a los momentos *kairós*

Jesús sanó al hombre inválido que estaba frente a la Puerta La Hermosa a través de la obediencia de Pedro cuando él discernió ese momento de oportunidad y le salió al encuentro en fe. El hombre se sanó, y eso creó la oportunidad de llevar a cabo una poderosa proclamación del evangelio que hizo que muchos vinieran a la fe (Hechos 3—4). Los momentos *kairós* son ocasiones plenas de oportunidades en las que Dios se prepara a actuar y busca la cooperación humana (quizá nos pida que nos tomemos un instante para ministrar, o tal vez desee iniciar una nueva etapa en la vida de la iglesia). Precisamos aprender a reconocer y responder a esos momentos y también a promoverlos en medio de los programas y vida de la iglesia.

A veces se produce precisamente «ese» momento. El tiempo madura y «algo» tiene que suceder. Un domingo por la mañana en la Iglesia Presbiteriana Montreat escuchábamos noticias con respecto al reciente viaje misionero a Bolivia de nuestro grupo de jóvenes. El director de los jóvenes, Shawn, leía algunas de sus cartas, en las que describían sus profundas experiencias con Jesús, y mientras él lo hacía, un intenso silencio y quietud se sintió descender sobre la congregación. Experimentamos una intensa presencia de Dios mientras él se movía entre nosotros, invitándonos a entrar en un nuevo compromiso. La gente estaba profundamente tocada y comenzó a llorar, al percibir la presencia de Dios. Shawn también lloraba mientras intentaba leer, y luego, sintiéndose incómodo, simplemente se sentó. El momento estaba preñado de oportunidades.

Yo (Brad) detecté que algunas palabras comenzaban a tomar forma en mi corazón: «¡Ahora llámalos a un amor más profundo y al compromiso de seguirme!» Sabía que era la palabra del Espíritu Santo que se debía decir en ese momento, pero

213

yo no tenía ni autoridad ni permiso para hablar. Richard, nuestro pastor, era el que estaba conduciendo, y a él se lo veía deleitado con la presencia de Dios, pero perplejo en cuanto a qué hacer a continuación. Era tiempo de dar la palabra de Dios.

Pero en ese momento se puso de pie un anciano para dar los anuncios, y mientras él transmitía una infinidad de detalles, esa sensación expectante de la presencia de Dios se desvaneció. Se nos había abierto una puerta para entrar en un compromiso más profundo con Dios, pero nosotros no supimos qué hacer. Y luego se volvió a cerrar, y nos quedamos con la sensación melancólica de que debería haber habido algo más. El servicio continuó, pero la dimensión trascendente ya no estaba allí.

Más tarde me encontré con Richard y Shawn, y todos expresamos haber tenido la sensación de que Dios estaba a punto de visitarnos, pero nosotros dejamos escapar el momento. Richard había sentido las mismas palabras referidas a llamar a la gente a un amor y a un compromiso más profundos, pero como no sabía qué hacer, tuvo temor de intervenir en ese momento. Muchos de los que estamos en el liderazgo debemos haber experimentado cosas semejantes. Lo que dejamos pasar fue un «momento *kairós*».

Tiempo *cronos* y tiempo *kairós*

Cronos es el tiempo que pasa con el tic-tac del reloj, el continuo devenir de los minutos, las horas y los días. Con él se miden intervalos y demoras, sean estos cortos o largos. Es la clase de tiempo del que hablaba Jesús cuando dijo: «¡Pero Felipe! ¡Tanto tiempo llevo ya entre ustedes, y todavía no me conoces?» (Juan 14:9). *Kairós* es una época que se espera, un punto de crisis. Habla del tiempo para la cosecha, del tiempo señalado, del tiempo correcto, del tiempo de la llegada de Dios (Mateo 21:34; 26:18; Lucas 19:44; Juan 7:6; Romanos 9:9). Más que medirlo, se lo percibe, como el momento de pujar cuando un niño está a punto de nacer. Ese es el tipo de tiempo que Jesús anunciaba: «Se ha cumplido el tiempo —decía—. El reino de Dios está cerca. ¡Arrepiéntanse y crean las buenas nuevas!» (Marcos 1:15).

Los momentos kairós son tiempos en los que se nos invita a participar cuando el Espíritu Santo se mueve y está listo para actuar. Implican un sentido de presente, de «ahora», y de una presencia santa; de estar preparados y de que Dios nos espere para que demos nuestro próximo paso en la danza de cooperación dinámica. Richard y yo (Brad) perdimos la oportunidad mientras Shawn estaba hablando, y desconocemos qué obra hubiera realizado el Espíritu si hubiéramos seguido su guía. Pero sí sé lo que el Espíritu hizo en una ocasión diferente en que yo sentí la guía del espíritu y obedecí.

Ese fue el primer indicio que tuve acerca de la dinámica de los momentos *kairós* y de la cooperación con el Espíritu Santo. Me vino en 1978, durante una conferencia de la Comunión Carismática Presbiteriana. Una noche, alrededor de dos mil personas, dirigidas por el Espíritu, estaban de pie alabando y engrandeciendo a Jesucristo, cuando un profundo silencio cayó sobre el grupo. Nos sentíamos impresionados, desbordados por el peso de la gloria de Dios, y esperábamos que sucediera algo. El equipo de liderazgo estaba de pie en la plataforma en expectación silenciosa, en espera, pero sin recibir ninguna guía.

De repente vinieron estas palabras a mi mente: «Inclínate delante de mí; inclínate delante de mí, porque yo soy el poderoso Rey». Luché interiormente, creyendo que el Señor me estaba hablando, pero temiendo estar equivocado y parecer un tonto. Las palabras se volvieron más ardientes. Finalmente decidí asumir el riesgo y hablé. Con la primera palabra, «inclínate», toda la asamblea cayó instantáneamente sobre sus rodillas y el salón se llenó de lágrimas y oraciones de renovación de entrega a Jesucristo. Uno de los líderes habló, transmitiendo una visión que el Espíritu Santo le estaba dando. Vio a Jesús llorar por aquellos que tenían heridas físicas o emocionales. Entonces entramos en un sorprendente período en el que el Espíritu Santo se movió sobre el grupo en una oleada tras otra, trayendo sanidad y otras manifestaciones de poder y amor.

El Espíritu Santo necesitaba esas palabras para realizar su obra. La danza continuó debido a la conexión que se produjo entre la palabra de Dios y el Espíritu de Dios, y creemos que este es un principio espiritual básico subyacente a esta séptima dinámica de percibir y responder a los momentos *kairós*.

El Espíritu espera que se diga la palabra

En el principio, el Espíritu de Dios se movía, suspendido en el aire sobre la faz del caos, esperando la palabra creativa. Como el águila que se agita sobre su nido, revoloteando sobre sus polluelos y abriendo sus alas en toda su extensión,[1] así se movía el Espíritu Santo. Las primeras líneas del poema de John Milton *Paradise Lost* [El paraíso perdido] captan bien esa imagen:

Tú desde el principio
Estuviste presente, y con tus poderosas alas abiertas
te sentaste como paloma, suspendido sobre el vasto abismo
y lo dejaste preñado.[2]

Sin embargo, no sucedió nada hasta que el Padre dijo las palabras «¡Que exista la luz!» (Génesis 1:3). Solo cuando la palabra de Dios y el Espíritu de Dios se juntaron pudimos ver transformarse la realidad. Los dos se corresponden. Cuando la palabra no es dicha, como sucedió en Montreat, el Espíritu se ve impedido de introducirnos más profundamente a los propósitos del Padre. Pero en aquella otra conferencia observamos un proceso totalmente distinto, precisamente debido a que la palabra se dijo y el Espíritu Santo pudo obrar entre nosotros. La palabra tiene poder solo en la presencia y con la acción del Espíritu, y el Espíritu actúa de acuerdo con la palabra.

En el momento mismo de la creación, fue Dios mismo el que dijo la palabra; ¡sencillamente no había nadie más que la dijera! Pero ahora, habiendo creado a los seres humanos a su imagen y habiéndonos llamado a ser sus colaboradores, él habla (o a veces representa) su palabra a través de la participación profética de hombres y mujeres. Ese es nuestro rol en la danza de cooperación con el Espíritu Santo.

Cuando Jesús levantó a Lázaro de los muertos (Juan 11:1-44), el Espíritu Santo ya estaba presente, porque había descendido sobre Jesús durante su bautismo. La demora inicial de Jesús nos da la clave de que él tenía conciencia de los tiempos del Padre, dejando de lado el tiempo *cronos* y manteniéndose alerta al momento *kairós*. Él se paró delante de la tumba, levantó sus ojos al cielo en oración, y luego dijo las palabras: «¡Lázaro, sal fuera!» (Juan 11:43). Al igual que en vísperas de la creación, la intención de la palabra de Dios se conectó con el revoloteo del Espíritu de Dios y ocurrió un milagro sorprendente: el hombre muerto salió. Al hablar la palabra en el momento *kairós*, Jesús estaba actuando en el papel de profeta.

En el espectacular encuentro entre Moisés y el rey de Egipto, ese rol profético se pudo percibir claramente a través de un patrón repetido: el Señor le hablaba a Moisés, Moisés actuaba por obediencia (generalmente hablando y a veces a través de actos simbólicos) y entonces el poder de Dios obraba un milagro. Todo el relato constituye un momento de *kairós* en la historia de Israel, en el que el Señor liberó a su pueblo; sin embargo, cada episodio tiene su propio momento de *kairós* también.

Dijo también el SEÑOR a Moisés: «Dile a Aarón que tome su vara y extienda el brazo sobre las aguas de Egipto, para que se conviertan en sangre sus arroyos y canales, y sus lagunas y depósitos de agua. Habrá sangre por todo el territorio de Egipto, ¡hasta en las vasijas de madera y de piedra!»

Moisés y Aarón cumplieron las órdenes del SEÑOR. En presencia del faraón y de sus funcionarios, Aarón levantó su vara y golpeó las aguas del Nilo. ¡Y toda el agua del río se convirtió en sangre! (Éxodo 7:19-20).

¿Cuál era el terror que se apoderaba de Moisés mientras se tambaleaba al borde de ese momento de *kairós*? Que estaba parado delante del Faraón, el hombre más poderoso de la tierra, con tan solo una palabra que Dios le había hablado en la profundidad de su propio corazón. Al igual que todos nosotros, él había sido hecho a la imagen de Dios, como una persona libre y responsable, como un amigo, no como un esclavo o un títere. Podía haber abortado esa danza y hacer que el futuro se convirtiera en algo que no vería la luz y quedaría en el corazón del Padre. ¡Pero Moisés obedeció! Golpeó las aguas, y Dios continuó con la danza.

La parte que le tocaba a Dios era hablarle a Moisés. El rol de Moisés era escuchar y obedecer. Esa dinámica está implícita en cada gran milagro de la Biblia y de nuestros días. Para los cristianos no puede existir otra base para moverse con poder espiritual que esta simple dinámica de escuchar y hablar en obediencia, o actuar la palabra en el momento en el que el Espíritu se mueve. Eso es lo que encontramos detrás de cada acto de Dios, incluyendo el habernos llevado a cada uno de nosotros a la fe en Jesucristo y habernos hecho nacer de nuevo. Por ejemplo, yo (Paul) ya he descrito en el capítulo 2 la forma en que se presentó el momento de *kairós* para la conversión de Deborah mientras yo le hablaba a su hijo. Al ver las lágrimas correr por sus mejillas, me di cuenta de que el Espíritu Santo estaba inquietando su corazón y reconocí que se me invitaba a unirme a la danza de cooperación. Como paso de obediencia, dije: «Es el tiempo para usted también, ¿no es verdad?» Ella asintió silenciosamente, y yo tuve el privilegio de conducirlos a los dos en la oración de entrega a Cristo.

Aquí nos encontramos ante una paradoja. Es el Espíritu Santo el que primero nos da la palabra que debe ser dicha; la iniciativa es totalmente suya. Pero el Espíritu luego espera que digamos la palabra; la elección de cooperar es completamente nuestra. Y si decimos la palabra, expresando nuestro «amén» a su invitación, entonces el próximo paso depende totalmente de él. Y así continua la danza de cooperación en que los propósitos de Dios se van desarrollando delante de nosotros mientras nos mantenemos al paso del Espíritu.

Quizá la forma más común en la que ocurre esto es a través de la predicación profética. La predicación funciona en una diversidad de maneras: a veces se usa para enseñar, en otras ocasiones para alentar, exhortar, persuadir o consolar. Pero también puede ser el contexto dentro del cual el predicador, hablando bajo la inspiración del Espíritu Santo, obedientemente declare la palabra de Dios en medio de un momento *kairós*. Tal palabra es creativa y profética, y establece una interacción dinámica entre el que escucha y el Espíritu. Sin embargo, resulta claro que no se trata del único contexto en el que encontramos los momentos *kairós*, y en cada ocasión seremos llamados a responder de una manera diferente, según lo que Dios intente lograr.

Reconocer y responder a los momentos *kairós*

Momentos *kairós* en las reuniones

Yo (Paul) he escuchado bastantes comentarios peyorativos acerca de los comités y comisiones. ¡Enfrentémoslo: Dios amó tanto al mundo que él *no* nos envió un comité! Sin embargo, al Espíritu Santo le complace presentarse cuando los seguidores de Jesús están juntos, y eso incluye las veces en que nos reunimos para tratar algunas cuestiones de «negocios» mundanos, terrenales.

Cuando 150 de los miembros del Sínodo Sudoeste de la Iglesia Reformada Unida se encontraron para llevar a cabo un día de conversaciones acerca de ciertos cambios organizativos, pocos de nosotros esperábamos que el Espíritu Santo se interesara en ello. Durante el descanso para el almuerzo, un recién llegado le entregó una nota al moderador, en la que describía una imagen profética, que constituía una pieza más de «feedback» (retroalimentación) dentro de los procedimientos del día. Pero al resumir las discusiones, el moderador decidió leer la nota en voz alta, y en ese instante, una profunda quietud descendió sobre todo el grupo. Todos parecieron tocados por la palabra. ¡Era un momento *kairós* en medio de una reunión de comisión! El tiempo se había detenido y yo observaba al moderador para ver a qué nos conduciría, pero él parecía momentáneamente inseguro acerca de qué hacer. Como yo estaba sentado cerca de él, al alcance de su vista, le hice una señal con mis manos sobre que deberíamos orar. Yo no tenía autoridad sobre la reunión, pero afortunadamente él hizo caso de mi sugerencia y se detuvo a guiarnos en oración antes de continuar con otros asuntos. Quizá debimos haber avanzado hacia una oración colectiva, o él debió haber invitado a la gente a transmitir cualquier otra visión, imagen o profecía que hubieran tenido. O tal vez la sola lectura de la nota hubiera sido suficiente, como un sencillo recordatorio de la presencia de Jesús y sus propósitos. Para mí constituyó un recordatorio oportuno de que las reuniones de comisión no tienen por qué ser aburridas cuando Jesús tiene voz en ellas.

Más recientemente, mientras orábamos durante una reunión de ancianos en Plymstock, reconocimos que Jesús hacía lo que veía hacer al Padre, y pedimos gracia para poder hacer lo mismo. Y entonces se me encendió la lamparita y caí en la cuenta de que nueve de nuestros miembros participaban de un curso de entrenamiento sobre el ministerio de sanidad que llevaba a cabo otra iglesia, y que en el pasado habíamos hablado acerca de crear oportunidades para desarrollar un ministerio de oración en nuestra congregación. ¿Qué estaba haciendo el Padre si no proveyéndonos los recursos que necesitábamos? Al terminar de orar, les conté lo que me había sucedido, y considerando que ese era un momento de *kairós*, tratamos la cuestión de manera prioritaria antes de encarar ningún otro asunto de la agenda. Delineamos planes prácticos para incluir a esas personas en el ministerio de oración del domingo a la mañana a corto plazo y decidimos comisionarlos para iniciar un equipo que ministrara en la oración una vez que acabaran con su entrenamiento.

Los momentos *kairós* en medio de las crisis mundiales

El 11 de septiembre de 2001, yo (Brad) me desperté temprano con un profundo presentimiento. Tenía el fuerte sentir de que el Espíritu nos cobijaba, un llamado *kairós* a la oración intercesora. No tenía idea de los detalles, así que simplemente me quedé en la cama orando en lenguas por protección contra una inminente irrupción del mal. Una hora y media después ví por televisión como un avión se estrellaba contra la torre del World Trade Center en la que mi hermano tenía que asistir a una reunión esa mañana; y luego me enteré que a mi hermana (que trabajaba en el Pentágono) no se la podía localizar en su teléfono celular. Durante todo el día no pude dejar de orar en el Espíritu para que Dios le pusiera límites a Satanás. Por momentos recibía el impulso de orar de maneras muy específicas, tales como pedirle a Dios que confundiera los planes y las vías de comunicación del enemigo y que atara a los espíritus malignos del odio y la ira.

A la noche me sentí fuertemente compelido por el Espíritu Santo a ir hasta nuestra iglesia a orar. Fui, creyendo que estaría solo allí, pero me sorprendió encontrar el templo lleno de gente. No se había hecho ningún anuncio; el Espíritu Santo simplemente había convocado a la gente a orar. Desde entonces me he encontrado con muchas personas en los Estados Unidos, el Canadá y la Gran Bretaña que habían recibido la misma convocatoria. Ellos también habían sido movidos a interceder antes de que los ataques sucedieran y luego fueron guiados a concurrir a sus iglesias para elevar una oración comunitaria de intercesión para hacer retroceder al mal y pedir por arrepentimiento. El Espíritu Santo se movía en un momento de *kairós* mundial, convocando a la gente a la oración.

Con posterioridad, al hacer referencia a esta convocatoria de oración movilizada por el Espíritu Santo, una increíble cantidad de personas mayores me contaron historias similares sucedidas durante la Segunda Guerra Mundial. En los momentos clave de crisis, tales como la invasión alemana a Polonia, la batalla de Dunkirk, y la víspera del Día D, fueron llamados en forma apremiante a la oración y se sintieron dirigidos a ir a sus iglesias para una oración en conjunto y la confesión de pecados. Solo después de que estas cosas ocurrieron se enteraron ellos que las invasiones ya estaban en marcha. Pero el Espíritu Santo sabía de antemano lo que iba a suceder y había convocado a miles de intercesores a ese gran combate para hacer retroceder al nazismo y destruir sus baluartes.

Momentos *kairós* dentro de los servicios tradicionales

Durante un servicio de adoración matutino en la Iglesia Presbiteriana San Mateo, en California, yo (Brad) tuve conciencia de que el Espíritu Santo se estaba moviendo mientras el coro nos dirigía en adoración. Estábamos en la segunda estrofa del tradicional himno «Santo, Santo, Santo», y las palabras adquirieron una especial dulzura mientras la gente cantaba con intensidad y convicción. Yo reconocí que se trataba de un momento de *kairós*. He experimentado eso muchas veces durante la adoración tradicional, aunque generalmente solemos ceñirnos al programa y dejamos que la canción siga hasta la última línea y recién allí paramos. Este líder de alabanza, sin embargo, escuchaba tanto al Espíritu Santo como a la música, y sabía que Dios lo llamaba a la obediencia. En lugar de terminar la canción, condujo al coro a regresar a esa misma estrofa y quedarse allí. Era la palabra de Dios, dicha en un momento *kairós* a través de la repetición de la estrofa. En ese momento el Espíritu cayó sobre la congregación y quedamos atrapados por la presencia del Dios Todopoderoso. La gente lloraba. Algunos permanecieron de pie, con lágrimas en los ojos y las manos levantadas en adoración; otros se arrodillaron en el piso.

Esos momentos de gran profundidad en la adoración y en el encuentro con Dios eran comunes en aquella congregación y tanto el liderazgo como la gente habían aprendido qué hacer en los momentos *kairós*. La danza de cooperación constituía una actividad dinámica que no se confinaba a los servicios de adoración sino que se entretejía en la misma trama de toda la vida de adoración y evangelización, y con los ministerios de compasión de la iglesia.

El *kairós*: ¡Una tremenda responsabilidad!

El concepto de *kairós* es algo que da que pensar. En el momento en que el Espíritu nos invita a unirnos a la danza, no contamos con un compañero de repuesto. La gente presente en ese momento es aquella con la que él danza, y si ellos pierden el paso (sea porque no escuchan o porque no obedecen), parte de la danza simplemente no tiene lugar.

Esto no surge del pensamiento popular. Tendemos a declarar que nadie es indispensable y que la voluntad soberana del Padre se cumplirá inexorablemente, y dentro de su designio final eso es verdaderamente cierto. Pero en cada momento de la historia aparece una parte distinta del cuadro, y el Todopoderoso Dios se restringe a fin de trabajar en colaboración con nosotros. ¿Qué hubiera sucedido si Pedro no hubiera visitado a Cornelio o no se hubiera detenido a sanar al hombre que estaba en la escalinata del templo? Felipe podría haberse mantenido alejado del etíope, y Pablo podría haber evitado ir a Macedonia. Imaginemos que María hubiera rechazado ese embarazo o que Juan se hubiera rehusado a bautizar a Jesús. Repetidamente nos enfrentamos con la terrible realidad de que nuestra elección de cooperar con los momentos *kairós* de Dios en realidad importa. En tanto que implica un gran riesgo para nosotros el escuchar y obedecer, ¡eso también constituye un gran riesgo para Dios! Él se arriesga extraordinariamente con nosotros.

Cada momento de *kairós* que se deja pasar constituye una trágica obstrucción a los planes y propósitos de Dios. Puede tratarse de algo tan simple como que un individuo no reciba el consuelo que Dios quiere brindarle en una reunión de oración, o que una congregación no entre profundamente en la adoración. Puede implicar también que una nación no sea alcanzada, como Archer Torrey lo describió una vez:

Un joven obrero de los Estados Unidos recibió una clara visión de que debía ir a la China y testificarle al Presidente Mao Tse-tung. Alentado y sostenido económicamente por su iglesia, viajó a Hong Kong para esperar su visa para la China continental, y allí conoció a un pastor ya retirado. El pastor le contó al joven que, en un sueño, una voz le había dicho que se le daría la visa al día siguiente (señal que confirmaría que el sueño había sido auténtico) pero que él no debería ir a la China continental dado que en el término de un año a miles de misioneros occidentales se les permitiría entrar a la China comunista. Tampoco debería encontrarse con el Presidente Mao, porque eso se convertiría en un obstáculo para que se abriera la puerta. El joven escuchó la palabra dada por ese distinguido pastor retirado, desobedeció la guía del Espíritu Santo, y regresó a su casa. Las puertas no se abrieron, y hubo muchos años más de opresión comunista.

Según informes, Mao Tse-tung había desarrollado un vivo interés por el cristianismo alrededor de ese tiempo, y el gobierno, alarmado, lo había aislado de todo visitante occidental. Se supo que el último visitante de occidente en verlo fue Henry Kissinger, y de lo único que Mao Tse-tung quiso hablar fue de religión. Murió no mucho después. Es muy posible que Dios estuviera abriendo la puerta y que Mao hubiera podido escuchar el evangelio de parte de un trabajador.

Se dejó pasar un momento de *kairós*, y Dios no tenía un compañero de danza de repuesto. No solo se impidió que el evangelio llegara a ese líder chino, sino que el joven y la congregación que lo sostenía quedaron afuera de la danza.[3]

La idea de que Dios no siempre tiene un plan de repuesto es profundamente aleccionadora.¡Permitamos que se asiente en nuestros corazones y nos inspire a la obediencia! Que eso nos haga saber que verdaderamente somos responsables, que nuestras acciones en verdad cuentan. O participamos en la obra eterna de Dios o la obstruimos. A través de Jesucristo nos llegaron la salvación, la sanidad y la libertad, pero depende de nosotros, los que hemos sido llamados a participar con Dios en el cumplimiento de sus propósitos, que el mundo reciba esa salvación. La mayoría de nosotros tiene una historia propia de momentos *kairós* que se han dejado pasar. Eso nos debería llamar más al arrepentimiento que al desánimo. Debemos aprender a discernir esos momento, escuchar y obedecer. Dios es misericordioso y está determinado a cumplir con sus propósitos, así que a menudo nos dará múltiples oportunidades. Si fallamos en obedecer, sin embargo, esas oportunidades irán terminando, y Dios elegirá para la danza a algún otro mas inclinado a la obediencia.

Cultivar la Séptima Dinámica en la congregación

Hemos dado una cantidad de ejemplos que ayudan a los lectores a reconocer mejor los momentos *kairós*. Esas oportunidades nos vienen del Señor, y nosotros no podemos fabricarlas por el poder de la voluntad o de estratagemas. Pero podemos pedirlas, estar atentos a la voz del Espíritu Santo, y disponernos a obedecer. También podemos prepararnos y preparar a nuestras congregaciones para reconocer y responder a todo momento *kairós* que surja. Para considerar la manera de hacerlo, volvamos a la oportunidad que dejamos pasar en Montreat.

Enseñar sobre los momentos *kairós* y proporcionar pautas de discernimiento

Richard y yo (Brad) quedamos muy perturbados por no haber actuado durante aquel momento de *kairós* que tuvo lugar en el servicio de la iglesia de Montreat, y dedicamos nuestro tiempo de oración a analizar los eventos. Al reflexionar sobre la manera en que transcurrió el servicio, Richard tuvo mayor claridad con respecto a lo que era un momento de *kairós*. Es necesario enseñar a los líderes y a las congregaciones con respecto a esta particular dinámica. Una vez que se la menciona y se la explica, muchas personas pueden retroceder en el tiempo, pensar en algunos de esos momentos de oportunidad y darse cuenta de las consecuencias que tuvo el haberlos dejado pasar, o haber actuado en base a ellos.

El proceso de discernimiento también constituye una importante ocasión para el aprendizaje, cuando el líder y algunas otras personas reflexionan acerca de él durante los servicios. Cuando lo hago, siempre me pregunto: *¿Me he perdido un momento de oportunidad? ¿Se estaba moviendo el Espíritu Santo o hablándole a alguien?* Al ir aprendiendo a descubrir esos momentos *kairós* y responder a ellos, hemos encontrado útiles las siguientes observaciones:

1. *Tendremos una conciencia interior de la presencia del Espíritu Santo.* Puede ser algo que nos conmueva o algo tranquilo, algo que nos acelere o algo que nos cree expectativa. Puede transmitirnos una sensación de dulzura, de pesadumbre, o esa impresión de calma que precede a una tormenta. Para algunos puede ser una conciencia sobre algo difícil de articular en palabras; algo así como que el tiempo fuese rozado por la eternidad. Puede no haber «sensación» alguna, sino un conocimiento profundo de que «¡Ahora yo, el Señor, voy a obrar!» Y aun otros pueden tener alguna imagen mental de ella, o una conciencia del mover del Espíritu Santo.

2. *Otras personas percibirán la presencia y la actividad del Espíritu y la confirmarán.* Con frecuencia hay señales sutiles pero perceptibles de que el Espíritu Santo está presente y se está moviendo, tal como cuando vemos al viento mover las hojas. Por lo tanto, necesitamos mantener nuestros ojos abiertos, tanto física como espiritualmente, y prestar atención a lo que sucede.

3. *Junto con esa conciencia de la presencia y mover del Espíritu, alguien recibirá una palabra del Espíritu Santo que indicará los siguientes pasos de danza que se nos llama a dar.* Esa es la «palabra» de Dios sobre la que debemos actuar.

4. *Cuando respondemos a este momento de kairós asumiendo el riesgo que implica la obediencia, algunos incidentes significativos van a ocurrir.*

5. *El don de los momentos kairós se le concede a los que están dispuestos a actuar en base a ellos.* Cuando perdemos la voluntad o la fe que nos impulsan a actuar, las oportunidades disminuyen y Dios permite que nos volvamos espiritualmente ciegos a ellas.

Comprometernos a obedecer y concederles a los demás el derecho a discernir esos momentos y obedecerlos

Tanto Richard como yo éramos conscientes del momento de *kairós* que se produjo durante el servicio en Montreat y ambos recibimos una guía con respecto a qué hacer: «¡Llámenlos a un amor y compromiso más profundos conmigo!» Pero varios obstáculos nos detuvieron y no obedecimos. Para Richard fue la constante presión de no dejar que el servicio se extendiera más allá de una hora, de modo que la gente no se molestara. También estaba la inercia de la costumbre, la seguridad que daba el ceñirse al programa preestablecido para el servicio, y el temor de no saber cómo continuar después.

Para mí era la restricción de no tener autoridad ni permiso para actuar. En la conferencia de la Comunión Carismática Presbiteriana en la que yo había exclamado: «Inclínense delante de mí», todos teníamos permiso explícito para mencionar cualquier palabra que el Espíritu nos comunicara. Pero en el servicio tradicional de la iglesia Reformada, en Montreat, nadie, ni siquiera el pastor, tenía permiso para ser guiado por el Espíritu Santo fuera del orden establecido.

En la iglesia de Corinto, la gente contaba con ese permiso, y se le había dicho: «Cuando se reúnan, cada uno puede tener un himno, una enseñanza, una revelación, un mensaje en lenguas, o una interpretación. Todo esto debe hacerse para la edificación de la iglesia» (1 Corintios 14:26). Si nuestras congregaciones van a desarrollar la dinámica de percibir los momentos *kairós* y responder a ellos, entonces se les debe conceder el permiso de ser guiadas por el Espíritu Santo. No se trata de una licencia para perturbar el desarrollo de la adoración, ni para usurpar la autoridad de los que están en el liderazgo. Pero sí una libertad para seguir la guía del Espíritu.

Orar para que Dios haga avanzar su reino

Los momentos *kairós* no se pueden inventar ni falsificar; sin embargo, se puede orar por ellos y darles la bienvenida. A través de la oración intercesora que invita a la participación de Dios, descubrimos que el Espíritu Santo produce momentos *kairós* en los que se nos invita a dar los siguientes pasos de la danza. ¡Necesitamos ser cuidadosos! Los momentos *kairós* pueden producirnos tanto entusiasmo que tal vez nos sintamos tentados a buscarlos como un fin en ellos mismos. No debemos orar para que se produzcan eventos emocionantes para nuestro propio entretenimiento espiritual, sino para que Dios obre entre nosotros y nos incluya en el avance de su reino.

Cuando los primeros discípulos sufrieron persecución, oraron juntos así: «"Ahora, Señor, toma en cuenta sus amenazas y concede a tus siervos el proclamar tu palabra sin temor alguno. Por eso, extiende tu mano para sanar y hacer señales y prodigios mediante el nombre de su santo siervo Jesús". Después de haber orado, tembló el lugar en que estaban reunidos; todos fueron llenos del Espíritu Santo, y proclamaban la palabra de Dios sin temor alguno» (Hechos 4:29-31). Esa era una experiencia de un momento *kairós*, y su respuesta obediente hizo que empezaran a hablar la palabra de Dios con valentía. Continuaron con la danza, y los resultados fueron maravillosos: «Todos los creyentes eran de un solo sentir y pensar. Nadie consideraba suya ninguna de sus posesiones, sino que las compartían. Los apóstoles, a su vez, con gran poder seguían dando testimonio de la resurrección del Señor Jesús. La gracia de Dios se derramaba abundantemente sobre todos ellos» (Hechos 4:32-33).

Estas Siete Dinámicas se entretejen juntas en un todo interrelacionado y fluido, y a través de ellas nosotros participamos de la maravilla de hacer que el reino de Dios avance. Pero acechando en las tinieblas se esconde un enemigo que desde el principio ha buscado minar y pervertir los propósitos de Dios. Pablo nos advierte: «Así mismo serán perseguidos todos los que quieran llevar una vida piadosa en Cristo Jesús» (2 Timoteo 3:12), y muchos de nosotros estamos familiarizados con la lucha en contra del mundo, la carne y el diablo. Antes de considerar la sinergia que se produce cuando estas Siete Dinámicas operan juntas, volvamos nuestra atención a los obstáculos que inhiben la danza en la que seguimos el paso del Espíritu.

---

1. Deuteronomio 32:11, al referirse a un águila utiliza la misma palabra hebrea de Génesis 1:2 cuando describe al Espíritu.

2. John Milton, *Paradise Lost and Other Poems*, edición de mentor, con anotaciones de Edward Le Comte, New American Library, Nueva York, 1961, Tomo 1, líneas 19-22.

3. Para obtener una descripción más detallada de esto, ver el Manual del Proyecto Dunamis, *In the Spirit's Power: Cooperating with the Holy Spirit to do the Work of Jesus Christ*, PRMI, Black Mountain, NC, 2006, p. 87.

Capítulo 16

Obstáculos para la danza

Aun cuando sabemos lo que deberíamos hacer, somos proclives a fallar. La danza puede salir mal cuando es algún otro y no el Espíritu Santo el que comienza a conducirnos, ya sea simplemente debido a nuestra pecaminosidad o a ciertas distracciones del diablo. Los líderes deben mantenerse advertidos con respecto a estos obstáculos para poder evitarlos o quitarlos de en medio.

Hemos realizado un largo recorrido, analizando los factores relacionados con el crecimiento de la iglesia en el poder del Espíritu Santo. Comenzamos con los Dos Fundamentos: líderes y congregaciones que encarnen la realidad del reino de Dios. Habiendo puesto eso en su lugar, examinamos entonces más detenidamente las Siete Dinámicas para identificar los «pasos de la danza» de cooperación con el Espíritu Santo. Se produce una sinergia cuando las dinámicas se conectan unas con otras, y regresaremos a eso en el capítulo final. Pero antes de hacerlo, debemos enfrentar la desagradable realidad de que la danza puede desviarse con facilidad. En este capítulo, por lo tanto, nos detendremos a identificar algunas de las principales piedras de tropiezo que constituyen obstáculos en la danza de cooperación con el Espíritu Santo.

Los cristianos de Galacia tuvieron que despertar a un hecho bastante incómodo: habían sido hechizados. De alguna manera su enfoque había cambiado. Habían comenzado en la fe del Cristo crucificado, y por lo tanto se había derramado el Espíritu Santo sobre ellos y habían ocurrido milagros en su medio. Estaban totalmente comprometidos en una cooperación dinámica con el Espíritu, proclamando el evangelio de Jesús y encarnando la realidad del reino de Dios. Y entonces comenzaron a salirse de su curso, al hacer cada vez más énfasis en sus propias buenas obras religiosas en lugar de mantenerse dentro de una confianza sencilla. Ese giro desastroso significó que su religión ya no tenía que ver con lo que Dios había hecho; se trataba ahora de lo que ellos podían hacer. Así que Pablo les hizo un planteo agudo: «¿Tan torpes son? Después de haber comenzado con el Espíritu, ¿pretenden ahora perfeccionarse con esfuerzos humanos?» (Gálatas 3:3).[1]

No seamos muy rápidos en condenar a los gálatas, y recordemos que nosotros tampoco somos perfectos todavía. El mismo Pablo fue muy franco al decir: «Aunque deseo hacer lo bueno, no soy capaz de hacerlo... cuando quiero hacer el bien, me acompaña el mal» (Romanos 7:18, 21). El proceso de santificación ha comenzado pero no concluirá hasta que muramos o Cristo regrese. En Galacia, en Plymouth, en Montreat, o en cualquier otro lugar en que los cristianos procuren vivir su fe en cooperación con el Espíritu Santo, encontraremos que nuestra naturaleza humana pecadora continuamente nos lleva a enfrentar luchas. En verdad deseamos andar al paso del Espíritu, pero el pecado nos hace zancadillas. Podemos comenzar en el Espíritu, pero no es difícil que nos desviemos de distintas maneras, para poner nuestra confianza en el esfuerzo humano.

Cuando los seres humanos le quitan el mando al Espíritu

Las iglesias adquieren su forma a través de sus líderes; reconocimos este hecho al considerar los cuatro requisitos para el liderazgo. El impacto que ellos producen se debe, en cierto sentido, a la *posición* o estatus que se les ha dado dentro de la iglesia u organización. Otros logran alcanzar una influencia significativa debido a su *personalidad*. Sea que ayuden o estorben, esos son hombres y mujeres cuyas opiniones y preferencias pesan dentro del proceso de toma de decisión, le dan forma a la cultura, y alteran la atmósfera.

Yo (Cindy) observé esta dinámica en funcionamiento en la iglesia de mi marido. Steve sirvió a la Iglesia Húngara Reformada del centro de Nueva Jersey durante diecisiete años. Cuando él llegó, casi todos en la iglesia eran húngaros o estaban casados con un húngaro o húngara. Él fue su primer pastor norteamericano y el primero de sus pastores que hablaba el inglés sin acento húngaro. No tenían ninguna misión evangelística, ni ningún tipo de extensión hacia la comunidad (excepto por algunas cenas para juntar fondos), ni enseñanza para adultos, y muy escasa educación para los niños. Durante los primeros años, la iglesia comenzó a abrir sus puertas a la comunidad. En diez años la iglesia se duplicó en cantidad, la educación para adultos y niños mostraba un estado floreciente, y la congregación se comprometió en varios proyectos misioneros. Pocos años después se añadió un servicio de adoración más contemporáneo, guiado por el Espíritu. Las cosas iban realmente bien.

Steve les brindaba liderazgo, pero ni el crecimiento ni la apertura al Espíritu Santo se hubieran dado sin el apoyo de algunos líderes clave, y en particular el de una mujer llamada Helen. Ella había nacido en Hungría y había emigrado a los Estados Unidos siendo una niña. Creció en la iglesia y formaba parte de los ancianos que gobernaban cuando nosotros llegamos. Amaba a Jesús y le apasionaba ver a su iglesia servirlo en medio de la comunidad. Ella pudo ayudar a otros a aceptar los cambios y sirvió como un puente con las personas de la «vieja guardia» que no estaban contentas con que hubiera nueva gente o con que las cosas cambiaran. Pero cuando Helen murió, muy de repente, su trabajo diplomático se detuvo. En poco tiempo, la «vieja guardia» comenzó a quejarse con respecto a los cambios y más adelante logró que se fueran las nuevas personas. Acabaron con el servicio conducido por el Espíritu, y las misiones y la educación llegaron a su fin. El progreso de esos quince años fue desmantelado en dos. Ver a la iglesia desmoronarse era descorazonador. Resultaba claro que una personalidad fuerte dentro de una iglesia puede marcar una gran diferencia, ya sea abrir la puerta para que el Espíritu obre o cerrarla y obstruir el camino.

La situación de que unos pocos miembros influyentes desvíen la danza del Espíritu hacia otro lado es común en extremo. No se trata necesariamente de malas personas, pero puede tratarse de individuos centrados en ellos mismos. Quizá han nacido de nuevo pero pueden tener tales heridas interiores, o tal necesidad de control, que obstruyan en realidad el obrar del Espíritu Santo. Esas personas han destruido muchas congregaciones prósperas y han sido una cruz para los que buscaban centrar la iglesia en Jesucristo. El individuo en cuestión puede ser el pastor, el pastor fundador, algún respetado y antiguo maestro de Escuela Dominical, o la matriarca o el patriarca de alguna de las familias principales. En el corazón de personas así se produce un cambio que las aleja de la guía del Espíritu Santo y las lleva a intentar hacer las cosas en su propia capacidad, fuerzas y voluntad. Eso, a su vez, influye sobre toda la congregación, porque un poco de levadura leuda toda la masa (1 Corintios 5:6).

Tenemos poco control sobre lo que hacen otras personas, pero ese mismo cambio fácilmente puede producirse en nuestros corazones. Por lo tanto, necesitamos tener cuidado de no convertirnos en gente que obstaculice la danza de cooperación.

El peligro de depender de las personas

Hemos sido llamados a esta danza junto con otros. Jesús envió a sus discípulos de dos en dos, y el liderazgo del Nuevo Testamento se daba en equipos, con los ancianos o presbíteros trabajando juntos para supervisar las iglesias. Dios desea que nosotros desarrollemos un genuino compañerismo en el evangelio al trabajar junto con otros colaboradores que comparten la misma visión, a los que amamos y en los que confiamos. Sin embargo, el peligro está al acecho. Es fácil que dejemos de depender del liderazgo del Espíritu Santo y en lugar de eso comencemos a depender unos de los otros. Cuando eso sucede, el compañero de labor toma el lugar del Espíritu Santo, y la danza de cooperación comienza a flaquear.

Yo (Brad) he luchado contra esta tentación a través de todo mi liderazgo. Soy severamente disléxico, no puedo deletrear y apenas puedo escribir; no sé cuál es la hora, y me cuesta un horror mantenerme al ritmo de mis compromisos. Por lo tanto tengo que ser muy dependiente de los que tienen dones que compensan mis debilidades. ¡Francamente, eso es bueno, porque me mantiene humilde y dependiente de Jesucristo! Pero constantemente tengo que guardar mi corazón de la tentación de sacar mi mirada de Jesús y colocarla en los demás. Es un problema sutil pero muy real.

Un día, mientras estaba orando con Richard White, confesé mi tendencia a reemplazar a Jesús por uno de mis compañeros de labor. Él me respondió: «Bueno, no eres el único que lucha con esa tendencia. ¡Sería bueno que escucharas mi confesión también! Me he dado cuenta de que he estado dependiendo demasiado de la eficiencia de mi secretaria de la iglesia para que ella me dirigiera en mi cooperación con el Espíritu Santo. Al principio, ella fue de mucha utilidad para ayudarme a discernir qué compromisos de consejería debería asumir o que visitas realizar. Era mayor y más experimentada que yo y, gradualmente, comencé a depender de ella y no del Espíritu Santo para que me guiara en cuanto a esas decisiones. Debo reconocer sus dones de administración y sabiduría, pero no debo permitir que reemplace al Espíritu Santo. La lucha está dentro de mí; ¡yo soy el problema!»

Para mí (Paul) esta tentación salió a la luz en el mismo proceso de aprender a cooperar con el Espíritu. Lo más fácil era buscar a Cindy o a Brad para recibir orientación cuando tenía que liderar algún evento del Proyecto Dunamis. Después de todo, ellos tenían más experiencia y una mejor perspectiva. Afortunadamente eran conscientes de los peligros que eso suponía, y la mayoría de las veces se corrían de mi camino para que yo simplemente *tuviera* que asumir los riesgos del liderazgo y aprendiera a discernir. Pero en algunas ocasiones lo hicimos todo mal: yo estaba demasiado ansioso por apoyarme en ellos y ellos muy deseosos de participar, así que asumieron el lugar del Espíritu Santo en mi liderazgo.

Eso constituye una lucha constante para nosotros tres, y siempre acecha a los que danzan juntos como equipo para cooperar con la obra del Espíritu Santo.

El peligro de depender de los programas

¿Por qué intentar reinventar la rueda? Hay todo tipo de programas y recursos disponibles para la iglesia, muchos de ellos bien perfeccionados por años de experiencia y perspicacia. El curso Alfa, de Nicky Gumbel, para evangelización, los Ministerios Libertad en Cristo, de Neil Anderson, la serie de libros «...con Propósito», de Rick Warren, para llevar adelante el discipulado, y multitud de materiales para escuelas bíblicas de vacaciones y clubes de verano; todos ellos han demostrado ser herramientas invalorables para la labor de la iglesia. El Proyecto Dunamis y los programas Ignite, de Presbyterian Reformed Ministries International (PRMI) han ayudado tanto a los individuos como a las iglesias a cobrar nueva vida en el poder del Espíritu Santo y a crecer en el discipulado.

Todos estos programas y métodos tienen su lugar dentro de la iglesia de Jesús. Dios los ha usado grandemente para su gloria, y a veces el Espíritu llama a alguna iglesia a hacer uso de un recurso en especial. Pero el peligro es que comencemos a depender del programa en lugar de depender del Espíritu Santo. Eso puede suceder desde el mismo comienzo, cuando nuestra iglesia adopta un programa en particular o un determinado enfoque, porque nos entusiasma el impacto que produce sobre otras congregaciones. Podemos llegar a familiarizarnos tanto con un programa que no prestemos atención cuando el Señor quiere que avancemos hacia algo nuevo. O puede ser que simplemente nos aboquemos a desarrollar el programa, descuidando nuestro permanente llamado a dedicarnos a la oración. Para decirlo brevemente, el programa ocupa el centro del escenario, y nosotros pasamos de ser guiados por el Espíritu Santo a obrar por esfuerzos humanos.

En el 2008 llevamos a cabo nuestra primera conferencia sobre «El crecimiento de la iglesia en el poder del Espíritu Santo» en la Comunidad de la Cruz, y enseñamos los principios delineados en este libro. Richard White describió la manera en que el Espíritu Santo condujo a la congregación a implementar el concepto de equipo de ministerio en la Iglesia Presbiteriana Montreat, historia que relatamos en el capítulo 3. Richard estaba entusiasmado por el cambio ocurrido en su congregación, y cuando acabó, varios pastores presentes en la reunión dijeron inmediatamente: «Sí, eso es lo que necesito implementar en mi congregación». Lo que siguió fue una conversación muy animada y entusiasta sobre los pasos que debía implementar el equipo que usamos como modelo de liderazgo.

En medio de esa vivaz conversación, Paul nos dejó al descubierto: «¡Atención, todos! ¡Miren lo que estamos haciendo! Hemos enseñado sobre la dinámica de cooperación con el Espíritu Santo. ¿No deberíamos primero cotejar estas cosas con el Espíritu Santo para ver qué es lo que él nos guía a hacer en nuestras iglesias? ¿No estamos tomando algo que le funcionó a la Iglesia Montreat y convirtiéndolo en un método para nuestras propias iglesias?» Todos nos reímos de nosotros mismos y dijimos: «¡Sí, es eso lo que estamos haciendo!» Así que cambiamos el ángulo de nuestra conversación, sacándola del programa de liderazgo y enfocándola en la persona del Espíritu Santo, y preguntándonos cómo podríamos ayudar a los líderes de nuestras congregaciones a aprender a escuchar lo que el Espíritu les dice a nuestras iglesias. De esa manera cada congregación puede tratar con el Señor la agenda especial que él tiene para ella, en lugar de simplemente emular las actividades de otra iglesia.

El peligro de depender de programas y métodos y no del Espíritu Santo es grande y persistente. Si continúa sin que se le pongan límites, terminaremos disfrutando de lindos programas en lugar de danzar al paso del Espíritu Santo.

El peligro del orgullo espiritual

La voluntad de Dios es buena, agradable y perfecta (Romanos 12:2). Así que si participamos del liderazgo porque esa es la voluntad de Dios para nuestra vida, entonces tendrá que ser una tarea que nos satisfaga. Puede ser que no siempre la disfrutemos, y puede ser que con frecuencia experimentemos esa insatisfacción que acompaña la falta de perfección, porque aún no hemos alcanzado la meta. Pero puedo decir con certeza que en mi propia vida, yo (Brad) he descubierto que el liderazgo espiritual (guiado e investido de poder por el Espíritu) constituye una aventura apasionante que me proporciona una inmensa satisfacción. También implica que con frecuencia tengo el privilegio de ver a Dios obrar en momentos *kairós* en medio de mi ministerio.

Sin embargo, el liderazgo también tiene sus tentaciones. A menudo, me encuentro frente al peligro del orgullo espiritual, queriendo ser el que está en control de lo que ocurre, o ser el coreógrafo en vez de aquel que danza. Esto me ha pasado vez tras vez, al encontrarme en el centro de lo que Dios está haciendo en un evento de entrenamiento Dunamis o en relación con un equipo de extensión misionera. Cada pastor o líder de la iglesia que se encuentra en el centro de lo que Dios está realizando se enfrenta con tentaciones similares. El peligro del orgullo es especialmente agudo para los que gozan de grandes dones y unción en el ministerio.

He visto el orgullo asomar cuando comienzo a pensar sobre lo que quiero hacer o empiezo a preocuparme por mi reputación o mi legado. El orgullo es la fuente de temor que me lleva a hacer que las cosas sucedan aun cuando sé que el Espíritu no se está moviendo. Aparece cuando no estoy dispuesto a esperar a que el Espíritu Santo nos proporcione una guía, y simplemente invento algo para enfrentar el momento de *kairós*, sabiendo en lo profundo de mi corazón que eso no provino del Señor sino de mí mismo. Sé que la tentación también es fuerte cuando la unción del Espíritu pasa a otro y yo no estoy dispuesto a dar un paso atrás y permitir que esa persona sea la que coopere con el Espíritu Santo. Es en ese punto en el que caen muchos líderes ungidos. Ellos comienzan en el Espíritu pero acaban en el esfuerzo humano, porque se rehúsan a dar un paso al costado cuando el Espíritu Santo introduce a otros en la danza. Debo confesar que generalmente mis amigos y colaboradores toman conciencia de esas señales en mí antes de que yo mismo las descubra.

En el 2003 Paul dirigía su primer evento de Dunamis en Inglaterra. A mí me tocó dar bastante enseñanza allí, ayudado por Cindy y Paul. Habíamos programado un tiempo de oración para que la gente recibiera la llenura del Espíritu Santo durante la noche final. Es la parte de Dunamis que más me gusta, y a través de los años he presenciado cómo opera poderosamente el Espíritu de Dios, cayendo sobre la gente con maravillosas manifestaciones. Lo encuentro muy estimulante, ¡y me encanta!

Pero en esa ocasión recibí una guía que me resultó molesta: debía mantenerme a un costado. No debería dar la enseñanza acerca de cómo recibir el Espíritu, ni orar por la gente. Cindy debería hacerlo en mi lugar, y Paul era el que impondría las manos sobre el equipo de liderazgo. Y luego ese equipo tendría que imponer manos sobre el resto de las personas. ¡No me gustó esa guía! Fue una gran lucha para mí porque conocía a esas personas y deseaba ministrarles. También soy consciente de que deseaba recibir su amor y aprobación cuando ellos me vieran como aquel a través de quien habían sido bautizados con el Espíritu Santo.

Me fui solo a hacer una larga caminata, discutiendo con Dios sobre su guía, y cuando me reuní con el equipo de liderazgo para orar juntos antes de la reunión, se hizo obvio que la unción del Espíritu estaba sobre ellos y no sobre mí. Cindy estaba preparada para enseñar, y Paul decididamente estaba entrando al rol de un líder ungido. Pero yo hice una irrupción y sugerí: «Bueno, yo podría dar la enseñanza sobre cómo recibir el Espíritu y luego imponer manos sobre el grupo. Espero que todos ustedes estén de acuerdo con eso». Se produjo un incómodo silencio, y luego Ruth Sermon, una de las intercesoras, que tenía la irritante tendencia a oír a Dios, dijo vacilante: «Mientras oraba, creo que el Espíritu Santo me dio una visión. Vi a un granjero sembrar sus semillas en un campo, y luego simplemente irse a su casa. La lluvia y el sol hicieron su aparición, y luego las semillas brotaron».

El sentido se me hizo claro de inmediato: yo había sembrado las semillas; ahora era tiempo de permitirles crecer saliéndome de su camino. Me sentí incómodo, pero a medida que les compartía esa interpretación, tanto Cindy como Paul dijeron: «Es cierto. Te amamos de verdad. Confirmamos tu liderazgo, pero ahora es nuestro turno de entrar en el ministerio». Así que esa noche Cindy, indiscutiblemente ungida, enseñó con respecto al bautismo con el Espíritu Santo, y luego le entregó la reunión a Paul y señaló que él junto con el equipo orarían por la gente. Durante todo ese tiempo yo estaba sentado en el fondo, sintiéndome solo y muy deprimido. ¡La danza se estaba llevando a cabo sin mí! Finalmente, me enfurruñé y salí a dar un largo paseo. Varias horas después se reunió el equipo para una evaluación, contentísimos por lo que el Señor había hecho con ellos y a través de ellos. Se había producido un gran derramamiento del Espíritu Santo. El equipo había sido lanzado a un ministerio de poder, y pasamos un hermoso tiempo evaluando la manera en que el Espíritu había obrado en una forma maravillosa. No habían necesitado que yo estuviera presente para lograr que en esa noche las cosas funcionaran.

El peligro de la impaciencia espiritual

Las promesas de Dios se convierten en una realidad. La Biblia nos dice: «La visión se realizará en el tiempo señalado; marcha hacia su cumplimiento, y no dejará de cumplirse. Aunque parezca tardar, espérala; porque sin falta vendrá» (Habacuc

2:3). Como cuando al piloto de un avión el controlador le señala que debe mantenerse dentro de un patrón de espera hasta recibir nuevas instrucciones, a veces simplemente tenemos que esperar. Habrá momentos en los que ya hemos dado los pasos que el Espíritu nos ha mostrado y luego tenemos que esperar recibir la guía con respecto al siguiente paso. Pero el cielo parece guardar silencio; no se nos presentan momentos *kairós*, no se nos da una palabra de conocimiento, ni una visión, ni una guía: absolutamente nada. En momentos como esos, se nos llama a quedarnos allí y esperar, porque «los que confían en el SEÑOR renovarán sus fuerzas; volarán como las águilas: correrán y no se fatigarán, caminarán y no se cansarán» (Isaías 40:31). Se nos pide que entremos en el «patrón de espera» del Espíritu Santo, para poder tener la posibilidad de obrar dentro del marco de tiempo del Señor y con sus fuerzas.

Es durante ese tiempo de permanencia dentro de un patrón de espera, mientras aguardamos en el Señor, que enfrentamos el peligro de volvernos impacientes. Nos sentimos tentados a salir fuera de la danza conducida por el Espíritu Santo y avanzar por nuestro propio esfuerzo humano. Armamos nuestros propios planes, escribimos nuestra propia declaración de visión, y hasta podemos llegar a fabricar una «guía» del Señor. Nos lanzamos por nuestros propios medios y pronto descubrimos que no nos alcanzan. El agotamiento y el agobio suelen asolar nuestros ministerios, y entonces comenzamos a andar a la deriva, alejándonos de los planes y propósitos de Dios. Puede ser que esto nos lleve «simplemente» a un ministerio ineficaz. Pero si persistimos en ello, podemos acabar dejando por completo la danza y apartándonos de la fe bíblica.

Yo (Brad) luché contra la tentación de la impaciencia en el verano de 2008, cuando los fondos para un proyecto de construcción se acabaron. Desbordado por la impaciencia, intenté resolver la situación con mi propia sabiduría y fuerzas. Estábamos construyendo nuestra primera unidad de instalaciones en la Comunidad de la Cruz, utilizando una fuerza de trabajo de voluntarios que tenían la disposición a hacerlo, y un excelente contratista. Contábamos con dinero donado; se nos habían prometido otras cifras y estábamos ansiosos por reducir costos, mudándonos de las instalaciones que alquilábamos en la ciudad. Pero teniendo por delante un gasto de U$S 50.000 de trabajos por realizar, ¡el dinero se nos acabó! Algunos donativos que pensamos que estaban por llegar, nunca se materializaron, y nuestros fondos generales eran tan bajos que hasta luchábamos por cumplir con el pago de sueldos.

¡Fue toda una crisis! El compacto programa de eventos para el verano hacía imposible una mudanza diferida, y cualquier demora implicaba pagar más alquileres «innecesarios», y además habría costos adicionales si hacía falta sacar la maquinaria pesada y luego volverla a traer. Pero PRMI tiene como política no gastar dinero que no tiene, así que, a regañadientes, instruimos al contratista que detuviera la obra. Mi corazón estaba lleno de confusión mientras veía a los trabajadores empacar sus herramientas y llevarse el equipo de construcción. Me sentí arrastrado hacia un remolino de desesperada oración, dudas que me sobrepasaban, y una impaciencia severa.

Varios de los miembros de la comisión de PRMI sugirieron que consideráramos la posibilidad de conseguir un préstamo, así que hice una visita al banco. Podríamos conseguir el dinero para terminar el edificio, pagar menos interés de lo que estábamos pagando al momento en alquiler y servicios públicos y devolver el préstamo cuando quisiéramos sin punitorios. Todo eso tenía sentido del punto de vista comercial. Y se realizó todo sin consultar al Señor. Yo había pasado de confiar en Jesús y sus tiempos a confiar en mí mismo y en el banco para conseguir que las cosas dieran comienzo de inmediato.

Laura, mi esposa, estaba horrorizada. Se sentía incómoda al pensar que PRMI pidiera dinero prestado, y le vino un versículo de las Escrituras a la mente: «Los deudores son esclavos de sus acreedores» (Proverbios 22:7). Jesús debe ser nuestros Amo, no el banco. Cuando les transmití la propuesta a los miembros de la comisión de PRMI, la mayoría de ellos estaba tan impaciente como yo en cuanto a trasladarse a ese edificio. Pero Cindy tuvo una palabra: «¿Habiendo comenzado en el Espíritu, ahora van a acabar en un esfuerzo humano?», y señaló que justo antes de que se nos acabara el dinero habíamos enviado una carta de oración pidiendo a la gente que orara por la provisión que necesitábamos. Ella preguntó: «¿No deberíamos simplemente esperar en el Señor? ¿Un préstamo no dependería de nosotros en lugar de depender de Jesús?»

Sus palabras le pusieron un freno a mi impaciencia y me llevaron de vuelta a la oración para buscar la guía del Señor. El Espíritu Santo me dijo algo incómodo: «Tú no debes tomar esa decisión por ti solo. Preséntala de nuevo al consejo de PRMI». Me sentí irritado por tener que enfrentar otra dilación de un día, y temí que la comisión cayera en una revisión de los mínimos detalles. Pero luego de oración y discernimiento, cada miembro de la comisión se puso en contacto con nosotros para trasmitirnos la misma guía: «En términos de una buena práctica comercial, tiene sentido pedir prestado el dinero, terminar el edificio y dejar de pagar alquiler. Pero el Espíritu Santo nos dice que no. Pídanle a la gente que ore sobre el asunto y confíen en el Señor».

Tan pronto tomamos esa decisión, comenzó a suceder una serie de notables acontecimientos, asegurándonos que el Señor, y no PRMI recibiera el crédito por la construcción del edificio. Un buen amigo ofreció igualar las donaciones de hasta U$S 15.000 que se recibieran. Alguien ya había donado U$S 15.000 antes de que siquiera mencionáramos el primer compromiso. Y en pocas semanas, ya los fondos para completar los edificios, el sistema de cloacas y la electricidad nos habían sido donados.

Ahora bien, estamos procurando ser cuidadosos para no aprender una lección equivocada a partir de esta experiencia. No creo que sea un error que una congregación pida dinero prestado para completar un proyecto de construcción. Hay momentos en que eso resulta completamente apropiado y de buena administración, y a ello puede guiarnos el Espíritu Santo. Nuestra lucha tenía que ver con que yo me había vuelto tan impaciente que me sentía fuertemente tentado a salirme de la danza de cooperación con el Espíritu Santo y comenzar a dirigir la danza yo mismo. Si hubiéramos resuelto la situación según mi consejo, nunca habríamos visto este milagro de provisión. Habríamos apreciado nuestra propia inteligencia, pero se hubiera oscurecido la bondad de Jesús. En cambio, ahora podemos decir: «¡Miren lo que ha hecho Dios!» Como resultado, hemos permanecido en la danza con el Espíritu Santo, y Jesús ha recibido toda la gloria.

¡Con toda seguridad no soy el único líder que se ha sentido tentado a adelantársele a Dios! Cuanto mayores sean las responsabilidades y oportunidades que tengamos para hacer avanzar el reino de Dios, mayor será nuestra necesidad de cultivar un estilo de liderazgo conducido por el Espíritu Santo, y que esté dispuesto a esperar pacientemente su guía. Eso significa que debemos someternos a seguir a Jesucristo de un modo radical, poniéndolo a él en primer lugar. También debemos estar sujetos a otros que nos puedan ayudar en la tarea. Y tenemos que incluir, indefectiblemente, momentos de espera en el Señor en oración dentro de nuestros abarrotados programas. Sin seguir esos pasos, nos apresuraremos a marchar delante del Señor y sabotearemos sus planes.

Cuando el diablo interrumpe la danza

En la danza la «interrupción» se produce cuando alguien se adelanta y toma el lugar de uno de los compañeros de danza. La Iglesia Presbiteriana Montreat había organizado un baile formal en un salón para las muchachas que se graduaban de la escuela secundaria, y mi esposa Laura y yo (Brad) lo estábamos disfrutando mucho. Notamos que Elizabeth, nuestra hija, bailaba con un lindo muchacho, y Laura dijo: «¡Bueno, pienso que debemos interrumpirlos! Tú tienes que bailar con nuestra hija, y yo bailaré con ese muchacho tan apuesto». Así que mientras bailábamos nos acercamos a donde ellos estaban, y yo le expresé mi intención a Elizabeth, que estuvo encantada de bailar con su papi. Sin perder ni un paso, realizamos el cambio, y yo le di un beso a Elizabeth, le susurré «te amo», y bailé con ella.

Pudimos hacer eso porque estábamos en aquel baile, conocíamos los pasos, y éramos amados y respetados como parte del grupo. Un intruso con intenciones obviamente hostiles no hubiera tenido éxito. De hecho, probablemente habría sido detenido en la puerta y no se le habría permitido la entrada.

Por el relato de lo que sucedió en Edén, las experiencias de Job, las enseñanzas y obras de Jesús, y los escritos de Pablo, Pedro y Juan, resulta obvio que tenemos un enemigo espiritual (Génesis 3:1-14; Job 1:1—2:7; Mateo 4:1-11; Marcos 3:22-26; 2 Corintios 2:11; 1 Pedro 5:8; 1 Juan 3:8). Satanás intentará, a través de todo medio taimado y sinuoso que le sea posible usar, desviar a la iglesia de los propósitos del Padre, y en demasiadas ocasiones esta subversión alcanza mayor éxito que un asalto abierto y directo. «Satanás mismo se disfraza de ángel de luz» (2 Corintios 11:14), y nosotros debemos ser diligentes «para que Satanás no se aproveche de nosotros, pues no ignoramos sus artimañas» (2:11). Para que el diablo «interfiera» en nuestra danza de cooperación con el Espíritu Santo, primero debe encontrar una manera de introducirse a través de personas que son amadas y respetadas como parte del cuerpo de Cristo. Habiendo logrado poner un pie en el terreno, puede entonces construir una fortaleza, una base desde la cual operar, conduciendo a los creyentes a dar pasos que no han sido ordenados por Dios.

Una generosidad engañosa

En la iglesia primitiva vemos un claro ejemplo del intento del diablo de interferir en la danza a través de dos miembros de esa confraternidad, Ananías y su esposa Safira (Hechos 5:1-11). Sabemos poco con respecto a ellos, pero es probable que a simple vista parecieran gente realmente linda y maravillosa. Según sus propios razonamientos, el curso de sus acciones puede haberles parecido inocuo. Ellos tenían la libertad de dar tanto o tan poco como desearan, pero querían que otros los consideraran como gente especialmente generosa. Aparentaban ser una pareja admirable; su engaño quedó oculto por completo a los ojos de la gente. ¿Quién habría sospechado que simplemente aparentaban ser más generosos de lo que eran en verdad?

Pero Pedro recibió percepción espiritual y puso al descubierto su engaño. En lugar de tener el fruto producido por la obra del Espíritu, era Satanás el que había llenado sus corazones, llevándolos a mentir. A simple vista, aparentaban estar cooperando con la provisión material llena de gracia que el Espíritu Santo estaba orquestando, pero había ocurrido un cambio dentro de ellos. Satanás había logrado poner un pie allí y los estaba despistando, y obrando para crear una fortaleza de engaño. ¡Qué diferente habría sido la historia si hubiese sido Ananías y no Bernabé[2] el que adquiriera influencia dentro de la iglesia! El pecado humano es responsable de mucho más que un simple tropezón y pérdida del paso en la danza con el Espíritu. Le provee a otro espíritu, al diablo, un espacio en el que poner el pie para introducirse engañosamente en la danza.

Bailar con el compañero equivocado

Como participantes de la danza de cooperación, debemos estar atentos a la irrupción del diablo para interrumpir nuestra danza con el Espíritu, en vez de mirar hacia afuera para ver cómo les sucede eso a otros. Ha habido varias ocasiones en mi propia vida (soy Brad) en las que el diablo se metió y comenzó a dirigirme en la danza, pero me resulta demasiado embarazoso darles más de un ejemplo.

El terreno en el que puso un pie Satanás en mi vida me produjo profundas heridas y lastimó mi corazón de un modo tal que todavía no había sanado completamente. Aproximadamente diez años antes de eso, uno de mis colaboradores fue llamado a otro ministerio, pero yo no pude perdonar a aquel hombre por dejarnos. Ese punto de apoyo donde el enemigo puso su pie fue enteramente por mi culpa, porque el llamado era en verdad del Señor y ha contribuido en gran manera al avance del reino de Dios. Sin embargo, yo estaba resentido con él por irse, y me quedó una gran inseguridad con respecto a confiar en los colaboradores en general. Satanás tenía espacio para comenzar a jugar con mi inseguridad.

Algún tiempo después tuve otro colaborador en el que confiaba, y trabajamos muy bien juntos. Pero él comenzó a experimentar algunas luchas personales, y mirando en retrospectiva, creo que cada vez era conducido menos por el Espíritu Santo y comenzó a hacer elecciones que resultaban inconsecuentes con la visión de nuestro ministerio. En esa época, pasé por mis propias luchas en cuanto a qué hacer con los problemas de mi colaborador, y aunque sabía que tenía que sacar a luz ciertas cuestiones, no estaba en realidad seguro con respecto a qué decirle. Además, un cambio sutil empezaba a producirse a medida que yo me iba aislando de nuestro equipo de liderazgo.

El hecho es que, con el fin de mantener contento a ese colaborador, tomé una serie de malas decisiones en lugar de corregirlo. Aunque sus elecciones le estaban causando problemas a todo el equipo, yo temía que si realizaba la necesaria corrección de rumbo perdería a esa persona como mi amigo y colaborador. El liderazgo puede resultar algo bastante solitario, y la necesidad de un amigo puede ser tan profunda que uno no llega a darse cuenta de que ese amigo ya no es amigo de Jesús. Yo estaba ciego a esa realidad, y como consecuencia, una de las áreas del ministerio de PRMI dejó de ser consecuente con nuestra visión y perdió el paso en cuanto a la guía del Espíritu Santo.

Eso podría haber continuado y tenido consecuencias desastrosas, a no ser por la intervención de otra colaboradora. A través de una palabra de conocimiento que le había dado el Espíritu, ella me reveló mis verdaderas motivaciones y sacó a luz el hecho de que yo me había engañado a mí mismo y le había permitido a Satanás dirigir la danza. Cuando ella lo hizo, se encendieron las luces, y yo tomé conciencia de que el enemigo y no Jesús había estado dirigiendo la danza. Ese descubrimiento humillante y terrible me llevó al arrepentimiento y, afortunadamente, la fortaleza que Satanás se había dedicado a construir durante tanto tiempo quedó desmantelada, y todos volvimos a la danza. Yo mismo fui ministrado en oración para recibir sanidad interior, lo que incluía perdonar y abandonar los sentimientos negativos que tenía con respecto al primer colaborador. También tuve que volver a someterme a la supervisión, amor y amistad del cuerpo de directores y a mis colaboradores.

Debemos permanecer con nuestro compañero

Es trágico que nuestra pecaminosidad humana pueda realmente afectar nuestra capacidad de mantenernos al paso del Espíritu. Del mismo modo, resulta aleccionador darnos cuenta de que Satanás explota el quebrantamiento y el pecado humanos para lograr poner un pie, por cualquier medio que sea, a fin de descarrilar los propósitos de Dios. No extraña entonces que Pedro nos advierta: «Practiquen el dominio propio y manténganse alerta. Su enemigo el diablo ronda como león rugiente, buscando a quién devorar» (1 Pedro 5:8).

Hemos incluido este capítulo porque los peligros que hemos considerado constituyen una verdadera amenaza para cualquiera que busque participar en la gran danza de cooperación con el Espíritu Santo, y el estar advertidos es como estar armados de antemano para poder resistir en esta batalla (Efesios 6:11-13). Pero deseamos concluir el libro colocando nuestra atención en la maravillosa sinergia que tiene lugar cuando estas Siete Dinámicas se interconectan. Después de todo, cuando permanecemos con nuestro legítimo compañero, la danza puede resultar estimulante, creativa y poderosa.

---

1. En este pasaje Pablo trata principalmente con el hecho de que la salvación es por fe en Cristo y no a través del esfuerzo humano de obedecer las leyes del Antiguo Testamento (Gálatas 3:10-11). La fe nos permite recibir el don del Espíritu Santo (3:2, 14), porque la fe, Jesús, la salvación y el Espíritu van juntos. El concentrarse en los esfuerzos humanos significa abandonar la obra de Jesús y del Espíritu.
2. Bernabé mostró una generosidad semejante (pero genuina) y tuvo un papel decisivo en cuanto a persuadir a los apóstoles a que le dieran la bienvenida a Pablo, recientemente convertido, y en lo referido a restaurar el ministerio de Marcos.

Las siete dinámicas

Capítulo 17

La sinergia de la danza

Las Siete Dinámicas tienen una sinergia, un impacto generado por el Espíritu Santo, que resulta mayor que la suma de todas las partes. En esa sinergia la gente experimenta una presencia muy real de Jesucristo obrando en su iglesia y a través de ella, de forma tal que se convierte verdaderamente en el cuerpo de Cristo. A medida que la iglesia crece en una comprensión práctica y en experiencia con respecto al Espíritu Santo, el Espíritu a su vez desarrolla a la iglesia, para que se transforme en un agente, en la vanguardia y en la expresión del reino de Dios sobre la tierra.

En el aula uno puede hacer la disección de un ojo, abrirlo para identificar las diferentes partes y aprender la manera en que cada una de ellas contribuye al todo. El iris se ajusta para controlar la cantidad de luz que entra; los músculos adaptan las lentes para que puedan enfocar la luz hacia la retina; la retina percibe la luz y la convierte en impulsos nerviosos que luego son transportados por el nervio óptico hasta el cerebro. No se espera que ninguna de las partes opere por sí sola, y la verdadera potencialidad del ojo se percibe cuando se combinan todas las partes. Se trata de un órgano asombroso que nos proporciona una visión cambiante del mundo que nos rodea. A través de él apreciamos la belleza y la majestad, andamos los caminos, consideramos datos, y nos relacionamos con las personas a través de claves visuales.

En los capítulos anteriores de este libro hemos considerado las Siete Dinámicas de una manera similar, realizando una «disección» del todo para poder tener en claro la contribución que hace cada parte. Hemos analizado cada uno de los pasos que podemos dar en la gran danza de cooperación con el Padre, el Hijo y el Espíritu Santo. También hemos presentado numerosos estudios de casos sobre la manera en que estos pasos dinámicos se han llevado a cabo en la práctica en este compañerismo entre lo divino y lo humano. Esos casos han sido tomados mayormente de la vida de

239

la iglesia local o de sucesos asociados con el Proyecto Dunamis, y los hemos descrito de una manera que destacaban alguna dinámica en particular, pero en realidad las siete dinámicas estaban en operación en cada una de las historias. Lo mismo que con el ojo, todas estas facetas distintivas van juntas, y cuando se interconectan descubrimos que se da una maravillosa sinergia en la que la iglesia verdaderamente se convierte en la viva expresión de la soberana presencia de Jesús.

Esas Siete Dinámicas no constituyen el currículum del programa de ninguna iglesia en especial, ni conforman el material de un estilo particular de adoración congregacional. Existe una gran fuente de recursos en cuanto a programas y formas de adoración disponibles para la iglesia, las que pueden abastecer a una amplia gama de contextos y estilos teológicos y culturales. Pero estas dinámicas abordan una cuestión más fundamental. Nos llevan a profundizar. Nos ponen en un contacto más cercano con el corazón, la visión y las intenciones de Jesús. Constituyen los aspectos prácticos de buscar, discernir y luego actuar bajo la guía del Espíritu Santo, que nos lleva a una cooperación activa con la obra que Jesús realiza. Por lo tanto ellas nos permiten mantenernos al paso del Espíritu, y participar de las acciones, el ministerio, programa o adoración al que él desea conducirnos específicamente. Estas Siete Dinámicas son las disciplinas espirituales que permiten al Señor conducir la vida de su pueblo y de su iglesia.

Para que esas siete dinámicas se puedan integrar a la vida de la iglesia, los fundamentos bíblicos clave deben estar primero en su lugar. Los líderes tienen una influencia formativa dentro de la iglesia y por lo tanto necesitan ser personas que encarnen en ellos mismos la realidad del reino de Dios. Las cuatro características que identificamos fueron: *integración* en el cuerpo de Cristo a través de nacer de nuevo; *información*, lo que incluye tanto el conocimiento «mental» de la Biblia y las doctrinas como el conocimiento «interior» de Jesús a través de una relación viviente; *transformación* por medio de la obra santificadora del Espíritu Santo, que crea el carácter de Cristo en nosotros; e *investidura de poder*, a través de ser bautizados con el Espíritu Santo. Un completo equilibrio de todas esas áreas resulta esencial, y por lo tanto necesitamos reconocer y subsanar los defectos que detectemos en nuestra situación específica. El segundo fundamento es que las iglesias necesitan crecer para alcanzar la plenitud en Cristo, lo que incluye los mismos cuatro factores que hemos mencionado con respecto a los líderes.

Teniendo estos Dos Fundamentos en su lugar, la iglesia puede aprender los pasos de la danza de cooperación con el Espíritu Santo, cuyo propósito es hacer que las congregaciones se desarrollen y se vuelvan eficaces en lograr el avance del reino de Dios en el mundo hoy. A través de estas dinámicas, las iglesias pueden experimentar a Jesús como profeta, sacerdote y rey. Como profeta, Jesús habla la palabra de Dios con poder y autoridad. Como sacerdote, otorga perdón, sanidad, limpieza y reconciliación a su pueblo. Como rey, promueve el avance del reino de Dios, llamando a hombres, mujeres y niños a entrar en él, y derroca al reino de Satanás. Se lo ve en verdad presente en medio de su iglesia.

Conocer la presencia real de Jesús

La «presencia real» de Jesús constituye una frase generalmente asociada con la enseñanza de la Iglesia Católica Romana referida a la transformación del pan y el vino usados para la comunión. Pero la frase no puede ser restringida de una manera estrecha a esta esfera, porque Jesús prometió su presencia cuando la gente se reuniera en su nombre (Mateo 18:20) y cuando su iglesia se ocupara de su misión (28:20). Como cuerpo de Cristo, la iglesia debería conocer su presencia real a través del desarrollo de toda su vida, y cuando estas Siete Dinámicas se integran a la vida de la iglesia, esa presencia se vuelve una realidad experimental. Vemos y oímos las evidencias de Jesús obrando en nuestro medio.

Con toda certeza esto es lo que anticipaba Pablo cuando escribió a la iglesia de Corinto con respecto a lo que sucedía cuando se reunían para adorar. Mensajes genuinamente proféticos demostrarían la presencia muy real de Jesús:

> Pero si uno que no cree o uno que no entiende entra cuando todos están profetizando, se sentirá reprendido y juzgado por todos, y los secretos de su corazón quedarán al descubierto. Así que se postrará ante Dios y lo adorará, exclamando: «¡Realmente Dios está entre ustedes!»
>
> ¿Qué concluimos, hermanos? Que cuando se reúnan, cada uno puede tener un himno, una enseñanza, una revelación, un mensaje en lenguas, o una interpretación. Todo esto debe hacerse para la edificación de la iglesia (1 Corintios 14:24-26).

La iglesia en Corinto había dejado ver algunos excesos que no ayudaban para nada en cuanto a la forma de conducirse, pero realmente estaba comprometida en la dinámica de cooperar con el Espíritu Santo. Eso le permitió ser edificada y que la gente tuviera conciencia (incluso los visitantes) de que el Padre, el Hijo y el Espíritu Santo en verdad estaban presentes y obraban.

Yo (Brad) experimenté eso en una ocasión en la que no se trataba de un encuentro de adoración sino de una fiesta con vino y queso. Jesús mismo suplió el vino para la celebración de unas bodas, ¡así que yo me sentí feliz de experimentar su presencia en esta fiesta también! Yo era el orador destacado de una conferencia de renovación de una congregación en crecimiento en el norte de California. Durante la conferencia paré en la casa de una pareja que habían sido los anfitriones de una reunión de oración durante más de veinte años.

Habían comenzado con esa reunión de oración de hogar después de haber sido bautizados con el Espíritu Santo, y con el pleno apoyo del pastor, ese grupo de oración había sido el lugar de origen propicio para que se dieran las Siete Dinámicas después en toda la congregación. La sinergia de la danza se veía en los muchos programas que la iglesia llevaba a cabo. Se apreciaba en el servicio de adoración bien concurrido, en el que se experimentada la santa presencia de Jesús; en el creciente número de personas que concurrían a esa iglesia; en los viajes misioneros que emprendían; en el servicio que le prestaban a los sin techo; y en la profunda comunión que compartían en las casas de unos y de otros. La presencia de Dios el Padre, el Hijo y el Espíritu Santo en esa congregación era casi palpable.

Pero lo que más me impresionó fue lo que descubrí en esa fiesta de vino y queso el sábado por la noche. En esa fiesta estaban los líderes de la iglesia y muchos de los miembros del grupo casero de oración. Yo era un poco escéptico en cuanto a esa cultura californiana del vino de la región, porque no me parecía para nada «eclesial», y me preguntaba si esa gente elegante, con clase, sería realmente cristiana. Pero todas mis dudas con respecto a su autenticidad se desvanecieron muy rápido al ir captando datos aislados de su conversación cuando fui yendo de grupo a grupo. «Me pregunto qué es lo que Jesús nos va a decir en el servicio». «Estoy muy sorprendida y agradecida por lo que Jesús hizo en la vida de mi amiga no cristiana a la que traje a la última reunión de oración. Ella nunca había experimentado un amor semejante con anterioridad y quedó anonadada cuando el Espíritu Santo le habló directamente dentro de su situación». «Mary, ¿puedo ofrecerte un excelente cabernet? Viene de un viñedo que no está lejos de aquí». «Sí, gracias. ¡A tu salud, Jesús! ¡Te alabo porque eres la resurrección y la vida!» «¡Sí, Señor, te amo! ¡En tu honor! ¡Gracias por hacerme libre!» «He estado leyendo nuestra lección de la Escuela Dominical de nuevo, y el Espíritu Santo realmente me ha hablado. ¿Qué es lo que aprendiste tú de ese pasaje?»

¡Estaba sorprendido! Esas personas mostraban en verdad entusiasmo, pero no por su linda iglesia y sus programas, sino por lo que Dios estaba haciendo en medio de ellos. Hablaban sobre Jesús como si él fuera verdaderamente real y estuviera presente. Y en esa congregación, con toda seguridad, él es una Persona que obra, habla, sana y libera realmente.

En medio de aquella fiesta hubo un momento de oportunidad, un momento *kairós*, y allí también encontré a Jesús. Yo era presentado a uno de los grupos como el nuevo director ejecutivo de PMRI. En medio de mi explicación referida al propósito de nuestro ministerio, de pronto una de las personas dijo: «¡Aguarden un momento! ¡Creo que el Espíritu Santo se está moviendo!» En ese instante fui consciente de su presencia manifiesta, y una de las mujeres agregó:

—Sí, creo que estoy recibiendo una palabra profética para usted en cuanto a su trabajo.

Ella dio la palabra, y estaba en perfecta línea. Se conectaba con una cuestión con la que había estado luchando pero que no le había mencionado a nadie.

—¡Sí, dio justo en el clavo! —le dije.

—¿Podemos orar por usted? —ofreció alguien, e inmediatamente dejaron de lado sus vasos de vino y todos me impusieron las manos y oraron. Durante los siguientes treinta minutos, debido a que ellos danzaron siguiendo el paso del Espíritu Santo, Jesús me ministró y me habló en lo más profundo de mi ser. ¡Fue la más fenomenal fiesta de queso y vino a la que he asistido! Y acabó siendo que Jesucristo y Dios el Padre, a través del Espíritu Santo, estuvieron en la fiesta también y danzaron con la gente.

Cuando una congregación se mueve en las Siete Dinámicas y es atrapada por la danza que dirige el Espíritu Santo, cada aspecto de su vida se ve afectado. Cada lugar de reunión se convierte en tierra santa. Cada vez que la iglesia se reúne, dónde sea, los creyentes reconocen la presencia real de Jesús.

Pero las conversaciones, profecías y oraciones en esa fiesta de queso y vino constituyen solo un ejemplo de lo que sucede cuando la iglesia aprende a cooperar con el Espíritu Santo. En los primeros capítulos de Hechos vemos seis esferas de actividad que caracterizaron a esa comunidad formada por el pueblo de Jesús, dirigida y equipada por el Espíritu. Esas esferas de actividad dieron expresión al reino de Dios, volviéndolo objetivamente real en la experiencia de la gente.

Expresar la realidad del reino de Dios

El reino de Dios es el tema central de las Escrituras. Ese reino (el ejercicio del gobierno divino[1]) se percibe desde el dominio delegado y representativo que les fue confiado a nuestros primeros padres en el Edén, pasando a través de la nación judía llamada a vivir debajo del gobierno de Yahweh, atravesando el ministerio y el mensaje de Jesús, y en la visión que constituye el clímax del Apocalipsis: la visión de la nueva Jerusalén. Al comenzar su ministerio, Jesús anunció: «Se ha cumplido el tiempo... El reino de Dios está cerca. ¡Arrepiéntanse y crean las buenas nuevas!» (Marcos 1:15). Sus parábolas dibujaban cuadros del reino; sus milagros demostraban la realidad de ese reino; y las vidas cambiadas daban testimonio de él. Desalojaba a los demonios, reorientaba a los pecadores, sanaba los cuerpos enfermos, alimentaba a las personas hambrientas, y los hombres, mujeres y niños elegían seguirlo. Jesús estaba gobernando como Rey (¡y todavía sigue haciéndolo!).

La iglesia primitiva continuó el ministerio de Jesús, guiada y capacitada por el Espíritu Santo. El gobierno de Dios resultaba evidente en la vida de ellos, como lo había sido en la propia vida de Jesús, y se dejaba ver en seis esferas de actividad. Cada una de ellas podría analizarse fácilmente en detalle, pero nuestro propósito aquí es sencillamente destacar la manera en que el Espíritu dirigió a la iglesia para que pudiera expresar el gobierno de Dios. Esos no eran meros programas votados por una comisión. Se trataba de esferas de trabajo que cumplían con la visión y propósito de Jesús para su iglesia y con las que el Espíritu los llevaba a comprometerse.

1. *Predicación y enseñanza poderosas de la palabra de Dios.* Pedro fue ungido por el Espíritu para proclamar el mensaje acerca de Jesús el día de Pentecostés, en el Pórtico de Salomón, habiendo sanado a un mendigo inválido, y en varias otras ocasiones específicas que aparecen en el libro de Hechos. Esteban (Hechos 6:10; 7:2-60), Felipe (Hechos 8:5-12), Pablo (por ejemplo, en Hechos 9:17-22; 13:16-52; 14:1), y Apolos (Hechos 18:24-28) hicieron lo mismo. A través de oportunidades, perspectivas y palabras suplidas por el Espíritu Santo, el mensaje de Dios fue declarado con fidelidad y poder, impactando las vidas y enriqueciendo la comprensión de la gente.

2. *Comunión, oración y adoración comunitarias, dirigidas por el Espíritu.* El Espíritu creó una verdadera comunidad, reuniendo a la gente en los hogares y en el templo para alabar, orar y comer juntos. Participaban de la adoración conjunta, no solo cantando, sino ejerciendo una diversidad de dones espirituales. Se reunían con frecuencia y compartían sus recursos materiales, creciendo tanto en la relación con el Cristo resucitado como en la de los unos con los otros.

3. *Ministerios de oración, compasión y sanidad que suplían necesidades humanas.* Pedro y Juan participaron sanando a un mendigo inválido. Las multitudes traían personas que estaban enfermas o eran atormentadas por espíritus malignos, y todas ellas fueron sanadas. Los diáconos distribuían comida diariamente a las viudas necesitadas, y los creyentes redistribuían sus recursos financieros para el beneficio de toda la comunidad.

4. *Gobierno y administración de la confraternidad y de los ministerios.* Los apóstoles supervisaban la vida de la confraternidad, y tomaban medidas prácticas para asegurarse de que la distribución diaria de comida se manejara de un modo apropiado por gente que era reconocida como llena del Espíritu Santo y de sabiduría. Se nombraron ancianos para proveer liderazgo a las congregaciones locales, y se promovía la unidad de comprensión y práctica a través de las decisiones tomadas en el concilio de Jerusalén (Hechos 15:1-29).

5. *Transformación de los convertidos en discípulos de Jesucristo para una vida y obra en el reino de Dios.* Se les daba la bienvenida a la comunidad a los nuevos creyentes, y

su fe era edificada por la enseñanza de los apóstoles y por la participación en la adoración y el testimonio. Se les enseñaba a obedecer todo lo que Jesús había ordenado, y se los educaba, alentaba y corregía a través de cartas y de visitas personales.

6. *Evangelización que extendía el reino de Dios y ponía en fuga a Satanás.* El mensaje del evangelio era proclamado a las multitudes, presentado hasta en los carros, y debatido junto a la ribera de los ríos. Señales, maravillas y milagros proporcionaban evidencias de apoyo a las buenas nuevas del poder de Dios que cambiaba las vidas y había triunfado sobre la muerte. La gente pasaba del dominio de las tinieblas al reino del Hijo de Dios.

El reino de Dios del que Jesús hablaba se convirtió en una realidad visible en las vidas de los primeros cristianos. Ellos no solo experimentaban la presencia de Jesús, sino que también evidenciaban el gobierno de Jesús. Todas aquellas actividades tenían lugar debido a que la iglesia iba creciendo en su comprensión y experiencia del poder del Espíritu Santo. Y a causa de eso, el Espíritu estaba activo en el desarrollo de la iglesia. La gente entraba al reino de Dios naciendo de nuevo. Realizaban la obra del reino actuando como colaboradores de Dios aquí sobre la tierra. Por lo tanto las intenciones originales de Dios para la humanidad estaban siendo restauradas y la obra de Jesús tenía continuidad a través de la gestión del Espíritu Santo.

Cuando preguntamos: «¿Qué *hizo* Jesús?», miramos hacia atrás para asegurarnos de que la fe esté arraigada en la revelación de las Escrituras. Cuando nos preguntamos: «¿Qué *haría* Jesús?», consideramos nuestras elecciones para asegurarnos que nuestras acciones sean compatibles con las enseñanzas y el ejemplo de Jesús. Pero también necesitamos preguntarnos: «Qué *está haciendo* Jesús?», cuando miramos alrededor de nosotros y escuchamos al Espíritu Santo para poder unirnos a su actividad. Jesús hizo solo lo que vio al Padre hacer. ¡Somos llamados a hacer lo mismo!

Muchas historias personales

Les hemos contado muchas historias personales en los capítulos de este libro, para ilustrar las formas en que hemos intentado discernir la actividad del Espíritu y cooperar con ella. Fueron historias peligrosas, porque pueden simplemente parecerles impresionantes. Hubiéramos omitido aquellas que dan la apariencia de que presumimos, pero son (y deberían ser) una fuente de aliento e inspiración para que los lectores descubran más acerca de lo que es vivir en cooperación con el Espíritu Santo. Puede sonarles como una frase cliché, pero los tres tenemos mucha experiencia también en no haber captado bien las cosas, en haber fallado en cuanto a apreciar lo que el Espíritu estaba haciendo, o en habernos apoyado en nuestra propia sabiduría y fuerza. Mucho de esto podría resumirse brevemente diciendo: «Bien, nos lo perdimos en esa ocasión».

Nos hemos referido a dos iglesias, la Iglesia Presbiteriana Montreat y la Iglesia Unida Plymstock, con mayor frecuencia porque constituyen los contextos de iglesia local con los que estamos más familiarizados. Desearíamos que ellas fueran perfectas, pero la realidad es que cualquier iglesia que esté en desarrollo va a tener diferentes niveles de madurez dentro de sus miembros. Habrá recién llegados que sepan poco de estas dinámicas, miembros de larga data a los que todavía les falte apreciar de qué se trata todo eso, y otros que ya hayan comenzado a danzar al paso del Espíritu. La situación resulta apasionante y a la vez frustrante. Estamos encantados por el crecimiento y el progreso realizado, y frustrados porque queda aun tanto por aprender. Pero así es como son las cosas.

A medida que la iglesia crezca en su comprensión y experiencia en cuanto al poder del Espíritu Santo, aprendiendo a participar en la danza de cooperación, el Espíritu Santo hará crecer a esa iglesia. Esa es la forma en que Jesús quiso que fuera. Es lo que dijo en su conversación final antes de ascender al trono del Padre (Hechos 1:4-8).

—Les ordenó:

¿Estamos preparados para obedecer su orden?

—Esperen la promesa del Padre, de la cual les he hablado.

¿Creemos en las enseñanzas de Jesús?

—Ustedes serán bautizados con el Espíritu Santo.

¿Hemos recibido ese bautismo?

—Cuando venga el Espíritu Santo sobre ustedes, recibirán poder.

¿Operamos en ese poder?

—Y serán mis testigos... hasta los confines de la tierra.

---

1. R. T. France escribe: «Yo he presentado la frase "gobierno divino" como una manera de evitar las implicaciones territoriales o institucionales desafortunadas de la palabra "reino", en tanto conserva su enfoque dinámico». R. T. France, *Divine Government*, SPCK, Londres, 1990, p. 13.

Acerca de los autores

Dr. Zeb Bradford Long (DMin, Union Theological Seminary, Richmond, Virginia), ministro ordenado de la PCUSA (Iglesia Presbiteriana, USA), es el director executivo de Presbyterian Reformed Ministries International [Ministerios internacionales presbiteriana y reformada], una organización misionera que trabaja a favor de la renovación espiritual y el crecimiento de la iglesia en derredor del mundo. Brad sirvió como misionero presbiteriano en Corea y Taiwan durante diez años antes de llegar a PRMI. Ha escrito extensamente acerca de la persona y obra del Espíritu Santo y de la manera de cooperar con el Espíritu Santo en misiones y en el ministerio hoy. Brad y su esposa viven en Black Mountain, Carolina del Norte.

Paul Keith Stokes (MA, Cambridge University) fue ordenado en 1992 por la United Reformed Church [Iglesia Reformada Unida] en el Reino Unido. Paul es ministro de Plymstock United Church y es director de evangelismo y renovación del Group for Evangelism And Renewal, GEAR [Grupo para evangelismo y renovación]. Se vinculó con el Dunamis Project de PRMI en noviembre de 2001, sirvió como Track Director [Director de Carril] por seis años a partir de 2003, y en 2005 se convirtió en uno de los tres directores nacionales del Dunamis Fellowship [Compañerismo Dunamis] en Gran Bretaña y en Irlanda. Paul tiene dos hijos y vive en Plymouth, Devon, Inglaterra.

Cynthia R. P. Strickler (MDiv, Princeton Theological Seminary) fue ordenada por la PCUSA (Iglesia Presbiteriana, USA) en 1986. Es directora de Dunamis Fellowship International [Compañerismo Internacional Dunamis], el equipo de liderazgo internacional de PRMI. El propósito de este compañerismo es movilizar, equipar y enviar testigos por Jesucristo bajo el poder del Espíritu Santo en derredor del mundo. Antes de unirse al grupo ministerial de PRMI, Cindy trabajó como capellán hospitalaria y es certificada como ACPE, supervisora en la parte central de Nueva Jersey. Ella y su marido viven en Lenoir, Carolina del Norte.

Nos agradaría recibir noticias suyas.
Por favor, envíe sus comentarios sobre este libro
a la dirección que aparece a continuación.
Muchas gracias.

Editorial Vida®
.com

Vida@zondervan.com
www.editorialvida.com

www.ingramcontent.com/pod-product-compliance
Lightning Source LLC
Chambersburg PA
CBHW010855090426
42737CB00019B/3372